독자 여러분께
감사드립니다!

세상이 아무리 바쁘게 돌아가더라도
책까지 아무렇게나 빨리 만들 수는 없습니다.
길벗은 독자 여러분이
가장 쉽게, 가장 빨리 배울 수 있는 책을
한 권 한 권 정성을 다해 만들겠습니다.
독자의 1초를 아껴주는
정성을 만나보세요.

미리 책을 읽고 따라해 본 2만 베타테스터 여러분과
무따기 체험단, 길벗스쿨 엄마 2% 기획단,
시나공 평가단, 토익 배틀, 대학생 기자단까지!
믿을 수 있는 책을 함께 만들어주신 독자 여러분께 감사드립니다.

'조조월드' 유튜브가 소개하는 AI 툴킷을 강력 추천합니다

생성형 AI에 대한 뉴스는 위협적으로 느껴지기도 하고 때로는 새로운 기회로 느껴지기도 합니다. 또한 AI 트렌드를 따라가야 한다는 부담감이 느껴지면서도 '그래서 지금 뭘 해야 하는데?'라는 질문 앞에서는 막막하기만 합니다. 이런 분들에게 가장 먼저 추천하고 싶은 책이 바로 이 책입니다. 이 책은 여러 종류의 AI 툴을 나열하는 데 그치지 않고 '동화책 쓰기', '자작곡 만들기' 등 구체적인 목표를 잡고 AI 도구로 이 목표를 달성하는 과정을 자세히 알려줍니다. 그리고 인공지능(AI)으로 '지금 내가 할 수 있는 것'이 무엇인지 발견할 수 있게 도와줍니다.

이 책은 AI 기초는 물론 좀 더 잘 활용하기 위한 응용 방법까지 담겨있어서 입문자뿐만 아니라 이미 AI를 활용하고 있는 분들에게도 매우 유용한 책입니다. AI로 나의 업무를 어디까지 확장하고 효율화할 수 있는지 궁금하다면 이 책을 꼭 확인해 보세요. 막막하게 느껴지던 AI 트렌드를 내 손으로 잡는 경험을 할 수 있을 거예요.

박진영 _ 2030 경제 미디어 어피티 대표

＋ ＋ ✦ ＋ ＋

이 책은 평범한 직장인에서 AI 전문가로 거듭나려고 노력하는 저자의 여정을 담고 있습니다. 저자는 ChatGPT와 같은 인공지능 도구의 출현으로 겪었던 불안과 고민을 솔직하게 털어놓으면서 이러한 신기술에 적응하는 과정을 상세하게 설명합니다. 각 장마다 실제로 활용할 수 있는 작은 프로젝트를 통해 AI 도구들을 실험하고 이해하는 데 필요한 지식을 제공하고 있습니다. 그리고 이 책에서 제공하는 실용적인 팁 덕분에 독자들은 큰 통찰력을 얻을 수 있어요.

이 책을 읽고 나면 AI 기술이 단순히 새로운 기술 트렌드가 아니라 일상과 업무에서 직접적으로 활용할 수 있는 강력한 도구임을 인식하게 될 것입니다. 그리고 이 책은 AI에 대해 좀 더 폭넓게 이해하는 데 소중한 자산이 될 것입니다. AI의 미래를 이끌 준비가 되었다면 첫걸음을 디딜 때 이 책을 통해 완벽하게 시작해 보세요.

노동훈 _ SK쉴더스 수석

＋ ＋ ✦ ＋ ＋

이 책은 인공지능을 처음 접하는 사람들을 위한 실용적인 안내서입니다. 다양한 이미지를 캡처해 보여주면서 AI 기술의 설정 방법과 사용 방법을 단계별로 자세하게 설명하고 이론뿐만 아니라 실제로 쉽게 응용까지 할 수 있게 도와줍니다. 따라서 각 장에서 소개하는 시각적 자료를 통해 복잡한 개념을 명확하게 이해할 수 있습니다. 또한 사용자 친화적인 설명과 함께 실제 업무에 바로 적용할 수 있는 팁이 가득하여 여러 층의 독자들도 AI 기술을 효과적으로 활용할 수 있습니다. 인공지능의 세계로 첫걸음을 떼려고 하는 모든 사람에게 이 책은 훌륭한 길잡이가 될 것입니다.

윤준탁 _ 비트블루 CSO

✦ ✦ ✦ ✦ ✦

《상상이 현실이 되는 도구 AI 툴킷》은 모두를 위한 친절한 AI 교과서입니다. 이 책은 남녀노소 누구나 다양한 AI 도구들을 통해 맞춤형 서비스를 만들 수 있도록 안내해 주는 따뜻한 AI 길잡이로서 손색이 없습니다. ChatGPT, 미드저니 등 이 책에서 설명하는 AI 툴킷의 활용 방법을 차근차근 따라 하다 보면 어느새 동화책, 이미지, 음원, 슬라이드, 챗봇 등을 하나씩 완성하는 놀라운 경험을 하게 될 것입니다.

머릿속에 참신한 아이디어는 가득하지만, 이것을 직접 구현할 기술과 지식이 없어서 막막한가요? 그렇다면 《상상이 현실이 되는 도구 AI 툴킷》을 읽고 따라 해 보세요. 이 책을 꼼꼼히 읽으면서 AI 툴킷 활용법을 100% 익힌다면 이 책의 마지막 페이지를 넘길 때쯤에는 독자 여러분이 원하고 상상했던 것들을 AI로 뚝딱 만들어낼 수 있는 용기를 얻게 될 것입니다.

박예신 _ 《스테이블코인 디지털 금융의 미래》 저자

✦ ✦ ✦ ✦ ✦

여러분은 이 책을 통해 인공지능 도구의 활용법뿐만 아니라 폭넓은 산업 영역을 체계적이면서도 쉽게 이해할 수 있을 것입니다. 초보자부터 실무자까지 폭넓은 독자층을 대상으로 하는 이 책은 신사업 기획자로서 새로운 기술을 빠르게 습득하고 비즈니스에 적용해야 하는 저자의 업무 경험을 바탕으로 AI 툴킷을 깊이 있게 분석했습니다. 그리고 이 책은 AI 툴킷을 바로 적용해 결과물을 쉽고 간편하게 만들 수 있는 실용적인 사례가 잘 어우러져서 부담 없이 실습을 따라 해 볼 수 있습니다. 이 책을 통해 우리에게 가까이 다가온 인공지능 산업의 혁신과 변화뿐만 아니라 가능성까지 함께 느껴보세요.

서정훈 _ 사운드플랫폼 대표

상상이 현실이 되는 도구

AI
툴킷

— AI TOOLKIT —

AI 콘텐츠 유튜브 크리에이터
조조월드 '김규태' 지음

언제까지 챗GPT만 사용할래요?

업무 활용부터 자기 계발, 창작 & 취미 활용까지

생성형 인공지능(AI) 제대로 활용하기

길벗

상상이 현실이 되는 도구

AI 툴킷
AI Toolkit

초판 발행 · 2024년 5월 31일

지은이 · 김규태
발행인 · 이종원
발행처 · (주) 도서출판 길벗
출판사 등록일 · 1990년 12월 24일
주소 · 서울시 마포구 월드컵로 10길 56(서교동)
대표 전화 · 02) 332-0931 | **팩스** · 02) 323-0586
홈페이지 · www.gilbut.co.kr | **이메일** · gilbut@gilbut.co.kr

기획 및 책임 편집 · 최동원(cdw8282@gilbut.co.kr), 박슬기(sul3560@gilbut.co.kr)
표지·본문 디자인 · 황애라 | **제작** · 이준호, 손일순, 이진혁
영업마케팅 · 전선하, 차명환, 박민영 | **유통혁신** · 한준희 | **영업관리** · 김명자 | **독자지원** · 윤정아

편집진행 · 안혜희 | **전산 편집** · 김정미 | **CTP 출력 및 인쇄** · 영림인쇄 | **제본** · 영림제본

ISBN 979-11-407-0943-4 03000
(길벗 도서번호 007188)

정가 22,000원

독자의 1초를 아껴주는 정성 길벗출판사
(주)도서출판 길벗 · IT교육서, IT단행본, 경제경영서, 어학&실용서, 인문교양서, 자녀교육서 ▶ www.gilbut.co.kr
길벗스쿨 · 국어학습, 수학학습, 어린이교양, 주니어 어학학습, 학습단행본 ▶ www.gilbutschool.co.kr

페이스북 · www.facebook.com/gilbutzigy
네이버 포스트 · post.naver.com/gilbutzigy

Special Thanks to

이 책에는
인공지능과 관련된 전공이나 개발 능력도 없는
극히 평범한 사무직 직장인이 인공지능을 어떤 관점에서 바라보고
사고했는지를 알아볼 수 있습니다.
제가 고민했던 길을 참고하면서 이 책을 읽는 독자 여러분들의 상황에 맞는
길을 만들어가길 바랍니다. 아마도 독자 여러분들께서는 제가 갔던 길보다
더 아름답고 멋진 길을 개척하리라 확신합니다.

이 책을 완성하는 과정에
끊임없는 응원과 아낌없는 지원을 해 주신
도서출판 길벗의 박슬기 팀장님과 최동원 에디터님,
언제나 격려를 아끼지 않는 부모님과 주변 친구들 및
동료분들, 마지막으로 부족한 채널임에도 아껴주는
조조월드 구독자분들에게
진심으로 감사드립니다.

평범한 직장인이었던 저에게 OpenAI의 ChatGPT 등장은 굉장히 충격적인 사건이었습니다. 회사에서 일하다 보면 은연중에 기획, 마케팅, 운영 등과 관련된 새로운 업무 효율화 도구들을 사용하게 됩니다. 하지만 빠릿빠릿하게 적응하는 젊은 세대들도 이런 도구에 익숙해지는 데 무척 긴 시간이 필요합니다. 하물며 윗세대들은 자세를 잡고 제대로 배우지 않으면 적응이 무척 힘들기도 합니다.

그런데 이 모든 업무 구조를 근본부터 뒤바꿀 수 있는 인공지능 도구의 등장이라니? 저는 이 소식을 들었을 때 기술의 발전에 대한 경외감이나 업무가 편리해지겠다는 반가움보다는 무언가 이 기술에 대해 뒤처지면 안 될 것 같다는 걱정이 앞섰습니다. 퇴근 후 OpenAI 홈페이지에 접속하고 ChatGPT의 첫 화면을 마주했을 때 사각형 인터넷 창 속에 검색 창 하나와 몇 개의 샘플만 덩그러니 놓여있는 ChatGPT 디자인을 보고 '이게 뭐지?' 하는 생각을 했습니다.

어쩌면 그때 저는 '인공지능 도구'라고 하니까 무언가 더 화려하고 복잡한 것을 기대했던 것입니다. 구글과 비슷한 검색 창에 질문을 했을 때도 이전에 경험했던 심심이나 이루다 또는 좀 더 고도화된 챗봇 정도의 느낌이었습니다. 이전의 저라면 '별거 아니구나?'라는 생각으로 지나쳤을지도 모르겠습니다. 그런데 문득 한 가지 생각이 들었습니다. 저는 매일 회사에서 오전에 주요 기사를 모아 발송해 주는 서비스를 이용하고 있었는데, '개발을 전혀 모르는 나도 이런 걸 무료로 만들 수 있을까?'라는 생각이었습니다. 이렇게 ChatGPT와 첫 대화를 시작했습니다.

ChatGPT와 첫 대화에서 많은 시행착오를 거쳤습니다. 하지만 결국 제가 원하는 키워드를 가지고 매일 특정한 시간에 뉴스 기사를 이메일로 받는 저만의 서비스를 만드는 데 성공했습니다. 이렇게 작은 성취감을 맛본 후 또 다른 것을 도전하고 싶어졌어요. 나도 《해리 포터》와 같은 흥미로운 동화책을 만들 수 있을까? 이것을 조카한테 읽어주면 좋겠다는 생각이 들었죠. 이런 식으로 저는 저만의 방식으로 ChatGPT를 활용하는 방법을 알아갔습니다. 그리고 저와 같은 친구들이나 부모님과 같은 어르신들에게 이런 도구의 사용법을 알려주면 좋겠다는 마음에 유튜브 채널을 개설하고 저의 시행착오 과정을 올리면서 많은 분과 소통하기 시작했습니다.

이미 현실 세계에 물꼬를 튼 '인공지능(Artificial Intelligence)' 기술은 필연적으로 우리 삶에 깊숙하게 들어올 것입니다. 작년에는 인공지능 기술을 활용한 미술 작품이나 음악 등의 창작물이 대회에서 수상을 하거나 음원 스트리밍 플랫폼에 등재되면서 수익을 내기도 했어요. 일부 새로운 기술을 적극적으로 실험하는 기업에서는 수년 전부터 다양한 영감을 얻기 위해 기획서나 디자인 초안에서 인공지능을 활용하고 있습니다. 얼마 전에는 이런 인공지능의 흐름에 불안을 느낀 미국의 작가들이 파업을 일으키기도 했습니다.

부정적으로 바라본다면 인공지능이 우리의 일자리를 뺏어갈 수도 있습니다. 하지만 이러한 흐름 속에서 우리는 결국 인공지능을 적절히 사용하는 방법을 익혀야 할 것입니다. 물론 인공지능은 반드시 적절한 규제와 윤리적인 범주 안에서 도입해야 합니다. 기술이 한 번 등장하면 잠시 사그라들 수는 있습니다. 하지만 현실에서 기술의 도입 여부를 검토하고 도입을 이끌어내기 위해 서비스를 개선하면 발전하기 마련입니다. 실제로 종이에 장부를 글로 적던 시대는 인터넷이 보급되고 소프트웨어가 늘어나면서 이메일과 엑셀로 대체되었고 지금은 클라우드에서 대시보드로 이러한 자료를 한눈에 볼 수 있게 되었습니다. 하드웨어적으로도 전화, 팩스, 카메라처럼 업무를 보조하던 별도의 수단은 스마트폰 속으로 모이고 진화했습니다. 따라서 이러한 기술의 변화는 통제할 수 없는 시대의 흐름입니다.

그래서 우리는 배워야 합니다. 결국 인공지능과 함께 공존해야 하는 시대가 다가오고 있으니까요. 그러나 제가 서술한 내용만 보고 남들보다 빠르게 인공지능과 관련된 스킬을 모두 다 익혀야겠다면서 너무 조급해 하지는 않아도 됩니다. 인공지능 기술의 발전 속도가 워낙 빨라서 각각 분리된 현재의 서비스가 빠른 속도로 통폐합될 것으로 보이기 때문입니다.

그럼 도대체 이것을 배우라는 것인지, 말라는 것인지 헷갈릴 것입니다. 결국 모든 인공지능 도구를 익히는 것이 아니라 우리 주변에서 접할 수 있는 큼지막한 인공지능 도구들을 부분적으로 사용해 보면서 그 구조를 파악하는 것만으로도 충분합니다. 마치 우리가 독감 예방 접종을 맞는 것처럼 살짝이라도 인공지능을 경험해 본다면 이러한 경험이 백신처럼 남아서 새로운 인공지능 도구가 등장했을 때 더욱 유연하게 생각하고 다룰 수 있을 것입니다.

본질적으로 어떤 일을 하려면 주체가 되는 인간의 기획이 필요합니다. 인공지능은 그 기획을 더 정교화하거나 확장하면서 실현하는 도구입니다. 따라서 이 조수들을 어떻게 활용할 것인지, 어떤 조수가 나에게 더 적합한지 여유로운 마음을 갖고 한 발짝 뒤에서 관망하는 자세로 바라보세요. 감사합니다.

조조월드 김규태

STEP 01 — 다양한 AI 툴킷 이해하기

인공지능 트렌드를 익혀보고 이 책에서 다룬 ChatGPT-4와 GPTs부터 미드저니, Musia One, VREW, Runway, VLLO, Udio, Gamma까지 다양한 인공지능 서비스 툴에 대해 배워봅니다.

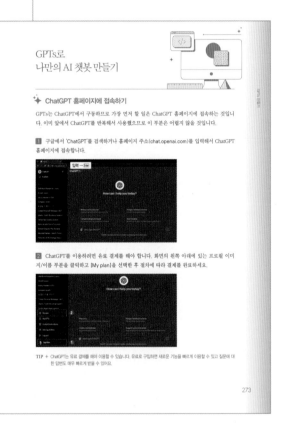

▶ 현재 가장 많이 사용하는 AI를 카테고리
  별로 정리하여 업무부터 창작 활동까지
  상황에 맞게 쓸 수 있도록 안내합니다.

▶ 누구나 쉽게 따라 할 수 있도록 AI 툴 사
  용법을 알기 쉽게 설명합니다. 처음 쓰는
  인공지능 툴도 빠르게 익힐 수 있습니다.

이 책에서 다루는 다양한 생성형 AI 툴로 실무 능률을 높이고, 동화책과 노래 등의 창작 활동도 즐겨보세요.
생성형 AI를 처음 접하는 분도 쉽고 빠르게 익힐 수 있도록 친절하게 알려줍니다.

STEP 02 | 생성형 인공지능 제대로 써보기

회사 업무부터 창작, 취미, 광고 홍보 활동까지 생성형 AI 툴을 적재적소에 잘 활용하는 방법을 알려줍니다. 정보 수집부터 기획, 제작, 검토 및 결과 도출까지 체계적으로 안내합니다.

▶ 실제 AI 툴이 필요한 사연을 제시하여 이
해를 돕습니다. 업무 활용부터 창업 및 마
케팅, 창작 활동까지 다양한 사례를 소개
합니다.

▶ 기획, 제작 및 검토, 결과 도출까지 요구
되는 AI 프롬프트 엔지니어링의 예시를
꼼꼼하게 알려줍니다. 상황에 맞게 응용
하여 적용해 보세요.

목차

CHAPTER 03

노래 만들기

ChatGPT＋**Musia One**(작곡)＋**Munute**(마스터링)＋

VLLO(녹음, 편집)＋**Udio**(음악 생성)

CHAPTER 04

광고 영상 만들기

ChatGPT(기획, 대본)＋**Runway**(영상 ①)＋**VREW**(영상 ②)

✦ AI 최신 트렌드, 유튜브 채널 '조조월드'에서 만나보세요!

IT 테크 뉴스뿐만 아니라 문화, 역사, 경제, 인물까지 폭넓게 다루는 저자의 유튜브 채널 조조월드
(www.youtube.com/@jojoworld_)에 방문해 보세요.

* 이 책에서 다루는 생성형 AI 실습의 완성본은 조조월드 유튜브 채널 'AI 툴킷' 재생 목록에서 영상으로 확인할 수 있습니다. 이 책이 출간된 후 업로드될 예정이오니 바로 확인이 어려워도 양해 부탁드립니다.

✦ 실습 파일 및 예제 파일 다운로드

이 책에서 실습하는 과정에 필요한 예제 자료 및 이미지 파일은 각 항목의 QR 코드에 연결된 링크에서 다운로드할 수 있어요. 또한 길벗출판사 홈페이지의 도서 페이지에서도 자료를 제공하고 있어요.

1. 길벗 홈페이지(ww.gilbut.co.kr)에 접속하세요. 회원으로 가입하지 않아도 자료를 다운로드할 수 있어요.
2. 검색 창에 해당 도서의 제목을 입력하고 [검색]을 클릭하세요.
3. 해당 도서가 검색되면 [학습자료]를 클릭해 실습 파일을 다운로드하세요.

✦ 무엇이든 물어보세요!

책을 읽다 궁금한 점이 생기면 길벗 홈페이지(gilbut.co.kr)에 회원으로 가입하고 고객센터의 1:1 문의 게시판에 질문을 남겨보세요. 지은이와 길벗 독자지원센터에서 신속하고 친절하게 답변해 드립니다.

길벗 홈페이지(gilbut.co.kr)
회원 가입 후 로그인하기
▶
[고객센터] - [1:1 문의]
게시판에서 '도서 이용'을
클릭하고 책 제목 검색하기
▶
'문의하기'를 클릭해 새로운
질문 등록하기

이 책에서는 현재 등장한 다양한 AI 도구들을 소개하며 개인과 비즈니스 상황에서 어떤 식으로 활용할 수 있을지를 보여줄 것입니다. 모든 도구나 상황을 다룰 수는 없지만, 다양한 활용 사례를 통해 도래하는 AI 서비스를 어떻게 이해하고 활용하면 좋을지 미리 경험하고 대처하도록 제시할 것입니다.

ChatGPT가 바꾸는 세상 경험하기

동화책 만들기
- ChatGPT+미드저니

노래 만들기 - ChatGPT+
Musia One+Munute+VLLO+Udio

광고 영상 만들기
- ChatGPT+Runway+VREW

IR 피치덱 만들기
- ChatGPT+Gamma

GPTs 만들기

AI 툴킷,
ChatGPT가 바꾸는
세상 경험하기

최근 수년간 우리는 놀라운 속도로 발전하는 인공지능(AI) 기술을 직접 목격했습니다. 그중에서도 OpenAI의 ChatGPT는 대중의 관심을 크게 받으면서 AI 기술의 무한한 가능성을 잘 보여주고 있죠. 이번 장에서는 ChatGPT를 비롯한 최신 AI 툴들을 활용해서 프로젝트를 실용적이고 창의적으로 수행하는 방법을 살펴보겠습니다.

AI 기술에 대한 이해가 부족해도 초보자의 관점에서 친절하게 안내할 것이므로 누구나 쉽게 따라 할 수 있을 것입니다. 그리고 단순한 이론적인 설명에 그치지 않고 실제 사례를 통해 AI 기술이 우리의 삶 속에서 어떤 변화를 일으킬 수 있는지 직접 경험해 볼 수 있습니다. 이를 통해 독자 여러분도 AI 기술을 자유롭게 활용하고 새로운 가능성을 발견할 수 있기를 기대합니다.

마시멜로 챌린지와
인공지능(AI)

✦ 마시멜로 챌린지

회사 생활을 하다 보면 종종 기업 교육을 받는 날이 있습니다. 유난히 바쁘거나 업무에 한창 몰입해서 집중하고 있는 날에는, 흐름을 끊고 교육을 가는 것이 정말 귀찮다는 생각이 들기도 합니다. 하지만 다르게 생각해 보면 잠시 업무에서 해방되는 시간이기도 하고 종종 뒤통수를 얻어맞는 것처럼 새롭고 놀라운 인사이트를 배우는 경우가 많아서 개인적으로는 이런 교육에 참여하는 것을 좋아하는 편입니다. 그래서 사내 또는 외부에서 진행하는 다양한 교육을 찾아 나름대로 부지런히 참여해 보았는데, 그중에서 기억나는 한 가지를 꼽으라면 '마시멜로 챌린지'가 떠오릅니다.

▲ 마시멜로 챌린지를 하는 사람들(ChatGPT4와 DALL-E 3가 생성한 이미지)

앞의 그림 속 사람들은 진지하게 무언가를 만들고 있습니다. 이들은 무엇을 하고 있을까요? 이 프로그램의 이름은 '마시멜로 챌린지'입니다.

프로그램명	마시멜로 챌린지(Mashmallow Challenge)
내용 및 목표	참가자들이 준비물을 가지고 제한 시간 안에 가장 높은 탑을 쌓으면 이기는 게임
대상(참가자)	3~5명(1팀). 워크숍에 참가한 20명 이상의 인원을 몇 개의 팀으로 나눠서 진행
준비물	마시멜로 1개, 스파게티 건면 20개, 노끈 1m, 테이프 1m
시간	약 18~20분

제가 이 프로그램을 최고로 기억하는 이유는 ① 재미있고 ② '비즈니스 교육'이라는 목표를 굉장히 짧은 시간에 압축적으로 습득할 수 있었기 때문입니다. 실제로 교육장으로 이동해서 낯선 사람들과 조 편성이 되었을 때 처음에는 굉장히 어색했습니다. 간단한 목례를 한 후 프로그램이 언제 진행될까 기다리면서 각자 핸드폰을 보고 있었죠. 자! 그리고 강연이 시작되었습니다. 강사는 간단한 자기 소개를 한 후에 이 프로그램의 내용과 재료, 그리고 제한 시간을 한 장의 PPT(Microsoft PowerPoint)로 보여준 후 바로 20분짜리 타이머를 작동시켰어요. 이때 여러분은 낯선 새로운 팀원들과 어떻게 이 게임을 시작해야 할까요?

저희 팀의 경우는 서로 인사고 뭐고 이름도 모르는 상태에서 바로 탑을 쌓아올리기 시작했습니다. 한참 탑을 쌓다가 "그런데 당신의 이름이 뭐예요? 어떤 부서에 있나요?"와 같이 질문하면서 뒤늦은 인사에 깔깔거리며 웃었던 기억이 납니다. 교육이 끝나고 다른 팀들에게도 물어보니까 팀별로 소통하는 모습도 각양각색이었습니다.

임원이 있던 팀은 시작 후에도 여유 있게 어느 부서의 누구인지 자기 소개를 했다고 해요. 그리고 임원을 중심으로 탑 쌓는 방법을 기획하면서 나머지 팀원들이 일사분란하게 탑을 쌓았다고 합니다. 여기에 제 동기가 있었는데, 아무래도 실무자급이다 보니 자연스럽게 자신이 일을 하게 되었다고 하네요. "야! 그런 데서는 상무님을 부려먹어야지!"라고 하면서 웃었던 기억이 납니다.

전략 기획자나 서비스 기획자 등 기획자 비율이 많은 팀은 가설을 설정했다고 합니다. 어떤 방식으로 탑을 쌓는게 좋을지 먼저 머리를 굴리면서 다양한 케이스를 구상하고 그것을 하나씩 구현해 보았으므로 이 팀은 뭔가 체계적인 느낌이 났다고 해요.

신입 사원들이 많은 팀은 또 달랐습니다. 아직 젊고, 창의적이며, 센스와 위트가 많아서 강사가 제시한 자료에 정확한 규칙이 없다는 점을 파고들었죠. 그래서 원래는 완성한 타워 꼭대기에 마시멜로를 고정해야 하지만, 마시멜로를 잘게 쪼갠 후 스파게티 건면으로 마시멜로의 바닥과 각 부분을 잘 이어 붙이기도 했습니다(16쪽 그림 참고). 그러나 안타깝게도 중간에 이런 꼼수를 본 강사님이 다시 만들라면서 재료를 바꿔주기도 했습니다. 하지만 이런 다양한 시각과 관점이 꼭 틀리다고는 할 수 없습니다. 마시멜로 챌린지를 할 때 굳이 제한 조건을 걸지 않는 것은 이런 시도를 하도록 가능성을 열어놓는 것이라고 합니다.

저는 사내에서 같은 직장 동료들과 이 교육을 받았지만, 이 프로그램을 운영하는 관리자들은 다양한 집단을 경험했을 겁니다. 직장인, 건축가, 디자이너, MBA 학생들, 회사 대표, 변호사, 크리에이터, 중고등학생, 유치원 아이들까지 다양한 집단이 참여했다고 하니까요. 그렇다면 어떤 집단이 가장 높은 탑을 쌓았을까요?

이 질문에 대한 답은 327쪽에 나오는 '에필로그'에서 소개하겠습니다. 아니 그런데 인공지능에 대한 책 서두에서 왜 '마시멜로 챌린지' 이야기를 하는지 궁금하죠? 아마 이 프로그램을 아는 사람들도 있겠지만 모르는 사람들도 많을 겁니다. 저는 낯설게 느껴지는 이 게임이 이제 막 등장한 인공지능 도구들과 비슷하게 느껴졌어요.

✦ 새로운 인공지능 도구

인공지능(AI)은 이미 수십 년간 발전해 왔지만 연구자나 개발자가 아닌 일반인들에게는 접근하기 어려운 기술이었습니다. 하지만 2022년 11월 세상에 혜성처럼 등장한 ChatGPT 덕분에 이제는 인공지능이 우리의 삶에 바짝 다가왔다는 것을 느낄 수 있습니다. 최근까지 세상에 있는 모든 정보를 학습했다는 ChatGPT가 쏟아내는 답변은 놀라웠고 인간의 삶을 더 편리하고 위대하게 만들 것이라고 기대를 모았습니다. 반면 우리 인간이 가진 일자리를 잃게 될 수도 있고 여러 가지 불법적인 사건이 발생할 수 있다는 두려움도 생겼습니다.

언론에 자주 등장하는 '인공지능(AI; Artificial Intelligence)'이라는 단어 때문인지, 또는 신기술에 대한 호기심 때문인지, 아니면 뒤처지면 안 된다는 초조함 때문인지 모르겠지만, 우리는 책과 유튜브, 그리고 다양한 강의를 통해 인공지능 도구들을 꾸준히 접하고 있습니다. 그럼에도 불구하고 여전히 ChatGPT는 앞에서 언급한 마시멜로 챌린지처럼 매우 '낯선' 친구라는 느낌이 듭니다. 그렇다면 새로운 '인공지능 도구'라는 친구들과 친해지려면 우리는 무엇을 해야 할까요?

사실 특별한 방법은 없습니다. 직접 부딪혀 보는 수밖에 없겠죠? 저도 ChatGPT를 설치한 후 이것저것 질문하고 답변을 받으면서 신기하다는 인상을 받았습니다. 하지만 그 정도에서 멈추게 되더라고요. 사람 같은 답변에 놀라기도 했지만, 최신 정보를 가져오는 것이 아니어서 ChatGPT보다는 이제까지 잘 사용해온 구글에 물어보는 방식이 익숙했기 때문이죠. 이렇게 ChatGPT는 재미있는 질문이나 신기한 답변을 따라 할 때 가끔 사용하는 정도에 그쳤습니다. 하지만 마음 한편으로는 불편했습니다. 인공지능의 시대가 도래할 것은 분명해 보이는데 내가 해 본 이 정도 경험만으로도 충분할까? 나에게는 무엇이 빠져있는 걸까? 이렇게 불안해 하다가 결국 이러한 불안함에 대한 해답을 찾았습니다. 결국 저에게는 '목적'이 없었던 것입니다.

이런 사실을 깨달았다고 갑자기 대단한 목적이 나타나지는 않았습니다. 그래도 방향성은 잡을 수 있었어요. 저는 먼저 ChatGPT가 업무에 쓰일 수 있는지 테스트해 보았습니다. 가장 쉬운 방법은 ChatGPT에게 직장인들이 많이 사용하는 엑셀 함수식을 물어보는 것이었습니다. 제가 검증하기 쉬운 합계를 구하는 수식부터 복잡한 함수식까지 질의응답을 하면서 맞춰보았습니다. 정말 놀라운 것은 ChatGPT가 제가 하는 말을 이해하고 적합한 내용을 찾아준다는 것이었습니다. 심지어 틀린 답변을 줄 때도 있는데, 제가 다시 상세하게 설명하면 그것을 수정해 주었습니다. 때로는 제가 사용해 보지 못한 함수도 알려주었고요. 제가 다시 이 함수가 무엇인지 ChatGPT에게 설명해 달라고 하니 자세히 알려주기도 했습니다.

ChatGPT와 쉬운 난이도를 경험하니까 욕심이 생겼습니다. 그 욕심이 작은 '목적'을 불러와서 이번에는 해 보고 싶었는데 못해 본 것을 생각했습니다. 예를 들어 '나는 코딩을 모르는데 코딩을 알아야 할 수 있는 간단한 서비스를 만들 수 있을까?' 이런 것들이었죠. 회사 생활을 하면 종종 아침 뉴스를 자신의 이메일로 받게 됩니다. 어떤 회사에서는 아예 신문의 각 면을 PDF 파일로 제공하기도 하고 어떤 회사는 뉴스레터 형식으로도 제공합니다. 저는 '회사', '업계 동향' 등의 키워드로 분류된 이메일로 매일 아침 뉴스 기사를 접하고 있어요. 이런 서비스는 외부 홍보 업체에서 제공하는 것으로 알고 있는데, 저는 문득 이런 생각이 들었습니다.

'나도 내가 원하는 주제로 나만의 뉴스를 특정 시간에 받아보고 싶은데 가능할까?'

물론 구글 뉴스 등에는 이미 키워드만 넣으면 메일을 보내주는 서비스가 있습니다. 하지만 저는 직접 이 서비스를 만들어 보고 싶었습니다. 그래서 ChatGPT에게 질문을 하고 답을 받았습니다. 이 과정이 반복되면서 정답은 없고 우문현답이 계속 되었습니다. 게다가 생각보다 시간이 오래 걸렸어요. 어찌어찌하다가 알 수 없는 코드가 나왔는데, ChatGPT가 시키는 대로 붙여넣어도 메일 서비스는 작동하지 않았습니다. 포기했다가 다시 여러 번 반복해서 도전했더니 결국 며칠 만에 엉성하지만 저만의 뉴스 클리핑 서비스를 만들 수 있었습니다.

뉴스 클리핑 서비스를 만드는 과정은 무척 힘들면서도 정말 재미있었습니다. 특히 정해진 시간마다 날아오는 뉴스 기사를 볼 때면 쾌감이 느껴졌습니다. 그리고 약간의 오만일 수도 있지만, '인공지능 별거 아니네?!'라는 생각도 들었습니다. 더 욕심이 나면서 하고 싶은 것이 또 생겼고 그것들이 '목적' 또는 '목표'가 되었습니다. 이 책에서는 이렇게 제가 하고 싶어서 꿈꾸던 몇 가지 '목적'에 대해 공유합니다. 이것들을 '활용 사례'로서 여러분에게 제공할 것입니다.

저는 인공지능을 연구한 학자나 개발자가 아닙니다. 만약 제가 인공지능 기업에서 일한다면 '당신은 원래 이런 것들을 잘 다룰 수밖에 없겠네?'라고 생각할 수도 있겠지만, 저는 여러분처럼 완전하게 평범한 일반인입니다. 전문가가 아닌 평범한 일반인이 새로 만난 인공지능 도구를 어떤 방식으로 활용했는지 관찰하면서 여러분만의 활용법을 만들어 내기를 바랍니다. 아울러 이 책에서는 모든 사람의 눈높이에 맞게 인공지능 서비스의 사용법을 A부터 Z까지 차근차근 소개하려고 합니다. 이렇게 설명하다 보니 IT 기기나 서비스 활용 능력이 뛰어난 사용자에게는 다소 쉬운 부분이 많으므로 이미 아는 내용은 넘어가면서 이 책을 활용하기 바랍니다. 자, 그러면 본격적으로 시작해 보겠습니다!

인공지능(AI)은
왜 트렌드가 되었을까?

✦ 과학기술의 발전과 인공지능의 관계

여러분은 혹시 밴드 '무한궤도'의 〈그대에게〉라는 노래를 알고 있나요? 아마 '무한궤도'라는 밴드의 이름은 잘 몰라도 응원곡으로 자주 부르는 이 노래는 많이 알고 있을 겁니다. 이 노래의 작곡, 작사, 편곡, 악기 연주까지 전체 과정을 프로듀싱한 가수는 바로 '신해철'입니다. 그는 Z세대에게는 낯설지도 모르겠지만, M세대 또는 그 윗세대들에게는 큰 영향을 준 아티스트입니다. 그는 과거 윗세대들이 살아온 방식에서 벗어나 새로운 시각과 생각 등을 제시했던 음악가이자, 철학가 또는 인생 선배나 따뜻한 형 같은 존재였습니다.

아니 그런데 왜 갑자기 '신해철' 이야기가 나오고 노래 가사가 나오냐고요? 제가 맨 처음 소개한 〈그대에게〉라는 노래는 신해철의 2집 〈Myslef〉의 수록곡입니다. 그리고 신해철의 2집은 대한민국 대중음악 역사상 최초로 MIDI(Musical Instrument Digital Interface, 국제단체인 MMA와 음악전자사업협회(AMEI)가 제정하고 공표한 전자 악기의 연주 데이터를 전송하고 공유하기 위한 업계 표준 규격)를 적극 활용한 역사적인 앨범이기 때문입니다.

조금 어렵다고요? 간단하게 정리하면 신해철은 당시 국내 유수의 가수들이 사용하지 않았던 신기술을 이용해서 노래를 만든 아티스트입니다. 그를 정확하게 표현하자면 '최첨단 기술을 활용해 음악을 만드는 프로듀서'라고 정의할 수 있습니다. 정말 놀라운 사실은 우리나라 음악 역사에 큰 획을 그은 서태지뿐만 아니라 〈강남스타일〉 등의 노래로 전 세계에 대한민국의 이름을 알린 월드 스타 싸이와 전설적인 가수들도 신해철에게 MIDI 음악 장비 사용법과 곡 제작법을 배웠다는 것입니다. 그는 음악을 듣는 청취자들뿐만 아니라 음악을 만드는 아티스트들에게 엄청난 영향을 미친 인물입니다. 여러분이 좋아하는 수많은 음악 속에는 어쩌면 '신해철'이라는 가수의 가르침이 녹아들어 있을 수도 있어요. 심지어 신해철은 사망하기 1년 전 '진중권의 문화다방'이라는 라디오 프로그램에 출연해 당시 MIDI를 도입할 때의 에피소드 등을 소개하면서 새로운 기술에 대해 이야기를 나누었습니다. 신해철은 이미 '자동 작곡 프로그램' 제작을 고민하면서 실제로 연구하고 있었던 것입니다.

저는 이 내용을 들으면서 온몸에 소름이 돋았습니다. 마치 지금 인공지능 시장을 예견한 것 같았던 그의 인사이트 때문이었어요. 글로벌한 인공지능 음악 작곡 시장의 선두 업체는 에이바(AIVA), 사운드로(SOUNDRAW), 부미(BOOMY)와 최근에 등장한 수노(SUNO), 유디오(UDIO) 등이 있습니다. 저는 신해철의 자동 작곡 프로그램 제작에 대한 고민을 들으면서 국내에도 인공지능(AI)과 음악을 접목해 다양한 기술을 선도하는 슈퍼톤(Supertone)과, 인공지능에게 작곡을 학습시킨 후 자동으로 작곡하게 하는 크리에이티브마인드(Creativemind)의 뮤지아(MUSIA), AI를 활용해 크리에이터들을 위한 로열티 프리 배경 음원 제작과 판매를 지원하는 포자랩스(Pozalabs)의 비오디오(viodio), AI 기반의 음원 마스터링 서비스를 제공하는 사운드 플랫폼의 뮤닛(Munute) 등의 서비스가 떠올랐습니다. 다시 한번 더 인공지능에 대해 질문해 볼게요.

'인공지능은 왜 트렌드가 되었을까요?'

개인적으로는 인간, 즉 사용자들의 호기심과 과학기술의 발전 덕분에 인공지능은 필연적으로 트렌드가 될 수밖에 없었다고 생각합니다.

✦ 우리 삶 전반에 영향을 줄 인공지능

사실 우리는 이미 일상생활에서 알게 모르게 인공지능을 사용하고 있습니다. 우리가 명절 전날 스마트폰을 이용해 간단하게 빠른 배송 주문을 하고, 물건을 받고, 부모님댁에 가기 위해 실시간 도로 상황을 확인하면서 내비게이션 앱을 사용하는 것처럼 이미 인공지능은 우리 삶에 깊숙히 들어와 있습니다. 이제는 각 분야에 조금씩 나뉘어진 인공지능 기술을 한 곳으로 모아 영화 '아이언맨(Iron Man)'의 인공지능 비서 자비스(J.A.R.V.I.S.)처럼 우리 삶 전반에 영향을 줄 준비가 된 상태입니다.

이렇게 거대한 인공지능이 등장한다면 우리는 그 인공지능을 온전히 받아들일 수 있을까요? 디지털 네이티브(Digital Native, 태어나면서부터 디지털 기기에 둘러싸여 성장한 세대)인 젊은 세대도 급격하게 변하는 패러다임에 빠르게 적응하는 것이 쉽지 않을 것입니다. 이 책에서는 현재 등장한 다양한 AI 도구들을 소개하며 개인과 비즈니스 상황에서 어떤 방식으로 활용할 수 있을지를 보여줄 것입니다. 모든 도구나 상황을 다룰 수는 없지만, 다양한 활용 사례를 통해 앞으로 도래하는 AI 서비스를 어떻게 이해하고 활용하면 좋을지 미리 경험하고 대처하도록 제시할 것입니다. 독감 예방 주사를 맞듯이 우리 함께 AI 백신을 한번 맞으러 가보죠.

업무 효율화 도구, AI 툴킷 이해하기

 AI 툴킷이란?

AI 툴킷은 인공지능 기술이 들어간 서비스(도구)를 의미합니다. 가장 대표적인 툴킷은 OpenAI 가 만든 텍스트 기반의 생성형 AI(Generative AI) 도구인 ChatGPT입니다. 생성형 AI의 붐을 일으킨 OpenAI와 투자사 마이크로소프트, 그리고 구글과 같은 선도 기업들의 주요 AI 툴킷 제품을 살펴보면 이런 AI 도구들을 어떻게 활용하는지 알 수 있어요.

AI 툴킷	활용 분야	특징
챗GPT(ChatGPT)	언어	초거대 언어 모델을 기반으로 하는 생성형 AI 도구
달리(DALL-E)	이미지	텍스트를 기반으로 하는 이미지 생성형 AI 도구
코드엑스(Codex)	코딩	자연어를 기반으로 하는 코딩 및 코딩 자동화 AI 도구
위스퍼(Whisper)	음성	다국어 대상 음성 인식 AI 도구

이와 같이 AI 툴킷에는 '언어', '이미지', '코딩', '음성'이라는 중심 카테고리가 있고 각 카테고리별로 특화된 서비스가 개발되고 있습니다. 이렇게 특화된 서비스는 다시 세분화 및 확장되면서 기존 산업군을 좀 더 편리하고 효율적으로 개선해 나아가고 있습니다.

예를 들어 볼까요? 수많은 비즈니스 종사자들이 기대하고 있는 마이크로소프트의 '코파일럿(Copilot)' 서비스는 직장인들이 일주일 내내 머리를 싸매고 고생하던 업무를 단 몇 시간 안에 해결할 수 있도록 업무 시간을 크게 단축해 줍니다. 저도 개발자들이 출력해 준 정제되지 않은 회사의 매출 데이터를 엑셀을 이용해 하나씩 수작업으로 정리했던 경험이 있습니다. 그리고 임원 보고를 위해서 디자이너로 변신해 야근을 불사하고 파워포인트에 옮기고 수정하는 작업을 하느라 골머리를 앓은 적이 있었어요. 그런데 코파일럿에서 '현재 매출 데이터를 연도별로 정리하고 전년 대비 증감률을 비율로 표기해 줘. 매출이 15% 이상 급등 및 급락한 기간은 파란색과 붉은색으로 표시하고 별도 시트에는 월별 막대 그래프로 정리해 줘.' 등의 문장으로 지시하면 몇 분 만에 정리해 준다고 합니다. 굉장히 놀랍죠?

이 밖에도 업무 효율화 도구인 노션(Notion) AI, 작곡 서비스인 에이바(AIVA), 바이오 기업들이 단백질 구조를 예측할 때 사용하는 3D 모델링 AI 도구인 크래들(Cradle) 등 AI 도구는 다양한 분야에서 발전하고 있습니다. 이 모든 서비스(도구)가 바로 AI 툴킷입니다.

✦ 이 책의 목표는 인공지능을 친구로 만들기

이 책의 목표는 매우 심플합니다. 바로 '인공지능을 친구로 만들기'입니다. 이 목표를 좀 더 구체적으로 설명하면 다음과 같습니다.

첫째, '인공지능(AI)은 두려운 것이 아니라 누구나 쉽게 접근할 수 있는 것이구나!' 하는 마음이 들게 하는 것입니다.

둘째, 인공지능에 왕초보여도 이 책에서 소개하는 활용 사례를 따라 하면서 다양한 AI를 직접 활용해 보고 익히는 것입니다. 남녀노소 누구나 단계별로 따라 할 수 있도록 세세하게 설명했으니 천천히 따라 오세요.

셋째, 이미 초보 딱지를 뗀 중급자 이상의 사용자도 인공지능의 활용 사례를 넘어 개인이나 상업적으로 활용할 수 있는 방법을 찾아보는 것입니다. 이러한 방법을 고민하다가 인사이트를 제공하기 위해 제가 경험하고 배운 다양한 이야기를 추가했습니다.

한 가지 확실한 것은 이 책에서 제공하는 다양한 기본 지식과 사용 사례를 경험한다면 회사 선후배들과는 "우리 비즈니스에 인공지능을 어떻게 접목해 볼까?" 이런 이야기를 하게 될 것이고 가족이나 연인과는 AI에 대한 일반 상식을 바탕으로 재미있는 수다를 떨게 될 겁니다. 자, 그러면 본격적으로 AI 툴킷을 시작해 볼게요.

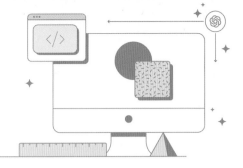

ChatGPT의 사용법 익히기

✦ ChatGPT란?

동화책 만들기를 시작하기 전에 가장 대표적인 생성형 인공지능 도구인 ChatGPT의 사용 방법을 살펴볼게요. 이미 ChatGPT의 사용법을 알고 있다면 바로 38쪽의 '동화책 만들기'로 넘어가도 좋습니다. 또한 ChatGPT의 기본적인 사용법을 학습한 후에는, AI 기반의 음원 마스터링 서비스를 제공하는 사운드 플랫폼의 뮤닛(Munute), 네이버 큐(Que) 등 유사한 텍스트 중심의 생성형 AI 도구들 중 선호하는 서비스를 사용해도 좋습니다.

영어로 ChatGPT, 한글로는 '챗지피티'로 부르는 이 서비스는 GPT-3.5와 GPT-4를 기반으로 하는 대화형 인공지능 서비스입니다. 'GPT-4'라는 명칭은 'OpenAI(오픈AI)'라는 기업에서 개발한 언어 모델로, 네 번째 버전이라는 의미입니다.

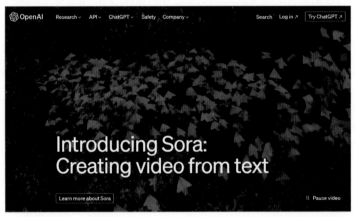

▲ 오픈AI 홈페이지(www.openai.com)

OpenAI는 미국의 인공지능 개발사로, 대형 언어 모델(LLM; Large Language Model)과 이를 기반으로 하는 ChatGPT와 같은 다양한 인공지능 서비스를 제공합니다. 이 회사는 와이콤비네이터(Y Combinator)의 수장이었던 샘 알트만(Sam Altman)과 테슬라의 일론 머스크(Elon Musk) 등이 공동 창업자였어요. 이들은 구글과 같은 대기업이 인공지능 시장을 독점하는 것을 막기 위해 비영리재단으로 OpenAI를 출범시켰습니다. 현재는 일론 머스크 등이 회사 운영에서 빠지고 샘 알트만이 OpenAI를 경영하고 있습니다. 간략하게 회사와 인공지능 도구에 대해 설명했는데, 이제 본격적으로 ChatGPT 사용법을 알아볼게요.

✦ ChatGPT에 로그인하기

1 구글 등의 검색 엔진에 영문 또는 한글로 'ChatGPT'나 '챗GPT' '챗지피티' 등을 입력하고 Enter 를 누릅니다.

2 검색 결과 중 ChatGPT의 홈페이지 주소 'https://chat.openai.com'을 선택하면 화면의 오른쪽에 [Log in] 버튼과 [Sign up] 버튼이 있는 굉장히 간결한 화면이 열립니다. 회원 가입을 하지 않았어도 [Log in] 버튼을 클릭하면 이미 가지고 있는 구글 계정 등의 아이디로 쉽게 회원에 가입하고 로그인할 수 있어요. 여기서는 [Log in] 버튼을 클릭합니다.

❶ Log in: 회원 가입 후 아이디가 있어서 바로 로그인하는 버튼
❷ Sign up: 회원이 아닌 경우 회원에 가입하는 버튼

3 OpenAI 아이디가 있으면 아이디를 입력하고 [Continue] 버튼을 클릭합니다. 하지만 Open AI 아이디가 없으면 구글이나 마이크로소프트, 애플 아이디를 활용해서 로그인할 수 있어요. 일반적으로 구글 계정 아이디를 가지고 있으므로 [Google 계정으로 계속하기]를 클릭하세요.

4 이미 표시되어 있는 구글 계정 아이디를 클릭합니다.

5 로그인하면 무료로 사용할 수 있는 ChatGPT 메인 화면이 열립니다. 여기까지 따라왔으면 ChatGPT의 기본적인 사용 준비가 완료된 것입니다! 화면의 왼쪽 아래에 있는 'Upgrade plan'을 클릭하면 유료 버전을 구매할 수 있는 [Upgrade your plan] 창이 열립니다. 여기서는 유료 버전 화면에서 실습할 것이므로 273쪽을 참고하여 결제를 진행하세요.

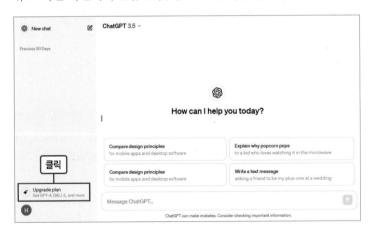

ChatGPT 화면 소개하기

다음은 유료 결제 후 로그인하면 표시되는 화면입니다. 한눈에 보아도 굉장히 단순하게 구성된 것을 알 수 있죠? 왼쪽 영역은 ChatGPT에게 질문한 내역 목록을 볼 수 있는 공간이고 오른쪽의 넓은 영역은 질문하고 답변을 구하는 공간입니다. 그리고 유료 사용자는 화면 가운데의 위쪽에 GPT-4 버전이 활성화되어 있습니다.

왼쪽 영역을 먼저 설명할게요. 맨 위에 있는 [New chat]은 말 그대로 새로운 채팅 창을 여는 옵션입니다. 맨 아래쪽에는 로그인한 계정 아이디가 보이는데, 이것을 클릭하면 'My plan', 'My GPTs', 'Customize ChatGPT', 'Settings', 'Log out' 메뉴가 표시됩니다.

TIP ✦ ChatGPT 화면에 처음 접속했다면 왼쪽 영역에 질문 내역이 표시되어 있지 않습니다.

> ChatGPT 홈페이지 화면은 주기적으로 업데이트되어 출간되는 시점을 기준으로 이 책의 이미지와 구성이 조금 다를 수 있고 무료와 유료 화면의 차이도 있습니다. 그러므로 집필 과정에서 출력한 내용을 예시로 보여주는 과정에서 이전 화면 구성이 나올 수 있다는 것을 참고해 주세요.

✦ My plan

'My plan'을 선택하면 ChatGPT의 유료 버전을 구독하기 위한 화면이 열립니다. 유료 버전을 이용하면 ChatGPT의 최신 버전인 GPT-4와 각종 플러그인 등의 기능을 사용할 수 있어요. ChatGPT를 유료 결제하는 방법은 273쪽을 참고하세요.

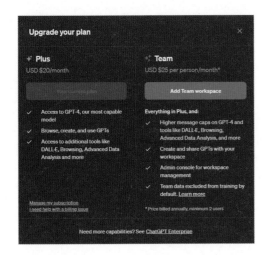

✦ Customize ChatGPT

'Customize ChatGPT'에서는 ChatGPT와 대화하기 전에 사용자의 정보를 추가로 입력해서 더욱 적합한 답변을 얻을 수 있습니다.

❶ 사용자가 어느 나라 사람인지, 무엇에 관심이 있는지, 어떤 주제를 다루는지, 이용 목적이 무엇인지 등에 대한 정보를 입력할 수 있습니다.

❷ 어느 정도 길이의 응답을 선호하는지, 캐주얼한 답변이 좋은지, 격식 있는 답변을 원하는지, 질문한 주제에 대한 중립적인 답변을 원하는지, 또는 편향적인 답변을 원하는지 등 출력 결과물의 형식이 어떤 것이 좋은지에 대해 추가할 수 있습니다.

OpenAI는 이렇게 여러분이 추가로 입력한 정보를 바탕으로 좀 더 적합한 답변을 제공합니다.

✦ Settings

'Settings'에서는 설정 환경과 베타 기능의 사용 여부를 설정할 수 있습니다.

① **General**: 시스템을 설정해 밝은 화면이나 다크 모드 화면 등을 선택할 수 있습니다.

② **Beta features**: 플러그인 등의 기능을 사용할지의 여부를 지정할 수 있습니다.

③ **Data controls**: 여러분의 채팅 내역을 인공지능이 학습하는 데 제공할 것인지를 선택할 수 있습니다. 만약 개인 정보를 보호하고 싶다면 'Data controls'를 비활성화하면 됩니다. 하지만 비활성화할 경우 ChatGPT 첫 화면의 왼쪽 영역에서 과거의 채팅 기록을 찾을 수 없고 기능이 제한된다는 것을 기억하세요.

이 화면에서는 데이터를 외부로 출력하거나 링크를 셰어할 수 있고, 사용자의 계정을 삭제 및 탈퇴할 수 있으며, 로그아웃 등의 기능도 찾아볼 수 있습니다. 이런 세부 기능을 잘 알고 있으면 좀 더 수월하게 ChatGPT를 사용할 수 있으니 잘 익혀보세요.

자, 이번에는 화면의 가운데 영역을 살펴볼게요. 우선 화면의 왼쪽 위를 보면 유료 사용자는 'GPT-4'가, 무료 사용자는 'GPT-3.5' 버전이 활성화되어 있으므로 각자 상황에 맞게 선택해서 이용하세요. 그리고 화면 중앙의 ChatGPT 로고(◉) 아래에는 보통 네 가지 사례 질문이 표시되어 있는데, 클릭하면 그 질문에 대한 ChatGPT의 응답을 볼 수 있어요. 화면에서 맨 아래에 있는 'Message ChatGPT...' 부분이 바로 ChatGPT에게 질문하는 공간이므로 자유롭게 질문하면 됩니다.

ChatGPT에게 테스트 질문하기

ChatGPT가 기본적으로 영어로 세팅되어 있다고 반드시 영어로 질문할 필요는 없습니다. Chat GPT에서는 전 세계의 모든 언어를 사용할 수 있어요.

✦ 한글로 질문하기

그러면 ChatGPT에게 한글로 몇 가지 질문을 해서 테스트해 보겠습니다. 첫 번째 질문은 바로 이거예요.

> **Q** 독도는 어느 나라 땅이야?
>
> 독도는 일본과 대한민국 간에 영토 분쟁이 있는 섬입니다. 일본에서는 이 섬을 '竹島(Takeshima)' 라고 부르고 대한민국에서는 '독도(Dokdo)'라고 부릅니다. 이 섬은 동해에 위치하고 있고 두 나라 사이의 분쟁으로 인해 계속해서 논란의 여지가 있는 지역 중 하나입니다. 현재 이 지역에 대한 주권 문제는 국제적인 분쟁으로 남아 있으며 해결이 어려운 복잡한 이슈입니다.

이런 식으로 중립적인 입장에서 답변을 줍니다.

두 번째 질문은 다음과 같습니다.

> **Q** 간단한 시 한 편을 작성해 줘.
>
> 산과 하늘이 만나는 곳에서
> 새들의 노래가 자연의 노래.
> 바람은 부드럽게 미소 지어 불고
> 순간을 즐기며 시간은 흐른다.
> 자연은 우리에게 매일 선물,
> 그 아름다움에 마음을 열고 산책.
> 소중한 순간을 함께 누리며
> 자연의 풍경에 감사의 눈길을.

어떤가요? 놀랍지 않나요? 그럴듯한 시도 한 편 작성해 줍니다. 그러면 노래 가사도 만들 수 있을 것 같아서 한번 질문해 보았어요.

> **Q** 이별에 대한 노래 가사를 써줘.
>
> 🔮 이별의 아픔을 노래로 표현한 가사를 작성해 드리겠습니다.
> 가슴 아픈 밤, 너를 떠난 밤
> 눈물이 흘러, 아픔이 차올라.
> 우리의 이야기, 끝이 왔지만
> 너를 잊지 못해, 항상 생각해.
>
> 함께한 순간들, 추억들이 남아
> 사랑의 아픔, 이제야 알아.
> 너의 손을 놓고 떠난 순간
> 하늘의 별들이 울고 있네.
>
> 언젠가 다시 만날 그날을 꿈꾸며
> 이별의 상처, 시간이 치유해 줄 거야.
> 우리의 사랑은 끝이 아니라고 믿어.
> 이별의 노래, 영원히 부를게.

이처럼 가사도 뚝딱 만들어 줍니다.

✦ 코딩 작성 의뢰하기

혹시 여러분이 프로그래머라면 코딩 작업을 할 수도 있겠죠? 그래서 이번에는 ChatGPT에게 파이썬이라는 개발 언어를 활용해서 코딩해 달라고 부탁해 보겠습니다.

> **Q** 간단한 테트리스 게임을 만들려고 해. 파이썬을 활용해서 테트리스 게임을 만드는 방법과 코드를 작성해 줘.
>
> 🔮 간단한 테트리스 게임을 파이썬으로 만들려면 Pygame 라이브러리를 사용할 수 있습니다. Pygame은 2D 게임 개발을 위한 파이썬 라이브러리로 많이 사용됩니다. 다음은 간단한 테트리스 게임을 만드는 예제 코드입니다. 이 코드를 실행하려면 Pygame부터 설치해야 합니다.
>
> 먼저 Pygame을 설치하기 위해 터미널 또는 명령 프롬프트에서 다음 명령을 실행합니다.

```bash
pip install pygame
```

그런 다음 아래의 코드를 텍스트 에디터에 붙여넣고 실행하세요.

```python
import pygame
import random

pygame.init()
# 게임 화면 설정
WIDTH, HEIGHT = 300, 600
WINDOW_SIZE = (WIDTH, HEIGHT)
SCREEN = pygame.display.set_mode(WINDOW_SIZE)
pygame.display.set_caption("간단한 테트리스 게임")

# 색깔 설정
BLACK = (0, 0, 0)
WHITE = (255, 255, 255)

# 블록 모양 설정
BLOCKS = [
    [[1, 1, 1, 1]],
    [[1, 1], [1, 1]],
    [[1, 1, 1], [0, 1, 0]],
    [[1, 1, 1], [1, 0, 0]],
    [[1, 1, 1], [0, 0, 1]],
    [[1, 1, 1], [0, 1, 0]],
    [[1, 1, 1], [1, 0, 1]]
]
# 게임 변수 설정
current_block = random.choice(BLOCKS)
current_block_x = WIDTH // 2
current_block_y = 0
block_color = (random.randint(0, 255), random.randint(0, 255), random.randint(0,
255))

clock = pygame.time.Clock()
game_over = False
```

```
def draw_block(x, y, block):
    for row in range(len(block)):
        for col in range(len(block[row])):
            if block[row][col]:
                pygame.draw.rect(SCREEN, block_color, pygame.Rect((x + col) * 30, (y +
row) * 30, 30, 30))
                pygame.draw.rect(SCREEN, BLACK, pygame.Rect((x + col) * 30, (y + row) *
30, 30, 30), 2)
- 중략 -
```

이 코드는 간단한 테트리스 게임을 만드는 기본 틀을 제공합니다. 게임의 룰이나 디자인을 더 개선하거나 기능을 추가하기 위해 코드를 수정할 수 있어요.

정보 확인부터 창작뿐만 아니라 프로그래밍까지 ChatGPT는 여러분의 질문에 무엇이든지 답하는 척척박사 조수입니다. 마치 마블 히어로 캐릭터인 영화 '아이언맨'의 인공지능 비서 자비스가 떠오릅니다.

▲ 미드저니에서 마블 히어로 캐릭터인 '자비스'를 그려달라고 요청했을 때 생성된 이미지

✦ '좋은 질문하기'의 중요성

ChatGPT의 사용 방법은 이게 전부입니다. 굉장히 간단하죠? 그런데 ChatGPT를 잘 활용하려면 무엇을 잘해야 할까요? 내가 누구인지에 대한 정의나 출력 방식을 잘 표현해 달라고 해야 할까요?

가장 중요한 것은 바로 '질문하기'입니다.

ChatGPT는 방대한 학습 데이터를 가지고 있지만, 좋은 답변을 얻기 위해서는 좋은 질문이 필요합니다. 그리고 처음 ChatGPT를 사용한다면 어떤 문제를 해결해 나가는 과정에서 같은 질문이나 유사한 질문을 반복하는 일종의 '버벅거리는 과정'을 겪게 될 겁니다. 또한 내가 원하는 대로 ChatGPT가 답변하지 않는 경우도 생깁니다. 하지만 당황하지 말고 문제가 있는 부분을 어떻게 수정하고 보완하면 되는지 ChatGPT와 대화를 통해 하나씩 해결해 나가면 됩니다.

ChatGPT는 그냥 정해진 답변을 하는 프로그램이 아니라 여러분처럼 살아있는 존재라고 여겨야 합니다. 여러분이 직장이나 학교 등에서 모르는 것을 동료에게 질문하고, 또 질문하고, 그 답변을 확인한 후에는 이해하지 못한 부분을 다시 설명해 달라고 하듯이 ChatGPT의 답변 중에서 모르는 부분을 마우스로 드래그해 선택하고 복사한 후에 '여기서 어떤 부분을 잘 모르겠으니 다시 수정해 줘.' 또는 '이 부분에서 오류가 발생하니까 코드를 다시 작성해 줘.'와 같이 ChatGPT와 자유롭게 논의해야 합니다.

이런 시행착오를 반복하다 보면 기존보다 더욱 효율적으로 ChatGPT에게 질문하는 방법을 깨닫게 되는데, 이것을 생성형 인공지능을 이용하는 업계에서는 '프롬프트 엔지니어링(prompt engineering) 기법'이라고 부릅니다. 그리고 이런 질문을 잘하는 프롬프트 엔지니어들을 채용하는 기업들이 많이 늘어나고 있습니다. 심지어 2023년 6월에는 국내외에서 프롬프트 엔지니어들을 억대 연봉에 채용하는 공고가 나기도 했습니다. 예를 들어 구글이 투자한 인공지능 스타트업인 앤트로픽(Anthropic)은 연봉 3~4억 원을 내걸고 프롬프트 엔지니어 채용 공고를 올리기도 했습니다. 국내에서도 인공지능을 기반으로 콘텐츠를 생성하는 스타트업 뤼튼테크놀로지스가 국내 업체 최초로 프롬프트 엔지니어 직군을 공개 채용하기도 했죠. 연봉은 무려 최대 1억 원이라는 파격적인 조건을 내걸어서 화제가 되었습니다.

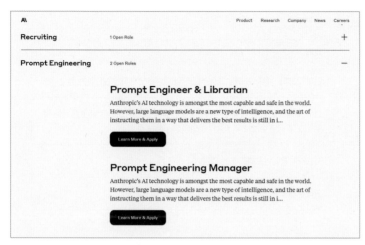

▲ 앤트로픽의 채용 공고(www.anthropic.com/careers#open-roles)

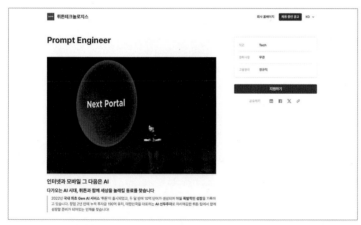

▲ 뤼튼테크놀로지스의 채용 공고(wrtn.career.greetinghr.com/o/71826)

결국 이런 새로운 직업이나 검색 방식을 익히려면 더 자주, 더 많이 ChatGPT와 대화해야 합니다. 어떤 질문이든지 좋으니 여러분의 친구인 ChatGPT와 다양하고 재미있는 대화를 해 보세요.

지금까지 간단하게 ChatGPT 사용법에 대해 설명했습니다. 다음 장에서는 본격적으로 동화책을 만들어 보겠습니다.

프롬프트 엔지니어링 꿀팁

프롬프트 엔지니어링(prompt engineering)은 대규모 언어 모델(LLM; Large Language Model)과 상호 작용할 수 있도록 프롬프트(명령어)를 개발하고 최적화하는 작업을 말합니다.

프롬프트 엔지니어링의 구성 요소

구성 요소	의미
지시 사항(instruction)	언어 모델이 수행해야 하는 특정 작업이나 명령을 명확하게 설명하는 것
맥락(context)	언어 모델이 명령을 정확히 이해하고 응답할 수 있게, 또는 더 나은 응답을 할 수 있도록 외부 정보나 추가적인 문맥을 제공하는 것
입력 데이터(input data)	사용자가 응답받으려고 하는 입력이나 질문 등
출력 명세(output specification)	원하는 출력 유형이나 형식을 명시하는 것

프롬프트에 앞의 표에서 소개한 구성 요소가 모두 들어가지 않아도 됩니다.

프롬프트 엔지니어링의 주요 기법

기법	의미
제로샷 프롬프팅 (zero-shot prompting)	• **기능**: 답변 예시 없이 질문하기 • 특별한 양식 없이 ChatGPT 등의 생성형 도구에 간단한 명령어만 입력해서 답변하는 경우
퓨샷 프롬프팅 (few-shot prompting)	• **기능**: 답변 예시를 제공하고 질문하기 • 프롬프트에 답변 예시(데모)를 제공해서 생성형 도구가 더 나은 성능을 발휘하도록 유도하는 기법(답변이 1개이면 one-shot, 여러 개이면 few-shot으로 구분)
사고의 사슬 프롬프팅 (chain of thoughts prompting)	• **기능**: 답변을 유추할 수 있는 프로세스를 알려주고 질문하기 • 중간 추론 단계를 도입하여 언어 모델이 복잡한 추론을 수행하는 능력을 향상시키는 방법

프롬프트 엔지니어들도 이런 기법을 처음부터 알고 있었던 것은 아닙니다. 일반적으로 ChatGPT와 단답형 질문과 답변을 주고받으면서 좋은 답변이나 엉뚱한 답변을 모두 받게 됩니다. 이 과정에서 좀 더 구체적이고 원하는 답변을 얻기 위해 다양하게 시도했고 이 과정을 앞에서 소개한 주요 기법으로 구분하고 명칭을 부여한 것입니다. 이들 세 가지 대표적인 기법 외에도 현재는 고도화된 수많은 기법이 있습니다. 프롬프트 엔지니어링 관련 내용은 www.promptingguide.ai와 learn.deeplearning.ai, 그리고 ChatGPT 커뮤니티를 참고해 부분적으로 정리했습니다.

프롬프트 엔지니어링의 예시

방법	사용 예
명확히 역할 정의하기	안녕! 지금부터 우리 역할 놀이를 하자. 너는 약 20년 차 영어 교육 전문가야.
답변을 받을 대상이 어떤 사람인지 설명하기	나는 비즈니스 영어 회화를 배우고 싶은 직장인이야. 영화업계에 종사하고 있어. 다만 영어 실력이 좋지 않아서 고등학생 수준으로 가정하고 질문에 답변해 줘.
작업 명령을 구체적으로 명시하기	비즈니스 영어 회화를 잘하고 싶은데 레벨별 학습 계획을 세워줘.
복잡한 질문은 단계를 나눠서 요청하기	얼마 뒤 칸 영화제에 가서 내가 제작에 참여한 영화를 홍보해야 하는데 예상되는 질문과 답변 예시를 작성해 줘.
답변 예시를 제공해서 맞춤 답변 받아내기	작성된 내용을 '표 형식'으로 다시 정리해 줘.
원하는 답변 출력 형식 제시하기	표에 들어갈 내용은 아래 '답변 예시'를 참고해서 다시 작성해 줘. **<답변 예시>** 번호 | 예상 질문 | 답변 | 사용한 주요 영단어
중요한 지시 사항 강조하기	예시에 있는 주요 영단어가 누락되어있어. 다시 추가해서 출력해 줘.

질문에 구분 기호(쉼표, 마침표, 대시, 띄어쓰기, 태그 등)를 사용하면 별도의 섹션이라고 강조하는 효과가 있어서 언어 모델이 좀 더 쉽게 질문을 이해할 수 있습니다. 앞의 예시 외에도 다양한 프롬프트 엔지니어링 예시가 있으니 추가로 찾아보고 적용해 보세요.

사용자들의 꿀팁

사용 팁	의견 및 예시
영어 사용하기	언어 모델이 기본적으로 영어로 된 방대한 자료를 학습하기 때문 → 외국어를 잘 모르면 무료 인터넷 번역 도구 활용하기
간결하게 질문하기	작업 명령을 구체적으로 적으라고 했지만, 콘텍스트가 너무 길거나 관련성 없는 수식어가 난무하면 언어 모델이 일부 정보를 반영하지 못하거나 환각 현상이 발생할 수 있기 때문 → 질문을 나눠서 단계별로 진행하기
요약 기능 활용하기	언어 모델의 답변이 길거나 대화가 오래 이어진 경우 진행 사항을 적극적으로 요약해서 상호 정리하고 재질문을 하는 것이 좀 더 효과적으로 후속 답변을 얻을 수 있기 때문
칭찬하기	외국 커뮤니티를 중심으로 언어 모델에게 긍정적 멘트(칭찬, 감사의 표현 및 2달러 정도의 팁을 준다는 등)를 하면 양질의 답변을 얻는 데 효과적이라는 분석이 있기 때문 → 언어 모델이 결국 인간을 연구한 것이므로 감정에 반응한다는 의견
검수하기	이미 사용한 프롬프트를 언어 모델에게 다시 검토를 요청해 개선 및 보완하거나 출력한 답변에 대해 검수를 요청하면서 좀 더 정교한 답변을 얻을 수 있기 때문

동화책 만들기

ChatGPT + 미드저니

ChatGPT와 미드저니는 각각 텍스트와 이미지 생성 분야에서 매우 탁월한 능력을 보유하고 있습니다. 이번 장에서는 이들 두 가지 생성형 인공지능(Gen AI) 도구를 상호 보완해 활용하면서 직접 동화책을 제작해 보는 과정을 소개합니다. 그리고 동화책을 만들기 위해 필요한 아이디어 구상부터 등장 인물의 설정, 대사 작성, 삽화 제작 등 동화책 제작과 관련된 전반적인 단계를 실습해 보겠습니다.

단순한 이론적인 설명이 아니라 직접 손으로 만들어 보는 경험을 통해 AI 기술을 창의적 콘텐츠를 제작할 때 어떻게 활용할 수 있는지 체감할 수 있을 것입니다. 이 과정에서 AI 창작의 가능성과 한계, 그리고 실제 적용 방법을 깊이 있게 탐구해 보겠습니다.

누구나 한 번쯤 작가를 꿈꾸곤 하죠? 어쩌면 어린 시절에 읽었던 동화책에서 사람과 동물이 서로 우정을 나누고, 변신도 하고, 하늘을 나는 등 무한한 상상의 나래를 펼쳤던 경험이 글쓰기에 대한 로망을 불러일으켰기 때문일 거예요. 이처럼 한계가 없는 세상에서 멋진 꿈을 꾸게 만들어준 동화책! 저는 지금도 '동화'라는 단어만 들어도 마음이 몽글몽글해집니다. 그래서 많은 사람이 동화 작가를 동경하는 것이겠죠?

하지만 이런 마음과 별개로 한 편의 동화를 창작하는 것은 결코 쉬운 일이 아닙니다. 단순하게 동화책의 분량이 몇 페이지 안 되고 글보다 그림이 많으므로 쉽다고 생각할 수 있지만, 짧은 동화 한 편에 얼마나 많은 내용을 함축적으로 담아내야 하는지 생각해 본다면 놀랄 것입니다. 하지만 창의적이고 전문성까지 겸비한 조수가 동화책 집필을 도와준다면 어떨까요?

이번에는 앞에서 배운 여러 가지 AI 툴킷 중에서 언어 모델인 ChatGPT와 이미지 모델인 미드저니(Midjourney)를 활용해 동화를 한 편 창작해 보겠습니다. AI가 가진 힘을 적극적으로 활용한다면 동화를 창작하는 과정이 동화만큼 흥미진진한 여행이라고 느낄 것입니다. 여기서는 ChatGPT와 함께 아이디어를 발현하고 미드저니로 아이들의 상상력을 자극할 매력적인 삽화를 창작해 보겠습니다. 이렇게 창작한 동화는 온전히 여러분만의 특별한 동화가 될 것입니다. 더 나아가 동화를 창작하는 데 멈추지 않고 동화책을 출판하여 수익을 창출하는 방법까지 알아볼 것입니다. 자! 그러면 AI와 함께 매혹적인 동화 창작의 세계로 들어가 보겠습니다.

동화책의
제작 과정 살펴보기

저는 책을 출간해 본 경험이 전혀 없습니다. 동화책을 만들려면 일단 책을 만드는 제작 단계에 대한 기초 지식이 있어야 할 것 같네요. 그래서 먼저 어떤 방식으로 작업을 진행할지 구글에서 동화책 만들기의 전반적인 과정을 검색해 보았습니다.

✦ 동화책의 제작 단계 둘러보기

동화책은 일반적으로 다음 6단계의 과정을 거쳐서 제작됩니다.

Step 1	Step 2	Step 3	Step 4	Step 5	Step 6
스토리텔링	초안 작성 및 원고 다듬기	삽화 제작	책 디자인	출판 및 마케팅	외부 활동

과정이 복잡해 보이지만 요약하면 다음과 같아요.

시중에 이미 동화책을 집필하는 전통적인 방법이나 출간에 대한 책은 많지만, 우리는 ChatGPT 와 대화하면서 동화책을 만들어 보겠습니다. 이 과정에서 생성형 AI 모델의 특성상 ChatGPT에 게 같은 질문을 해도 다른 답변을 받을 수 있다는 것을 꼭 참고해야 합니다.

이제부터 본격적으로 동화를 창작해 볼게요. 우리의 인공지능 비서인 ChatGPT와 대화하면서 단계별로 작업할 겁니다. 이번 작업에서 ChatGPT는 저와 여러분이 고용한 개인 비서입니다. 일단 ChatGPT에게 다음과 같은 질문을 했어요.

 Q 나는 동화책을 만들고 싶은데, 그 과정을 간략히 소개해 줘.

 동화책을 만드는 과정은 창의적이고 보람 있는 작업이 될 수 있습니다. 우선 간략한 과정을 소개합니다.

1. 아이디어 구상
- **주제 선정**: 어떤 메시지나 가르침을 주고 싶은지 생각해 보세요.
- **대상 연령**: 책을 읽을 아이들의 연령대를 고려하세요.
- **캐릭터 및 설정**: 이야기의 주인공과 배경을 생각해 보세요.

2. 스토리 구성
- **시작, 중간, 끝**: 이야기의 흐름을 구성하세요.
- **갈등과 해결**: 이야기에 갈등을 추가하고 이를 어떻게 해결할지 고민하세요.
- **교훈 또는 메시지**: 이야기를 통해 전하고 싶은 메시지를 명확하게 정하세요.

3. 글 작성
- **대본 작성**: 이야기의 대사와 설명을 작성하세요.
- **언어와 톤**: 아이들이 이해하기 쉬운 언어와 톤을 사용하세요.
- **수정과 퇴고**: 글을 여러 번 읽고 필요한 부분을 수정하세요.

4. 일러스트레이션
- **스케치**: 각 페이지에 맞는 그림을 스케치하세요.
- **최종 그림**: 스케치를 바탕으로 최종 그림을 완성하세요.
- **색상 선택**: 아이들의 관심을 끌 색상을 선택하세요.

5. 디자인 및 레이아웃
- **텍스트와 그림 배치**: 텍스트와 그림이 잘 어우러지게 배치하세요.
- **폰트 선택**: 읽기 쉽고 아이들에게 적합한 폰트를 선택하세요.
- **책의 크기와 형태**: 책의 크기와 형태를 결정하세요.

6. 출판 및 배포
- **자비 출판**: 자신의 비용으로 출판을 진행할 수 있어요.
- **출판사 제출**: 완성한 원고를 출판사에 제출해 보세요.
- **온라인 플랫폼**: 아마존이나 기타 온라인 플랫폼을 통해 책을 판매할 수 있어요.

7. 마케팅 및 홍보
- **소셜 미디어 활용**: 소셜 미디어를 통해 책을 홍보하세요.

- **이벤트 참여**: 책 관련 이벤트나 박람회에 참여하세요.
- **리뷰 요청**: 독자들에게 리뷰를 요청하여 책의 신뢰도를 높이세요.

이렇게 단계별로 진행하면서 창의력과 열정을 발휘해 보세요. 동화책 만들기는 시간과 노력이 필요하지만, 완성된 작품을 보면 큰 보람을 느낄 수 있을 것입니다.

질문에 대한 답변을 살펴보면 우리가 사전에 확인한 동화책 만들기 프로세스와 유사하면서도 설명이 좀 더 세세하고 가독성이 좋습니다. 그리고 핵심 내용의 앞뒤에는 ChatGPT가 친절한 보조 문구도 작성해 준 것을 확인할 수 있어요. ChatGPT의 답변은 크게 다음 3단계로 구성되어 있습니다.

- **1단계**: 기획하기(아이디어 구상)
- **2단계**: 내용 채우기(스토리 구성, 글 작성, 일러스트레이션, 디자인 등)
- **3단계**: 출판 및 판매(출판, 배포, 마케팅, 홍보)

우리는 이 과정을 하나씩 완료해 나가면 됩니다. 그런데 저는 개인적으로 이 작업은 인간과 인공지능(AI)의 협업이라고 생각합니다. 이 작업을 바로 진행할 수도 있지만, 이 책을 보는 독자들은 이 동화책을 만드는 목적이 무엇인지, 누구를 대상으로 어떤 형태의 책을 만들고 싶은지 등 큰 틀에서 한 번 더 기획해 보기를 바랍니다.

저는 이 동화책을 통해서 아이들에게 재미있는 이야기를 전달하고 의미 있는 교훈을 알려주고 싶습니다. 그리고 개인적으로는 이 동화책이 명작의 반열에 올라 많이 판매되어 수익이 발생했으면 좋겠습니다. 이것이 제가 동화책을 만드는 목적입니다. 그러면 지금부터 이런 목적이 잘 어우러질 수 있도록 ChatGPT가 제안한 순서를 참고해서 동화책을 만들어 보겠습니다. 진행 과정에서 질문이 혼합되거나 순서가 약간 바뀔 수 있다는 것을 기억하세요.

✦ 가장 많이 팔린 동화책의 공통점 요약하기

"Good artists copy, Great artists Steal."

(좋은 예술가는 모방하고 위대한 미술가는 훔친다.)

— **파블로 피카소** Pablo Picaso

20대에 이미 현대미술의 거장이 된 천재적인 화가 피카소도 모방의 힘에 대해 강조했어요. 물론 이것은 표절이라는 것이 아니라 이미 좋은 선례를 참고하고 분석하면서 궁극적으로는 자신만의 색(차별점)이 들어간 작품을 만들라는 의미입니다. 따라서 좋은 동화책을 만들려면 아이들이 가장 많이 읽고 가장 많이 판매된 동화책이 어떤 것인지 알아야 유리합니다. 그래서 저는 ChatGPT에게 이렇게 요청했습니다.

Q 전 세계에서 가장 인기 있고 많이 판매된 동화책 열 권을 알려줘.

 전 세계에서 가장 인기 있고 많이 판매된 동화책 목록은 시간이 지나면서 변할 수 있습니다. 하지만 다음은 역사적으로 높은 판매량과 인기를 자랑하는 동화책 열 권을 정리한 목록입니다.

1. 《해리 포터》 시리즈(J. K. 롤링): 마법 세계에서 벌어지는 소년 마법사 해리 포터와 그의 친구들의 모험을 그린 시리즈
2. 《어린 왕자》(생텍쥐페리): 어린 왕자와 그의 여행을 통해 인간 관계와 삶의 의미에 대해 탐구하는 책
3. 《나니아 연대기》(C. S. 루이스): 아이들이 마법의 세계 나니아로 여행을 떠나면서 겪는 모험을 그린 판타지 시리즈
4. 《해리 포터》 시리즈(루이스 캐럴): 어린 소녀 앨리스가 이상한 나라로 여행을 떠나면서 겪는 환상적인 모험을 그린 책
5. 《그림 형제의 동화》(야콥과 빌헬름 그림): 《신데렐라》, 《백설공주》, 《잠자는 숲속의 공주》 등과 같이 전통적인 독일 동화를 모아 놓은 책
6. 《위니 더 푸》(A. A. 밀른): 곰돌이 푸와 그의 친구들의 따뜻하고 유머러스한 이야기를 담은 책
7. 《샬롯의 거미줄》(E. B. 화이트): 돼지 윌버와 그의 거미 친구 샬롯의 우정을 그린 책
8. 《마법의 나라 오즈》(L. 프랭크 바움): 소녀 도로시가 마법의 나라 오즈로 여행을 떠나며 겪는 모험을 그린 책
9. 《피터 팬》(J. M. 배리): 피터 팬과 네버랜드로의 모험을 통해 어린이들에게 영원한 유년기의 꿈을 선사하는 책
10. 《매트릴다》(로알드 달): 지능이 뛰어난 소녀 매트릴다가 자신의 능력을 발견하며 겪는 이야기를 그린 책

이 책들은 시간을 초월하여 여러 세대에 걸쳐 사랑받아 왔으며 여전히 많은 독자에게 좋은 영향을 주고 있습니다.

ChatGPT는 이런 식으로 굉장히 깔끔하게 정리해 줍니다. 하지만 실제로 ChatGPT가 전 세계의 정확한 판매량 데이터를 가지고 왔는지는 알 수 없으므로 정확한지 항상 검증해야 합니다. 또한 **4.**의 경우 《이상한 나라의 앨리스》라고 표기해야 하는데, 《해리 포터》로 책 제목이 잘못 출력된 것도 확인할 수 있습니다. 따라서 우리는 ChatGPT를 실수할 수 있는 부하 직원이라고 생각하고 다루어야 합니다.

나중에는 기술이 더욱 정교하게 발전하겠지만, 현재는 ChatGPT를 가급적 사실 기반의 데이터 정보보다는 창작 등의 아이데이션(ideation) 과정에 활용하는 것을 권장합니다. 동화책을 만드는 과정에 이런 오류가 있을 수 있지만, 빠르게 전개하기 위해서 이런 세세한 오류는 무시하고 진행하겠습니다.

✦ 인기 있는 동화책의 사례 수집하기

앞에서 ChatGPT에게 좋은 동화책을 추천받았습니다. 하지만 저는 《해리 포터》와 같은 어려운 책보다는 어린아이들을 위한 동화책을 만들고 싶었습니다. 제가 만들고 싶은 동화책의 상세한 형태는 다음과 같습니다.

1. 짧은 문장과 삽화 수록
2. 약 20페이지 이내의 짧은 동화
3. 5세 정도의 아이들 대상

이런 기본적인 형태를 가지고 아이디어를 구상해 보겠습니다. ChatGPT는 이 단계에서 주제를 선정하고, 책을 읽을 아이들의 연령대를 고려하며, 이야기의 주인공과 배경을 생각해 보라고 합니다. 이런 주요 내용을 담아서 다시 아이들이 가장 많이 읽은 동화책 목록을 요청해 보겠습니다.

> **Q** 5세 어린이들을 위한 동화책을 찾고 있어. 전 세계적으로 가장 많이 판매된 베스트셀러 동화책의 제목과 교훈, 그리고 간략한 줄거리를 표 형식으로 정리해 줘.
>
> 5세 어린이들을 위한 동화책을 선택할 때는 그림이 매력적이고, 이야기가 단순하며, 교훈이나 메시지를 쉽게 이해할 수 있는 책이 좋습니다. 다음은 전 세계적으로 가장 많이 판매된 베스트셀러 동화책 중 일부를 제목, 교훈, 그리고 간략한 줄거리와 함께 정리한 표입니다. 이 책들은 전 세계적으로 널리 사랑받고 있으며 5세 어린이들에게 적합한 내용과 좋은 교훈 및 메시지를 담고 있습니다.

동화책	교훈 및 메시지	간단한 줄거리
아낌없이 주는 나무 (The Giving Tree)	이타주의, 사랑, 희생	하나의 나무와 한 소년의 관계를 통해 인생의 여러 단계와 사랑, 희생에 대해 탐구하는 이야기
그린치가 크리스마스를 훔쳐갔다 (How the Grinch Stole Christmas!)	크리스마스의 진정한 의미, 변화와 성장	크리스마스를 싫어하는 그린치가 크리스마스를 망치려다가 크리스마스의 진정한 의미를 깨닫게 되는 이야기
행복한 곰 브라운 (Brown Bear, Brown Bear, What Do You See?)	관찰력, 동물과 색깔에 대한 인지	다양한 동물과 그들이 보는 것들을 묻고 답하는 반복적인 패턴을 통해 어린이들에게 동물과 색깔에 대한 인지를 돕는 이야기
굿나잇 문 (Goodnight Moon)	일상의 소중함, 잠자리에 들 때의 루틴	어린 토끼가 잠자리에 들기 전에 주변의 모든 것에게 인사하는 단순하고 따뜻한 이야기
빨간 닭 (The Little Red Hen)	협동, 책임감	곡식을 심고 빵을 만들려는 빨간색 닭이 다른 동물들의 도움을 구하지만 거절당하고 결국 혼자서 모든 일을 해 내는 이야기
미운 오리새끼 (The Ugly Duckling)	자아 수용, 변화와 성장	자신과 다르게 생겼다고 놀림 받던 오리 새끼가 아름다운 백조로 성장하며 자신감을 찾는 이야기
개구리와 잠자리 (Frog and Toad Are Friends)	우정, 서로에 대한 배려	개구리와 잠자리 두 친구가 함께하는 일상 속 모험과 우정을 그린 이야기
곰곰곰, 어떻게 느껴? (How Do You Feel, Bear?)	감정 인식, 감정 표현	다양한 상황에서 곰이 느끼는 감정을 통해 어린이들이 자신의 감정을 이해하고 표현하는 방법을 배우는 이야기
무지개 물고기 (The Rainbow Fish)	나눔, 친구와의 우정	아름다운 비늘을 가진 무지개 물고기가 자신의 비늘을 친구들과 나누면서 진정한 행복과 우정을 찾는 이야기
엄마 품이 좋아 (Guess How Much I Love You)	부모와 자식 간의 사랑, 감정의 표현	작은 토끼와 큰 토끼가 서로 얼마나 사랑하는지를 나타내려고 서로의 감정을 표현하는 따뜻한 이야기

이처럼 여러분이 원하는 주요 동화책의 정보를 얻을 수 있습니다. 여기서 여러분이 활용하고 싶은 소재가 있다면 그대로 사용하거나 몇 가지 교훈 등을 참고해서 조합할 수 있습니다. 또한 앞의 사례를 무시하고 여러분만의 동화를 창작할 수도 있어요. 즉 이들 동화책의 정보를 참고해도 되고 참고하지 않아도 됩니다.

이번 질문에는 몇 가지 요소들이 들어가 있습니다. 저는 ChatGPT에게 제가 출력하고 싶은 동화책을 읽는 연령대(5세), 동화책의 종류(베스트셀러), 내용(제목, 교훈, 줄거리), 그리고 형식(표) 등을 요구했습니다. 그리고 ChatGPT는 이 질문의 요청 사항을 충실히 따라주었습니다. 여러분도 명령어(프롬프트)를 입력할 때 좀 더 구체적으로 질문하면 ChatGPT에게 더욱 깔끔한 답변을 받을 수 있습니다.

잠 | 깐 | 만 | 요

생성형 AI 모델의 특징을 알고 싶어요!

GPT(Generative Pre-trained Transformer)는 어떤 방식으로 학습할까요? GPT는 기존의 온·오프라인 책이나 자료 등에서 수집한 단어와 구절에서 규칙과 의미를 파악하고 질문 학습(인간의 질문을 이해하고 대답하도록 학습)을 통해 적절하게 답변하면서 학습합니다. 그런데 생성형 AI 모델은 정답을 맞추는 툴이 아니므로 입력된 언어를 이해하고 텍스트 맥락을 추리해 사람처럼 대답하는 능력이 있으니 답변을 잘 살펴봐야 합니다.

> **Q.** 조선왕조실록에 기록된 세종대왕 맥북프로 던짐 사건에 대해 알려줘.
> **A.** 세종대왕의 맥북프로 던짐 사건은 조선왕조실록에 기록된 일화로, 15세기 세종대왕이 새로 개발한 훈민정음(한글)의 초고를 작성하던 중 문서 작성 중단에 대해 담당자에게 분노해 맥북프로와 함께 그를 방으로 던진 사건입니다.

(자료 출처: www.chosun.com/national/weekend/2023/03/04/HR457QM36JFTXDUVAMMNG23MHQ)

ChatGPT는 정답을 말하기도 하지만, 부분만 기억하거나 엉뚱한 말을 하기도 하는데, 이런 현상을 '환각 효과(hallucination, 할루시네이션)'라고 합니다. 따라서 생성형 AI의 답변을 전적으로 믿으면 안 되고 항상 검증해야 합니다. 단 사용자들이 ChatGPT 등의 도구를 사용할 때 '검색' 용도로 활용하는 경우가 많으므로 '정답'을 제공하기 위해 각 기업은 학습 데이터의 정확성을 높이거나 학습한 데이터의 출처를 함께 표기해서 사용자들의 편의성을 개선하고 있습니다.

동화책의 기획 방향 정리하기

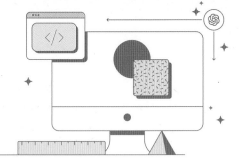

✦ 동화책의 기획 방향

지금까지의 리서치를 통해서 다음과 같이 제가 만들고 싶은 동화책의 기획 방향을 정리했습니다.

구분	관련 내용	비고
주제(교훈)	모르겠음	ChatGPT에게 문의
타깃(연령)	5~7세	
분량(페이지)	최소 20~50페이지	가급적 짧게
구성	짧은 문장과 삽화 이미지	반 페이지씩 구성
기타(레퍼런스, 캐릭터 등)	모험 스토리, 사람이나 동물 주인공	ChatGPT에게 추가 문의

제가 작성한 내용보다 덜 정확해도 괜찮습니다. 하지만 적어도 우리가 ChatGPT를 고용한 주인의 입장에서, 또는 협력자의 입장에서 지금까지 나온 내용을 바탕으로 방향성 정도는 정리해 두어야 명확하게 질문(지시 사항)하는 데 유리합니다. 그리고 이렇게 방향성을 정해도 ChatGPT와의 대화나 생성된 답변 중에서 더 매력적인 스토리가 나올 수 있으므로 부담 갖지 말고 정리해 보세요.

지금까지 '내가 만들고 싶은 동화책은 무엇인지?', 그리고 '참고할 만한 동화책 레퍼런스(사례)는 무엇인지?'라는 큼직한 주제를 가지고 ChatGPT와 처음 질의응답을 하면서 시스템에 익숙해지는 시간을 가졌습니다. 이미 내가 원하는 동화책의 그림이 그려질 수도 있고 아직 감이 잡히지 않을 수도 있지만 너무 걱정하지 마세요. 특별한 아이디어가 없어도 ChatGPT의 도움을 받아 흥미로운 이야기를 창작하는 방법을 안내하겠습니다.

✦ 줄거리 작성하기

이제 본격적으로 줄거리를 작성하기 위해 45쪽에서 질문한 ChatGPT와의 마지막 질의에 이어서 이렇게 질문해 보겠습니다.

Q 앞의 내용을 참고해서 아이들이 좋아할 동화책을 만들고 싶어. 동화책의 주제와 교훈, 그리고 줄거리를 간략히 작성해 줘.

동화책 제목:《별빛 속 친구들》

주제: 우정, 나눔, 상상력

교훈: 진정한 친구는 어떤 상황에서도 서로를 돕고 함께 나누는 기쁨을 압니다.

줄거리:

별빛 마을에 사는 민이는 상상력이 풍부한 5살 소년입니다. 그는 밤하늘의 별들을 보면서 항상 상상의 세계로 여행을 떠납니다. 어느 날, 민이는 밤하늘에 빛나는 별빛 속에서 친구들을 만나게 됩니다. 이 친구들은 각각 다른 색깔의 별에서 왔으며 모두 다른 능력을 가지고 있습니다.

별빛 친구들은 민이에게 나눔의 기쁨과 함께하는 즐거움을 가르쳐 줍니다. 그들과 함께하는 동안 민이는 자신의 간식을 나눠주고, 장난감을 함께 사용하는 방법을 배웁니다. 별빛 친구들도 민이에게 그들의 능력을 나눠주며 민이의 상상력을 더욱 풍부하게 만들어 줍니다.

시간이 지나면서 민이는 진정한 친구의 의미를 깨닫게 됩니다. 그는 별빛 친구들과의 시간을 통해 나눔의 중요성과 함께하는 즐거움을 배웁니다. 마지막 밤, 별빛 친구들은 민이에게 작별 인사를 하며 진정한 친구의 가치를 영원히 기억하라고 말해줍니다.

어떤가요? 우리의 짧은 질문에 ChatGPT는 거침없이 창작해 줍니다. 내용을 읽어보니 우리가 어렸을 때 한 번쯤은 해 보았을 밤하늘의 별을 보면서 하는 상상이 잘 녹아든 작품이네요. 그런데 저는 약간 밋밋한 느낌이 들어서 다음과 같이 질문을 추가해 보았습니다.

Q 장르를 모험 판타지로 바꿔줄 수 있어? 그리고 주인공의 이름도 조조로 바꿔줘.

동화책 제목:《별의 왕국 대모험》

주제: 모험, 용기, 우정

교훈: 진정한 용기는 어려움 속에서도 친구를 돕고 함께 힘을 합쳐 문제를 해결할 때 나타납니다.

줄거리:

용감한 소년 조조는 어느 날 밤, 하늘에서 떨어진 별 조각을 주웠습니다. 그 순간, 별 조각은 빛나며 그를 다른 세계, 바로 별의 왕국으로 이끕니다. 별의 왕국은 마법으로 가득하지만 어둠의 마법사 때문에 위기에 처해 있습니다.

조조는 별의 왕국에서 새로운 친구들을 만나게 됩니다. 그들은 각자 특별한 능력을 가지고 있으며 조조를 도와 어둠의 마법사를 물리치려고 합니다. 함께하는 동안 조조와 그의 친구들은 각자의 능력을 나누고 서로를 믿으면서 어려운 도전을 극복합니다.

어둠의 마법사와의 최종 결전에서 조조와 그의 친구들은 용기와 우정으로 함께 힘을 합쳐 마법사를 물리칩니다. 그들은 별의 왕국을 구하고 어둠을 몰아내며 평화를 되찾습니다. 돌아오는 길에 별의 왕국의 왕은 조조와 그의 친구들에게 용기와 우정의 중요성을 일깨워줍니다. 조조는 자신의 용기와 친구들과의 소중한 우정을 배우며 집으로 돌아갑니다.

이 동화책은 아이들에게 모험과 판타지의 세계 속에서 용기를 가지고 어려움에 맞서면서 친구와 함께 힘을 합쳐 문제를 해결하는 교훈을 전달하려고 합니다.

이렇게 동화책을 읽은 아이들이 좀 더 풍부하게 상상할 수 있도록 장르를 변경할 수 있습니다. 또한 등장인물의 이름도 쉽게 수정할 수 있어요.

다음은 42쪽에서 ChatGPT에게 동화책 만드는 과정을 문의했던 내용입니다.

1. 아이디어 구상

- **주제 선정**: 어떤 메시지나 가르침을 주고 싶은지 생각해 보세요.
- **대상 연령**: 책을 읽을 아이들의 연령대를 고려하세요.
- **캐릭터 및 설정**: 이야기의 주인공과 배경을 생각해 보세요.

2. 스토리 구성

- **시작, 중간, 끝**: 이야기의 흐름을 구성하세요.
- **갈등과 해결**: 이야기에 갈등을 추가하고 이를 어떻게 해결할지 고민하세요.
- **교훈 또는 메시지**: 이야기를 통해 전하고 싶은 메시지를 명확하게 생각하세요.

우리가 방향을 잡고 하나씩 답변을 이끌어 나아갈 수도 있지만, 베스트셀러 동화책의 레퍼런스를 참고해서 ChatGPT에게 창작을 요청할 수도 있어요. 그리고 질문을 통해 줄거리(스토리)뿐만 아니라 주제(교훈), 캐릭터 및 설정까지 한 번에 출력할 수 있었습니다.

앞에서 '2. 스토리 구성'의 '갈등과 해결' 부분을 참고해 스토리를 좀 더 다듬어 볼게요. 저는 다음과 같이 스토리에 개입해 보겠습니다.

> **Q** 조조가 싸우기 전에 왕국에서도 왕의 군대가 어둠의 마법사를 물리치려고 했지만, 실패했던 스토리를 추가해 줘. 그리고 조조가 어둠의 마법사를 무찌르기 위해 힘들지만 열심히 배운 마법과 장소가 있다면 이런 내용도 추가해 줘.

> 물론입니다! 조조와 별의 왕국의 이야기에 추가된 내용을 포함하여 수정해 보았습니다.
>
> **줄거리:**
>
> 용감한 소년 조조는 어느 날 밤, 하늘에서 떨어진 별 조각을 주웠습니다. 그 순간, 별 조각은 빛나며 그를 다른 세계, 별의 왕국으로 이끕니다. 별의 왕국은 마법으로 가득하지만 어둠의 마법사 때문에 위기에 처해 있습니다.
>
> 조조는 별의 왕국에 도착하자마자, 왕과 그의 군대가 이미 어둠의 마법사를 물리치려고 여러 번 시도했지만 실패했다는 것을 알게 됩니다. 왕의 군대는 강력했지만, 어둠의 마법사의 마법은 너무나도 강력하여 그들의 노력은 헛되었습니다.
>
> 조조는 새로운 친구들과 함께 어둠의 마법사에 맞서기 위해 고대의 마법을 배우기 시작합니다. 이 과정은 힘들고 긴 여정이었지만, 조조와 그의 친구들은 포기하지 않고 계속해서 노력합니다. 그들은 서로를 격려하며 함께 힘을 합쳐서 어려움을 극복합니다.
>
> 어둠의 마법사와의 최종 결전에서 조조와 그의 친구들은 배운 마법과 용기, 그리고 우정의 힘으로 어둠의 마법사에 맞서 싸웁니다. 그들은 마침내 어둠의 마법사를 물리치고 별의 왕국에 평화를 되찾습니다. 승리 후 별의 왕국의 왕은 조조와 그의 친구들에게 그들의 용기와 끈기, 그리고 우정의 중요성을 일깨워줍니다. 조조는 이 모험을 통해 자기 내면의 힘을 발견하고 어떤 어려움도 극복할 수 있다는 교훈을 배우며 집으로 돌아갑니다.

제가 원한 내용이 잘 반영되었지만, 이 동화의 핵심인 고대 마법의 묘사가 좀 약합니다. 그래서 이 부분에 대해서도 ChatGPT에게 창작을 요청했어요.

> **Q** 조조가 고대의 마법을 어떻게 배웠는지, 그리고 그 마법의 주문은 무엇인지, 어떤 방식으로 공격하는지 상세하게 묘사해 줘.

> 조조와 그의 친구들이 별의 왕국에 도착하자, 그들은 고대의 지혜를 가진 마법사 엘리언을 만납니다. 엘리언은 세월이 지나며 잊혀진 강력한 마법을 보유하고 있었고 조조와 그의 친구들에게 이 마법을 전수하기로 결정합니다. 마법을 배우기 위해 조조와 그의 친구들은 엘리언과 함께 숨겨진 고대의 도서관으로 향합니다. 그곳에서 그들은 오래된 마법의 책들을 공부하며 엘리언의 지도 아래 마법의 기초부터 배우기 시작합니다.
>
> 고대의 마법 주문은 '스텔라 루미나리스'로, '별의 빛'이라는 뜻을 가지고 있습니다. 이 주문은 사용자의 마음속에 있는 용기와 우정의 힘을 끌어내어 강력한 에너지를 생성하는 마법입니다. 조조

가 이 마법을 사용할 때 그는 먼저 깊게 숨을 들이쉬고 마음을 진정시킵니다. 그런 다음 그는 손을 하늘로 향하게 하고 "스텔라 루미나리스!"라고 크게 외칩니다. 그 순간, 조조의 손에서는 밝고 빛나는 에너지가 생성되어 그가 바라는 방향으로 향해 나아갑니다.

이 마법의 힘은 조조와 그의 친구들의 우정과 결속력에 따라 강해지므로 그들은 서로를 믿고 함께 힘을 합쳐야 합니다. 이를 통해 그들은 어둠의 마법사에 맞설 수 있는 충분한 힘을 얻게 됩니다.

어둠의 마법사와의 최종 결전에서 조조와 그의 친구들은 이 마법을 사용하여 마법사의 어둠의 에너지를 물리치고 별의 왕국에 평화를 되찾습니다. 이 경험을 통해 그들은 용기, 우정, 그리고 함께 힘을 합치면 어떤 어려움도 극복할 수 있다는 귀중한 교훈을 배웁니다.

이 부분은 어둠의 마법사와의 최종 결전 직전이나 마법을 사용하는 부분에서 회상 장면으로 활용해도 되겠네요. 이처럼 여러분이 원하는 내용을 묻고 답변을 받으면서 하나씩 다듬어나가면 됩니다. 그리고 이런 묘사는 나중에 일러스트레이션 작업을 하는 데도 도움이 될 겁니다. 여기서 마무리해도 되지만, 저는 제목이 약간 아쉬웠습니다. 그래서 제목을 추천받으려고 다음과 같이 질문해 볼게요.

 지금 제목이 약간 아쉬운데, 좀 더 재미있거나 매력적인 제목을 열 개 정도 추천해 줄래?

 물론이죠! 조조의 모험과 관련된 더 매력적이고 재미있는 제목을 몇 가지 제안하겠습니다.

1. '조조와 별빛 마법의 여정'
2. '조조: 어둠을 물리친 소년'
3. '별의 왕국과 용감한 조조'
4. '조조의 마법 대모험'
5. '조조와 빛나는 별의 전설'
6. '어둠 너머로: 조조의 별빛 여정'
7. '조조와 마법의 왕국 구출 작전'
8. '조조: 별빛 속의 용사'
9. '용감한 조조와 어둠의 마법사'
10. '조조의 별빛 마법 대결전'

이 제목들은 조조의 모험과 그가 경험할 마법적인 요소들을 강조하면서 동시에 독자들의 호기심을 자극할 수 있을 것입니다.

만약 여러분이 좋아하는 작가나 작품의 스타일을 원한다면 질문에 내용을 추가해도 좋습니다. 예를 들어 다음과 같이 말이죠.

Q 이번에는 《해리 포터》의 작가 조앤 롤링 스타일의 제목 다섯 개와 디즈니 애니메이션 스타일의 제목 다섯 개를 각각 추천해 줘.

물론입니다. 조앤 롤링 스타일의 제목과 디즈니 애니메이션 스타일의 제목을 각각 추천해 드리겠습니다.

조앤 롤링 스타일의 제목

1. '조조와 별빛의 비밀'
2. '조조와 어둠 마법사의 저주'
3. '조조: 별들의 수호자'
4. '조조와 마법의 왕국: 별빛의 전설'
5. '조조: 어둠 너머의 모험'

조앤 롤링의 제목 스타일은 종종 주인공의 이름과 모험, 마법, 또는 특정 사건을 강조하는 경향이 있으므로 위의 제목들은 이러한 스타일을 반영하려고 노력했습니다.

디즈니 애니메이션 스타일의 제목

1. '별빛 속으로: 조조의 대모험'
2. '조조: 별의 왕국 구출 대작전'
3. '마법 속 친구 조조'
4. '조조와 빛나는 별의 모험'
5. '조조: 어둠을 물리친 소년 영웅'

디즈니 애니메이션 제목은 종종 모험과 마법의 요소를 강조하면서도 아이들과 가족들이 쉽게 이해하고 흥미를 느낄 수 있는 방식으로 제작되므로 위의 제목들은 이러한 특징을 반영해서 만들었습니다.

어디서 많이 들어본 듯한(?) 제목들을 추천해 주네요. 어쨌든 이런 방식으로 ChatGPT와 대화하면서 여러분이 원하는 제목을 찾아갈 수 있으니 더 흥미로운 제목을 찾아보세요.

✦ 매력적인 주인공 만들기

자! 제목과 줄거리가 어느 정도 완성되었으니 이제는 등장인물을 구체화하는 작업을 해 볼게요. 먼저 ChatGPT가 작성해 준 시나리오를 바탕으로 출연진을 정리해 달라고 요청합니다.

Q 앞의 작품에 등장하는 인물들을 간략히 정리해 줘.

⑤ 물론이죠! 다음은 '조조와 별빛의 비밀'에 등장하는 주요 인물에 대해 간단하게 정리한 내용입니다.

1. **조조**: 주인공으로, 용감하고 호기심 많은 5세 소년입니다. 그는 어둠의 마법사에 맞서기 위해 고대의 마법을 배우며 모험을 떠납니다.

2. **엘리언**: 고대의 지혜와 마법을 가진 마법사로, 조조와 그의 친구들에게 별빛 마법을 가르쳐 줍니다. 그는 친절하고 지혜로워서 조조에게 중요한 멘토 역할을 합니다.

3. **루나**: 조조의 친구로, 창의적이고 빠르게 사고하는 소녀입니다. 그녀는 조조가 마법을 배울 때 도움을 주며 모험에서 중요한 역할을 합니다.

4. **맥스**: 조조의 또 다른 친구로, 강하고 용감한 소년입니다. 그는 물리적인 힘과 용기로 조조와 루나를 돕습니다.

5. **어둠의 마법사**: 이야기의 주된 악당으로, 별의 왕국을 어둠으로 뒤덮으려는 사악한 마법사입니다. 그는 강력한 어둠의 마법을 사용하지만 결국 조조와 그의 친구들에게 패배합니다.

이들은 각각 스토리의 진행에 중요한 역할을 하며 조조의 모험과 성장에 큰 영향을 미칩니다.

자! 굉장히 신기하지 않나요? 저는 줄거리에 등장한 조조, 왕, 어둠의 마법사 정도만 정리해 줄 거라고 생각했는데, 친구들까지 상세하게 정리해 줍니다. 게다가 이들의 성별, 성향, 그리고 역할 등도 대략 요약해 주네요. 역시 ChatGPT는 가방끈이 세계에서 가장 긴 배운 녀석(?)인가 봅니다. 나중에 일러스트레이션 작업을 생각하면서 등장인물들을 보다 상세하게 묘사해 달라고 요청해 보겠습니다. 또한 어둠의 마법사 이름도 요청해야겠네요.

Q 각 등장인물의 외모와 옷, 그리고 주로 사용하는 무기, 마법 등의 기술을 묘사해 주고 어둠의 마법사 이름도 창작해 줘. 추가로 등장인물 중에 왕이 빠진 것 같은데, 왕에 대한 정보도 알려줘.

⑤ 물론입니다. 각 등장인물의 외모, 옷차림, 사용하는 무기나 마법, 그리고 왕에 대한 정보를 추가로 제공하겠습니다.

1. **조조**: 파란색 눈에 밝은 갈색 머리를 가진 작고 활발한 소년으로, 편안한 파란색 튜닉과 갈색 부츠를 착용하고 있습니다. 주로 사용하는 마법은 '별빛 화살'로, 손을 펼치면 별빛이 모여 화살 형태가 되어 날아가 적을 공격합니다.

2. **엘리언**: 흰 수염과 긴 흰머리를 가진 노인으로, 긴 로브(예복, 법복)를 입고 지팡이를 들고 있습니다. 그는 지팡이로 각종 보호 마법과 치유 마법을 사용할 수 있습니다.

3. **루나**: 긴 금발 머리에 파란색 눈을 가진 영리한 소녀입니다. 그녀는 붉은색 드레스와 검은색 신발을 신고 있으며 작은 마법 지팡이를 가지고 있어 간단한 마법을 사용할 수 있습니다.

4. **맥스**: 짙은 갈색 머리와 강한 체격을 가진 소년으로, 갑옷 조각을 몇 개 착용하고 큰 나무 방패와 칼을 가지고 있습니다. 그의 주요 무기는 칼과 방패지만, 필요할 때는 간단한 방어 마법도 사용합니다.

5. **어둠의 마법사(카르탄)**: 검은색 로브를 입고 어두운 모자를 쓴 중년 남성입니다. 그의 눈은 붉은색이며 강력한 어둠의 마법을 자유자재로 사용할 수 있습니다. 그의 주된 무기는 검은색 지팡이로, 여기서 어둠의 에너지를 방출해 적을 공격하거나 주변 환경을 조종할 수 있습니다.

6. **왕(레오나르드)**: 의연하고 고귀한 외모를 가진 중년의 남성입니다. 그는 화려한 왕복과 왕관을 착용하고 있으며 그의 손에는 왕국을 지키기 위한 상징적인 검이 있습니다. 그는 조조와 그의 친구들을 지원하며 카르탄에 맞서 싸우기 위해 자신의 군대를 보냈지만 실패했습니다. 그럼에도 불구하고 그는 결코 희망을 잃지 않고 조조를 믿습니다.

이들은 각각 스토리 속에서 자신만의 개성과 능력을 가지고 조조의 모험을 돕거나 방해합니다.

저는 늘 인공지능(AI)의 놀라움에 감탄합니다. 어둠의 마법사 이름도 '카르탄'으로 멋지게 지었고, 각 등장인물의 생김새와 성격까지 눈에 훤히 보이는 것 같습니다. 아마추어 작가인 저는 이 정도로 등장인물 묘사를 마무리하고 다음 단계로 넘어가겠습니다.

잠깐만요

동화책 만들기에 유용한 프롬프트 꿀팁 ①

1. 기존 레퍼런스 확인하기
- 전 세계적인 베스트셀러 동화의 제목과 각각의 작품이 가지고 있는 교훈을 간단히 정리해 줘.
- 상위 열 개의 동화 제목과 각 제목이 가지고 있는 교훈을 정리해 줘.
- 5세 아이들에게 가장 인기 있는 동화책의 제목, 교훈, 줄거리를 표 형식으로 작성해 줘.

2. 줄거리 만들기
- 앞의 내용을 참고해서 사람들이 좋아할 만한 동화를 만들고 싶어.
- 주인공은 남매와 그들이 가지고 있던 곰돌이 인형이야. 곰돌이 인형은 인공지능이 탑재된 로봇으로 설정할래. 이들이 모험을 통해 성장하는 이야기 구조가 담겼으면 좋겠어.
- 이런 설정이 담긴 동화의 제목, 주제, 교훈, 그리고 줄거리를 작성해 줘.

3. 등장인물 설정 요청하기
- 이 이야기에 등장하는 주요 인물들에 대한 정보가 필요해.
- 등장인물들의 이름과 성격, 특징, 외모, 그리고 복장 등을 상세하게 설명해 줘.
- 등장인물이 마음에 들지 않아. 다른 이름과 복장으로 바꿔줘.
- 등장인물을 사람이 아닌 동물로 하고 싶어. 아이들이 좋아할 만한 캐릭터로 변경해 줘.

동화책 집필하기

동화책 만들기를 음식에 비유하자면 지금까지 우리는 동화책에 들어갈 재료를 준비했다고 볼수 있습니다. 주재료는 줄거리가 될 것이고 양념이나 소스는 등장인물, 교훈, 갈등과 해결 같은단어로 표현할 수 있겠죠? 이미 무엇을 만들지 음식의 이름인 제목도 정했으니까 이제 남은 것은 이 재료들을 잘 섞어서 요리를 하는 것뿐입니다. 핵심 재료를 많은 사람이 즐길 수 있도록조리해 보겠습니다. 저는 ChatGPT에게 이렇게 질문해 볼게요.

Q 지금까지 작성해 준 내용을 바탕으로 동화책 한 편을 제작할 예정이야. 동화책은 표지를 제외하고 총 25페이지로 구성되어 있는데, 각 페이지별로 들어갈 문구와 삽화 이미지를 작성해 줘.

물론이죠! 《조조와 별빛의 비밀》 동화책을 25페이지로 나누어 각 페이지의 문구와 삽화 설명을작성하겠습니다. 표지는 제외하고 내용을 나눌 거예요.

1. **1페이지**: 옛날 옛적, 별빛이 가득한 왕국에 조조라는 용감한 소년이 살고 있었어요.
   (**삽화**: 밤하늘에 별이 반짝이는 작은 왕국, 조조가 집 앞에서 별을 바라보는 모습)

2. **2페이지**: 조조는 항상 모험을 꿈꾸며 마법의 세계에 대해 궁금해했답니다.
   (**삽화**: 조조가 책을 읽으며 상상 속의 모험을 꿈꾸는 모습)

3. **3페이지**: 그러던 어느 날, 어둠의 마법사 카르탄이 왕국을 위협하기 시작했어요.
   (**삽화**: 어두운 로브를 입은 카르탄이 어둠의 마법을 사용하는 모습)

4. **4페이지**: 왕국의 군대가 맞서 싸웠지만, 카르탄의 힘은 너무나 강력했답니다.
   (**삽화**: 왕국의 군사들과 카르탄이 싸우는 모습)

5. **5페이지**: 레오나르드 왕은 모두에게 희망을 잃지 말 것을 당부하며 도움을 청하기로 결심했어요.
   (**삽화**: 레오나르드 왕이 왕좌에 앉아 걱정하는 모습)

6. **6페이지**: 이 소식을 들은 조조는 친구들과 함께 왕국을 구하기로 결심했어요.
   (**삽화**: 조조가 루나와 맥스에게 모험을 제안하는 모습)

7. **7페이지**: 조조와 친구들은 엘리언이라는 고대의 마법사를 찾아가 도움을 청하기로 했어요.
   (**삽화**: 세 친구가 지도를 보며 엘리언을 찾아가는 모습)

8. **8페이지**: 긴 여정 끝에 세 친구는 엘리언을 만나고 그에게 마법을 배우기 시작했어요.
   (**삽화**: 엘리언이 세 친구에게 마법을 가르치는 모습)

9. **9페이지**: 조조는 열심히 공부하며 '별빛 화살' 마법을 익혔어요.
   (**삽화**: 조조가 '별빛 화살' 마법을 연습하는 모습)

10. **10페이지**: 한편 카르탄은 자신의 힘을 더욱 키우며 왕국을 위협했어요.

(삽화: 카르탄이 어둠의 마법을 사용하며 웃는 모습)

11. **11페이지**: 조조와 친구들은 마법을 익히고 마침내 카르탄에 맞서 싸우러 갔어요.

(삽화: 세 친구가 각자의 무기와 마법을 준비하며 결의를 다지는 모습)

12. **12페이지**: 처음에는 카르탄의 힘이 너무 강해 힘들었지만, 조조는 포기하지 않았어요.

(삽화: 카르탄의 강력한 어둠의 마법에 맞서 싸우는 세 친구)

13. **13페이지**: 조조는 엘리언에게 배운 '별빛 화살' 마법으로 카르탄에 맞섰어요.

(삽화: 조조가 '별빛 화살' 마법을 사용해 카르탄을 공격하는 모습)

14. **14페이지**: 빛나는 별빛 화살은 어둠을 뚫고 카르탄을 물리쳤어요.

(삽화: 별빛 화살이 카르탄을 관통하는 모습)

15. **15페이지**: 카르탄이 물러나자 별빛이 다시 왕국을 밝혔어요.

(삽화: 별빛이 왕국을 다시 밝히며 사라져가는 카르탄)

16. **16페이지**: 왕국의 사람들은 조조와 친구들을 영웅으로 맞이했어요.

(삽화: 사람들이 조조와 친구들을 환호하며 맞이하는 모습)

17. **17페이지**: 레오나르드 왕은 조조와 친구들에게 깊은 감사의 말을 전했어요.

(삽화: 레오나르드 왕이 조조와 친구들에게 고마움을 표시하는 모습)

18. **18페이지**: 조조는 자신과 친구들이 함께 힘을 모아 위기를 극복했다는 것에 자부심을 느꼈어요.

(삽화: 조조가 친구들과 함께 기뻐하는 모습)

19. **19페이지**: 그날 이후 조조와 친구들은 더욱 돈독한 우정을 나누게 되었어요.

(삽화: 세 친구가 서로 팔짱을 끼고 웃는 모습)

20. **20페이지**: 왕국은 다시 평화를 되찾았고 밤하늘의 별빛은 더욱 빛나게 되었어요.

(삽화: 평화로운 왕국과 반짝이는 밤하늘)

21. **21페이지**: 조조는 마법의 힘뿐만 아니라 우정과 용기의 중요함도 배웠답니다.

(삽화: 조조가 별빛을 바라보며 생각에 잠긴 모습)

22. **22페이지**: 그리고 그는 앞으로 어떤 어려움이 닥쳐도 포기하지 않고 맞설 것이라 다짐했어요.

(삽화: 결의에 찬 조조의 얼굴 클로즈업)

23. **23페이지**: 왕국의 모든 이들은 조조와 그의 친구들을 기억하며 별빛 아래에서 행복하게 살았답니다.

(삽화: 별빛 아래에서 평화롭게 지내는 왕국의 사람들)

24. **24페이지**: 그리고 그들은 항상 별빛이 그들을 지켜보고 있다는 것을 기억했어요.

(삽화: 밤하늘을 바라보며 웃는 조조와 친구들)

25. **25페이지**: 그래서 조조와 그의 친구들은 영원히 행복하게 살았답니다. 끝.

(삽화: 세 친구가 손을 잡고 행복하게 웃는 모습)

이렇게 각 페이지마다 들어갈 문구와 삽화를 설명했습니다. 이 동화책은 조조와 그의 친구들의 모험을 통해 용기, 우정, 그리고 끈기의 중요성을 가르치며 아이들에게 긍정적인 메시지를 전달합니다.

ChatGPT의 월급을 더 올려주어야 할까요? 제가 원하는 대로 각 페이지별로 들어갈 문구와 어울리는 삽화까지 출력해 주었어요. 1~25페이지까지 우리가 줄거리로 간략하게 알고 있던 스토리를 동화책에 들어갈 문구로 잘 정리해 주었다는 것을 확인했습니다. 그런데 전체적으로 상황을 설명하는 문단만 있어서 약간 지루하다는 느낌이 듭니다. 그래서 저는 다음과 같이 내용을 좀 더 추가해 보겠습니다.

 앞의 내용 중 주요 페이지에 등장인물들의 대화나 말을 추가해 줘.

 3. 3페이지: "어둠의 마법사 카르탄이 나타났어요! 왕국이 위험해요!"

(삽화 변경: 마을 사람들이 당황하며 서로 이야기하는 모습

대화: "빨리 피해야 해!", "왕국을 지켜야 한다!")

6. 6페이지: 조조는 친구들에게 말했어요. "함께 왕국을 구하러 가자!"

(삽화 변경: 조조가 결심한 얼굴로 친구들에게 말하는 모습

대화: "우리가 할 수 있어!", "함께라면 무엇이든 할 수 있어!")

7. 7페이지: "엘리언 할아버지는 고대의 마법을 알고 있다고 하셔. 우리에게 도움을 줄 거야!"

(삽화 변경: 지도를 보며 열심히 찾아가는 세 친구

대화: "이 길이 맞아?", "조금만 더 가면 돼!")

8. 8페이지: 엘리언은 웃으며 말했어요. "마법은 힘과 지혜를 필요로 하지. 준비됐나?"

(삽화 변경: 엘리언이 조조와 친구들을 향해 미소 지으며 말하는 모습

대화: "우리는 준비됐어!", "가르쳐 주세요, 엘리언 할아버지!")

11. 11페이지: 루나가 말했어요. "이제 우리가 왕국을 지켜낼 차례야!"

(삽화 변경: 각자의 무기와 마법을 준비한 세 친구

대화: "함께라면 무서울 것이 없어!", "어둠의 마법사를 물리치자!")

13. 13페이지: 조조가 큰 소리로 외쳤어요. "별빛 화살, 나와라!"

(삽화 변경: 조조가 마법 주문을 외우며 손을 들어 올리는 모습

대화: "이게 바로 우리의 힘이야!", "포기하지 마, 조조!")

17. 17페이지: 레오나르드 왕이 말했어요. "너희의 용기와 우정에 감사한다. 진정한 영웅이야."

(삽화 변경: 레오나르드 왕이 조조와 친구들을 향해 감사의 말을 전하는 모습

대화: "모든 것이 너희 덕분이야.", "왕국은 너희를 영원히 기억할 거야.")

어떤가요? 각 페이지에 등장인물들의 대화나 말을 추가하면 이야기를 더욱 생동감 있고 풍부하게 표현할 수 있습니다. 우리 질문에 대한 ChatGPT의 작업물을 그대로 사용해도 좋고 페이지를 줄이거나, 문맥을 수정하거나 추가하는 등 여러분이 원하는 방향으로 재편집해도 좋습니다. 세부 내용을 꼼꼼하게 확인하는 것을 잊지 마세요.

지금까지 제목이나 등장인물 등 ChatGPT와 텍스트를 기반으로 대화한 내용은 한글, 워드프로세서, 구글 Docs 등 별도 문서에 정리하면 나중에 더욱 쉽게 작업할 수 있습니다. 아래쪽에 제가 작업한 내용을 간단하게 다시 정리했으니 참고하세요. 이제 여러분 각자 동화책의 시놉시스를 정리했으면 동화책에 더욱 몰입할 수 있게 만들어주는 삽화 제작 단계로 넘어가 보겠습니다.

> **출력 내용 정리**
>
> # 동화책 제목: 조조의 마법 대모험
> # 주제: 모험, 용기, 우정
> # 교훈: 진정한 용기는 어려움 속에서도 친구를 돕고 함께 힘을 합쳐 문제를 해결할 때 나타납니다.
>
> # 줄거리:
> 용감한 소년 조조는 어느 날 밤, 하늘에서 떨어진 별 조각을 주웠습니다. 그 순간, 별 조각은 빛나며 그를 다른 세계, 별의 왕국으로 이끕니다. 별의 왕국은 마법으로 가득하지만 어둠의 마법사 때문에 위기에 처해 있습니다.
> 조조는 별의 왕국에 도착하자마자 왕과 그의 군대가 이미 어둠의 마법사를 물리치려고 여러 번 시도했지만 실패했다는 것을 알게 됩니다. 왕의 군대는 강력했지만, 어둠의 마법사의 마법은 너무나도 강력하여 그들의 노력은 헛되었습니다.
> 조조는 새로운 친구들과 함께 어둠의 마법사에 맞서기 위해 고대의 마법을 배우기 시작합니다. 이 과정은 힘들고 긴 여정이었지만, 조조와 그의 친구들은 포기하지 않고 계속해서 노력합니다. 그들은 서로를 격려하며 함께 힘을 합쳐 어려움을 극복합니다.
> 어둠의 마법사와의 최종 결전에서 조조와 그의 친구들은 배운 마법과 용기, 그리고 우정의 힘으로 어둠의 마법사에 맞서 싸웁니다. 그들은 마침내 어둠의 마법사를 물리치고 별의 왕국에 평화를 되찾습니다. 승리 후 별의 왕국의 왕은 조조와 그의 친구들에게 그들의 용기와 끈기, 그리고 우정의 중요성을 일깨워줍니다. 조조는 이 모험을 통해 자기 내면의 힘을 발견하고 어떤 어려움도 극복할 수 있다는 교훈을 배우며 집으로 돌아갑니다.
>
> # 참고: 고대 마법을 배우는 씬
> 조조와 그의 친구들이 별의 왕국에 도착하자 그들은 고대의 지혜를 가진 마법사 '엘리언'을 만납니다. 엘리언은 세월이 지나며 잊혀진 강력한 마법을 보유하고 있었고 조조와 그의 친구들에게 이 마법을 전수하기로 결정합니다. 마법을 배우기 위해 조조와 그의 친구들은 엘리언과 함께 숨겨진 고대의 도서관으로 향합니다. 그곳에서 그들은 오래된 마법의 책들을 공부하며 엘리언의 지도 아래 마법의 기초부터 배우기 시작합니다.
> 고대의 마법 주문은 '스텔라 루미나리스'로, '별의 빛'이라는 뜻을 가지고 있습니다. 이 주문은 사

용자의 마음속에 있는 용기와 우정의 힘을 끌어내어 강력한 에너지를 생성하는 마법입니다. 조조가 이 마법을 사용할 때 그는 먼저 깊게 숨을 들이쉬고 마음을 진정시킵니다. 그런 다음 그는 손을 하늘로 향하게 하고 "스텔라 루미나리스"라고 크게 외칩니다. 그 순간, 조조의 손에서는 밝고 빛나는 에너지가 생성되어 그가 바라는 방향으로 향해 나아갑니다.

이 마법의 힘은 조조와 그의 친구들의 우정과 결속력에 따라 강해지므로 그들은 서로를 믿고 함께 힘을 합쳐야 합니다. 이를 통해 그들은 어둠의 마법사에 맞설 수 있는 충분한 힘을 얻게 됩니다. 어둠의 마법사와의 최종 결전에서 조조와 그의 친구들은 이 마법을 사용하여 마법사의 어둠의 에너지를 물리치고 별의 왕국에 평화를 되찾습니다. 이 경험을 통해 그들은 용기, 우정, 그리고 함께 힘을 합치면 어떤 어려움도 극복할 수 있다는 귀중한 교훈을 배웁니다.

등장인물

1. **조조**: 파란색 눈에 밝은 갈색 머리를 가진 작고 활발한 소년입니다. 그는 편안한 파란색 튜닉과 갈색 부츠를 착용하고 있습니다. 주로 사용하는 마법은 '별빛 화살'로, 손을 펼치면 별빛이 모여 화살 형태가 되어 날아가 적을 공격합니다.

2. **엘리언**: 흰 수염과 긴 흰머리를 가진 노인으로, 긴 로브를 입고 지팡이를 들고 있습니다. 그는 지팡이로 각종 보호 마법과 치유 마법을 사용할 수 있습니다.

3. **루나**: 긴 금발 머리에 파란색 눈을 가진 영리한 소녀입니다. 그녀는 붉은색 드레스와 검은색 신발을 신고 있으며 작은 마법 지팡이를 가지고 있어 간단한 마법을 사용할 수 있습니다.

4. **맥스**: 짙은 갈색 머리와 강한 체격을 가진 소년으로, 갑옷 조각을 몇 개 착용하고 큰 나무 방패와 칼을 가지고 있습니다. 그의 주요 무기는 칼과 방패지만, 필요할 때는 간단한 방어 마법도 사용합니다.

5. **어둠의 마법사(카르탄)**: 검은색 로브를 입고 어두운 모자를 쓴 중년 남성입니다. 그의 눈은 붉은색이며 강력한 어둠의 마법을 자유자재로 사용할 수 있습니다. 그의 주된 무기는 검은색 지팡이로, 여기서 어둠의 에너지를 방출해 적을 공격하거나 주변 환경을 조종할 수 있습니다.

6. **왕(레오나르드)**: 의연하고 고귀한 외모를 가진 중년의 남성입니다. 그는 화려한 왕복과 왕관을 착용하고 있으며 그의 손에는 왕국을 지키기 위한 상징적인 검이 있습니다. 그는 조조와 그의 친구들을 지원하며 카르탄에 맞서 싸우기 위해 자신의 군대를 보냈지만 실패했습니다. 그럼에도 불구하고 그는 결코 희망을 잃지 않고 조조를 믿습니다.

동화책 페이지별 상세 내용

1. **1페이지**: 옛날 옛적, 별빛이 가득한 왕국에 조조라는 용감한 소년이 살고 있었어요.
   (삽화: 밤하늘에 별이 반짝이는 작은 왕국, 조조가 집 앞에서 별을 바라보는 모습)

2. **2페이지**: 조조는 항상 모험을 꿈꾸며 마법의 세계에 대해 궁금해했답니다.
   (삽화: 조조가 책을 읽으며 상상 속의 모험을 꿈꾸는 모습)

3. **3페이지**: 그러던 어느 날, 어둠의 마법사 카르탄이 왕국을 위협하기 시작했어요.
   (삽화: 어두운 로브를 입은 카르탄이 어둠의 마법을 사용하는 모습)

   → **3페이지(수정)**: "어둠의 마법사 카르탄이 나타났어요! 왕국이 위험해요!"
   (삽화 변경: 마을 사람들이 당황하며 서로 이야기하는 모습
   대화: "빨리 피해야 해!", "왕국을 지켜야 한다!")

4. 4페이지: 왕국의 군대가 맞서 싸웠지만, 카르탄의 힘은 너무나 강력했답니다.

(삽화: 왕국의 군사들과 카르탄이 싸우는 모습)

5. 5페이지: 레오나르드 왕은 모두에게 희망을 잃지 말 것을 당부하며 도움을 청하기로 결심했어요.

(삽화: 레오나르드 왕이 왕좌에 앉아 걱정하는 모습)

6. 6페이지: 이 소식을 들은 조조는 친구들과 함께 왕국을 구하기로 결심했어요.

(삽화: 조조가 루나와 맥스에게 모험을 제안하는 모습)

→ 6페이지(수정): 조조는 친구들에게 말했어요. "함께 왕국을 구하러 가자!"

(삽화 변경: 조조가 결심한 얼굴로 친구들에게 말하는 모습

대화: "우리가 할 수 있어!", "함께라면 무엇이든 할 수 있어!")

7. 7페이지: 조조와 친구들은 엘리언이라는 고대의 마법사를 찾아가 도움을 청하기로 했어요.

(삽화: 세 친구가 지도를 보며 엘리언을 찾아가는 모습)

→ 7페이지(수정): "엘리언 할아버지는 고대의 마법을 알고 있다고 하서. 우리에게 도움을 줄 거야!"

(삽화 변경: 지도를 보며 열심히 찾아가는 세 친구

대화: "이 길이 맞아?", "조금만 더 가면 돼!")

8. 8페이지: 긴 여정 끝에 세 친구는 엘리언을 만나고 그에게 마법을 배우기 시작했어요.

(삽화: 엘리언이 세 친구에게 마법을 가르치는 모습)

→ 8페이지(수정): 엘리언은 웃으며 말했어요. "마법은 힘과 지혜를 필요로 하지. 준비됐나?"

(삽화 변경: 엘리언이 조조와 친구들을 향해 미소 지으며 말하는 모습

대화: "우리는 준비됐어!", "가르쳐 주세요, 엘리언 할아버지!")

9. 9페이지: 조조는 열심히 공부하며 '별빛 화살' 마법을 익혔어요.

(삽화: 조조가 별빛 화살 마법을 연습하는 모습)

10. 10페이지: 한편 카르탄은 자신의 힘을 더욱 키우며 왕국을 위협했어요.

(삽화: 카르탄이 어둠의 마법을 사용하며 웃는 모습)

11. 11페이지: 조조와 친구들은 마법을 익히고 마침내 카르탄에 맞서 싸우러 갔어요.

(삽화: 세 친구가 각자의 무기와 마법을 준비하며 결의를 다지는 모습)

→ 11페이지(수정): 루나가 말했어요. "이제 우리가 왕국을 지켜낼 차례야!"

(삽화 변경: 각자의 무기와 마법을 준비한 세 친구

대화: "함께라면 무서울 것이 없어!", "어둠의 마법사를 물리치자!")

12. 12페이지: 처음에는 카르탄의 힘이 너무 강해 힘들었지만, 조조는 포기하지 않았어요.

(삽화: 카르탄의 강력한 어둠의 마법에 맞서 싸우는 세 친구)

13. 13페이지: 조조는 엘리언에게 배운 '별빛 화살' 마법으로 카르탄에 맞섰어요.

(삽화: 조조가 '별빛 화살' 마법을 사용해 카르탄을 공격하는 모습)

→ 13페이지(수정): 조조가 큰 소리로 외쳤어요. "별빛 화살, 나와라!"

(삽화 변경: 조조가 마법 주문을 외우며 손을 들어 올리는 모습

대화: "이게 바로 우리의 힘이야!", "포기하지 마, 조조!")

14. **14페이지**: 빛나는 별빛 화살은 어둠을 뚫고 카르탄을 물리쳤어요.

(삽화: 별빛 화살이 카르탄을 관통하는 모습)

15. **15페이지**: 카르탄이 물러나자 별빛이 다시 왕국을 밝혔어요.

(삽화: 별빛이 왕국을 다시 밝히며 사라져가는 카르탄)

16. **16페이지**: 왕국의 사람들은 조조와 친구들을 영웅으로 맞이했어요.

(삽화: 사람들이 조조와 친구들을 환호하며 맞이하는 모습)

17. **17페이지**: 레오나르드 왕은 조조와 친구들에게 깊은 감사의 말을 전했어요.

(삽화: 레오나르드 왕이 조조와 친구들에게 고마움을 표시하는 모습)

→ 17페이지(수정): 레오나르드 왕이 말했어요. "너희의 용기와 우정에 감사한다. 진정한 영웅이야."

(삽화 변경: 레오나르드 왕이 조조와 친구들을 향해 감사의 말을 전하는 모습

대화: "모든 것이 너희 덕분이야.", "왕국은 너희를 영원히 기억할 거야.")

18. **18페이지**: 조조는 자신과 친구들이 함께 힘을 모아 위기를 극복했다는 것에 자부심을 느꼈어요.

(삽화: 조조가 친구들과 함께 기뻐하는 모습)

19. **19페이지**: 그날 이후 조조와 친구들은 더욱 돈독한 우정을 나누게 되었어요.

(삽화: 세 친구가 서로 팔짱을 끼고 웃는 모습)

20. **20페이지**: 왕국은 다시 평화를 되찾았고 밤하늘의 별빛은 더욱 빛나게 되었어요.

(삽화: 평화로운 왕국과 반짝이는 밤하늘)

21. **21페이지**: 조조는 마법의 힘뿐만 아니라 우정과 용기의 중요함도 배웠답니다.

(삽화: 조조가 별빛을 바라보며 생각에 잠긴 모습)

22. **22페이지**: 그리고 그는 앞으로 어떤 어려움이 닥쳐도 포기하지 않고 맞설 것이라 다짐했어요.

(삽화: 결의에 찬 조조의 얼굴 클로즈업)

23. **23페이지**: 왕국의 모든 이들은 조조와 그의 친구들을 기억하며 별빛 아래 행복하게 살았답니다.

(삽화: 별빛 아래 평화롭게 지내는 왕국의 사람들)

24. **24페이지**: 그리고 그들은 항상 별빛이 그들을 지켜보고 있다는 것을 기억했어요.

(삽화: 밤하늘을 바라보며 웃는 조조와 친구들)

25. **25페이지**: 그래서 조조와 그의 친구들은 영원히 행복하게 살았답니다. 끝.

(삽화: 세 친구가 손을 잡고 행복하게 웃는 모습)

동화책 만들기에 유용한 프롬프트 꿀팁 ②

1. 제목 정하기

- 이 동화책의 제목을 열 개 정도 추천(창작)해 줘.
- 5~6세 사이 아이들이 선호하는 제목으로 수정해 줘.
- 《해리 포터》 스타일로 다섯 개, 안데르센 동화 스타일로 다섯 개씩 제목을 각각 창작해 줘.

2. 삽화 명령어 제작 요청하기

출력 결과물의 1페이지를 참고하거나 [참고]의 1페이지 내용을 참고해서 좋은 삽화를 출력할 수 있는 프롬프트(명령어)를 출력해 줘.

[참고]

1페이지: 옛날 옛적, 별빛이 가득한 왕국에 조조라는 용감한 소년이 살고 있었어요.

(삽화: 밤하늘에 별이 반짝이는 작은 왕국, 조조가 집 앞에서 별을 바라보는 모습)

3. 폰트 정하기

- 동화책에 어울리는 폰트를 추천해 줘.
- 아이들이 좋아하는 폰트와 글자 크기가 있는지 알려줘.
- 동화책에서 폰트는 어디에 지정하는 게 좋을까?

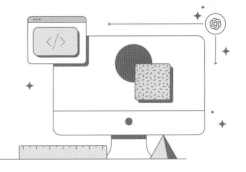

이미지 생성 AI의
사용법 익히기

✦ 대표적인 이미지 생성 AI

지금까지 동화책 기획부터 등장인물과 줄거리, 그리고 내용 설정까지 동화책을 만들기 위한 준비를 마쳤습니다. 이제 동화책에 들어갈 삽화만 남았어요. 우리가 디자인 역량이 있다면 동화책 내용에 어울리는 그림을 그리면 되겠지만, 고퀄리티의 그림을 그릴 수 있는 사람은 많지 않을 겁니다. 하지만 너무 걱정할 필요가 없습니다. 세상에는 ChatGPT와 같이 글을 생성하는 인공지능 도구만 있는 것이 아니라 그림을 생성하는 인공지능 도구도 있기 때문이죠. 이런 인공지능 도구를 '이미지 생성 AI'라고 부르는데, 우리가 디자인을 잘 몰라도 인공지능의 도움을 받아서 원하는 스타일의 그림을 그리고 출력할 수 있습니다. 대표적인 인공지능 서비스는 다음과 같습니다.

이미지 생성 AI 서비스	개발사	출시 연도	비고
달리(DALL-E)	오픈AI	2021년 1월	ChatGPT 통합(유료)
미드저니(Midjourney)	미드저니 AI 연구소	2022년 7월	유료
스테이블 디퓨전(Stable Diffusion)	스테빌리티 AI	2022년 8월	유료, 무료
칼로(Karlo)	카카오브레인	2023년 6월	제한적 사용

✦ 이미지 생성 AI의 기능

먼저 ChatGPT를 유료 결제하면 달리(DALL-E)를 이용할 수 있습니다. 달리는 ChatGPT 개발사인 OpenAI에서 제공하는 이미지 생성 AI 툴입니다. ChatGPT를 실행하고 유료 버전에서 이용할 수 있는 GPT4 모듈로 변경한 후 원하는 그림에 대해 설명하고 뒤쪽에 '그려줘'와 같은 단어를 넣으면 이미지를 생성합니다. 달리는 ChatGPT와 대화하듯이 여러분이 원하는 그림을 설명체로 묘사합니다. 출력물의 가로와 세로 비율이나 미세 조정 부분도 프롬프트를 입력할 때 넣으면 쉽게 이미지를 만들 수 있어요.

스테이블 디퓨전(Stable Diffusion)도 굉장히 강력한 이미지 생성 AI 도구입니다. 다만 스테이블 디퓨전을 제대로 이용하려면 PC에 설치하고 설정해야 하는 부분이 있는데, 이것이 초보자에게는 어려우므로 이번에는 다루지 않을 예정입니다. 칼로(Karlo)는 국내에서 출시한 인공지능 도구로, 홈페이지에 접속한 후 회원 가입해서 쉽게 이용할 수 있습니다.

동화책을 만들 때 여기서 사용할 툴은 '미드저니(Midjourney)'입니다. 미드저니도 이미지를 생성하는 3대 대표 인공지능 도구 중 하나로, 퀄리티가 좋은 작품을 출력합니다. 프롬프트를 입력하는 방식은 대부분 비슷하지만, 미드저니의 프롬프트를 입력하는 방식이 상대적으로 쉽고 간결합니다. 다른 도구를 사용해도 프롬프트의 구조 등을 학습하면 도움이 될 것입니다.

자, 그러면 본격적으로 미드저니의 사용법을 학습하고 동화책의 삽화를 출력해 보겠습니다. 이미 미드저니 이용법을 잘 안다면 이번 내용은 그냥 넘어가도 좋습니다.

미드저니 설치하고
나만의 서버 만들기

이 책에서는 미드저니를 사용해 삽화를 제작할 것입니다. 미드저니를 사용하려면 인터넷이 연결된 노트북이나 데스크톱 컴퓨터 등을 준비해야 합니다.

✦ 미드저니 설치하기

1 구글 등의 검색 엔진에 한글이나 영어로 '미드저니' 또는 'midjourney'라고 입력하고 검색합니다. 화면의 위쪽에 'https://www.midjourney.com' 웹페이지가 보이면 클릭해서 입장하세요.

2 굉장히 개발자다운(?) 홈페이지가 등장하면 [Join the Beta] 버튼을 클릭합니다.

3 미드저니 서비스는 '디스코드(Discord)'라는 플랫폼에서 작동합니다. 다음과 같은 화면이 나와도 당황하지 말고 [초대 수락하기] 버튼을 클릭하세요.

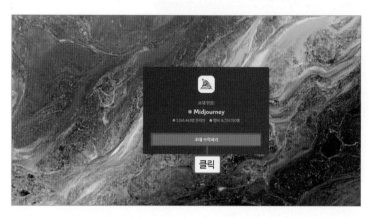

TIP ✦ 디스코드를 설치할 때 설치 상황에 따라 초대를 수락하라는 문구나 별명을 입력하라는 등 다른 옵션이 나올 수 있으므로 설치 과정에 따라 각자 가입해 보세요. 그리고 디스코드에 로그인한 후 디스코드 설치 파일이 다운로드되는 경우가 있습니다. 디스코드는 웹뿐만 아니라 모바일 앱이나 PC 앱으로 설치할 수 있으므로 선호하는 방법에 따라 설치하여 이용해 보세요.

4 회원 가입 등의 안내 절차를 따라 로그인하면 다음과 같은 화면이 열립니다.

✦ 미드저니에 나만의 서버 만들기

미드저니 디스코드 페이지에는 채널이 많고 매우 복잡합니다. 그래서 우리는 별도의 서버, 즉 나만의 서버를 만들고 거기에서 나만 볼 수 있는 이미지를 출력해 보겠습니다.

1 화면의 왼쪽에서 서버 목록 아래에 있는 '서버 추가하기' 버튼(■)을 클릭합니다.

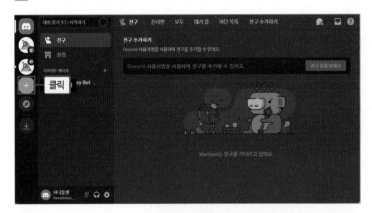

2 무엇을 선택하든지 상관없으므로 여러분이 사용하려는 목적에 맞게 만들면 됩니다. 여기에서는 그냥 '직접 만들기'를 선택하세요.

3 '나와 친구들을 위한 서버'를 클릭하고 '서버 이름'에 '조조테스트'를 입력합니다. 만약 대표 이미지 등을 원한다면 'UPLOAD(■)'를 클릭해 업로드하세요.

TIP ✦ 서버 이름은 여러분이 원하는 이름으로 자유롭게 정하면 됩니다.

4 다음 화면과 같이 '조조테스트' 서버가 생성되었지만, 아무런 기능이 없으므로 내 서버에서 미드저니가 작동하게 해야 합니다. 이렇게 하려면 미드저니 서버에 있는 관리자 봇(Bot)을 나의 서버로 데려와야 하므로 왼쪽 서버 목록에서 다시 'Midjourney'(🎨)를 선택하세요.

잠 깐 만 요

미드저니의 화면 구성이 궁금해요!

미드저니는 네이버나 다음 카페와 같은 구조로 구성되어 있습니다.

1 서버: 여러분이 가입한 네이버나 다음 카페의 명칭에 해당합니다.

2 채널: 네이버나 다음 카페에 들어갔을 때 보이는 공지 사항, 중고장터, 자유게시판 등의 메뉴를 의미합니다.

3 채널 내용이 담긴 페이지: 게시판 글을 클릭하면 표시되는 보이는 상세한 내용에 해당합니다.

5   화면 왼쪽의 채널 목록 중 'NEWCOMER ROOMS'의 'newbies-숫자'에서 아무 채널이나 선택합니다.

6   화면의 오른쪽 위에 있는 '멤버 목록 표시하기' 아이콘(🛡)을 클릭하면 이 채널에 참여하고 있는 멤버 목록을 볼 수 있어요. '멤버 목록 표시하기' 아이콘(🛡)을 여러 번 클릭하면 멤버 목록이 반복해서 등장했다가 사라지는데, 이 작업을 직접 하나씩 해 보아도 좋습니다.

7   오른쪽 멤버 목록에 'Midjourney Bot'이라는 초록색 멤버가 보입니다. 이 봇을 내 서버로 데려와야 하므로 클릭하고 [앱 추가] 버튼을 클릭하세요.

8 미드저니 봇을 데려가려는 서버를 먼저 선택하고 [계속하기] 버튼을 클릭합니다. 여기에는
3 과정에서 만든 '**조조테스트**' 서버를 선택하세요.

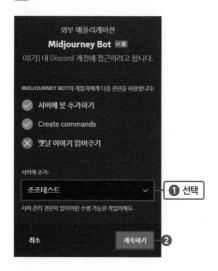

9 다음 단계에 나오는 기능을 모두 승인하고 사람인지 확인하는 캡챠 절차를 마칩니다. 캡
챠 절차는 중간에 없을 수도 있어요.

10 미드저니 봇이 승인되어 조조테스트에 추가되었다는 창이 열리면 [조조테스트(으)로 가기] 버튼을 클릭해서 바로 생성된 서버로 이동합니다.

TIP ✦ [닫기] 버튼을 클릭해서 창을 닫은 후 화면의 왼쪽에 생성된 서버 아이콘(■)을 클릭해도 미드저니 봇 기능이 적용된 서버로 이동할 수 있습니다.

✦ 미드저니 구독하기(유료 결제)

미드저니 기능을 사용하기 전에 구독 결제를 진행해 보겠습니다.

1 미드저니 기능이 적용된 '조조테스트' 서버로 이동하면 오른쪽 멤버 목록에 나와 미드저니 봇, 이렇게 두 명이 있는 것을 확인할 수 있습니다. 아래쪽 입력 상자에 '/subscribe'를 입력하고 Enter를 누르세요. 몇 글자만 입력해도 '/subscribe'가 자동으로 완성되면 클릭하여 선택하세요.

2   [Manage Account] 버튼을 클릭합니다.

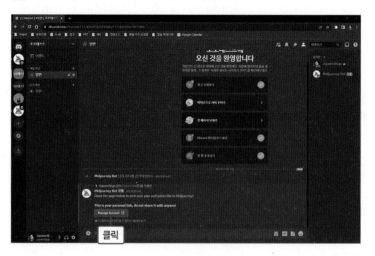

3   '지금부터 www.midjourney.com 링크를 신뢰합니다'에 체크 표시하고 [사이트 방문하기] 버튼을 클릭합니다.

4   구독 페이지로 이동하면 연간 결제(Yearly Billing)와 월간 결제(Monthly Billing)를 선택할 수 있습니다. 일반적으로 구독 모델의 경우 연간 결제를 하면 약 20% 정도 할인받습니다. 하지만 미드저니 서비스를 얼마나 자주 사용할지, 그리고 나에게 잘 맞는 서비스인지 알수 없으므로 월 비용이 약간 비싸지만 월간 결제 모드인 [Monthly Billing]에서 기본 요금제인 'Standard Plan' 구독을 추천합니다. 또는 'Standard Plan'보다 저렴한 'Basic Plan'도 괜찮습니다. 이렇게 한 달간 미드저니를 이용해 보고 비즈니스나 개인적으로 적합하다고 판단되면 연간 결제 등으로 전환하세요.

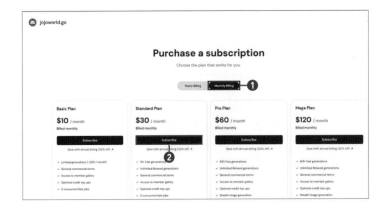

5 결제 화면에서 카드 정보를 입력해서 구독을 완료한 후 다시 디스코드 채널로 되돌아갑니다.

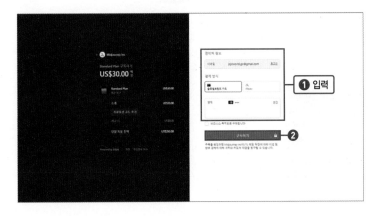

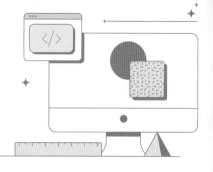

미드저니의 기본 사용법 익히기
- 고양이 그리기

이번에는 ChatGPT에게 고양이를 그려달라고 명령해 보면서 미드저니의 기본 사용법을 익혀 보겠습니다.

1️⃣ 디스코드 채널에서 이미지를 생성하기 위한 기본 명령어는 '/imagine'입니다. 아래쪽에 있는 입력 상자에 '/imagine'을 입력하면 imagine과 관련된 명령어 목록이 표시되는데, 이 중 오른쪽에 'prompt'가 표시된 명령어를 선택하여 입력하세요.

2️⃣ '/imagine'을 입력하고 입력 상자를 클릭하거나 Tab 을 눌러 입력 상자로 커서를 옮긴 후 고양이를 그려달라고 명령하기 위해 명령어 'cat'을 입력하고 Enter 를 누릅니다. 영어 번역이 어려우면 구글 번역기나 파파고를 이용해서 영어로 변환된 단어나 문장을 붙여넣으면 되므로 영어를 전혀 몰라도 걱정하지 마세요.

TIP ✦ 미드저니에서는 명령어를 영문으로만 입력할 수 있어요.

3 '(Waiting to start)' 메시지가 표시되면 잠시 기다리세요.

4 화면에서 점차 고양이 이미지가 만들어지는 과정을 볼 수 있습니다.

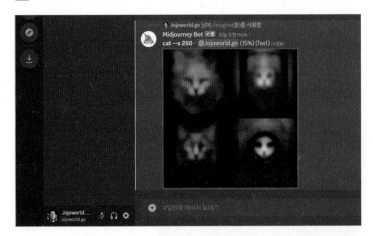

5 최종적으로 다음 화면과 같이 다양한 고양이 그림이 완성됩니다. 일반적으로 미드저니는 스타일이나 형태가 다른 4컷 이미지를 출력하므로 원하는 이미지를 선택해서 다운로드하거나 내가 원하는 이미지와 유사한 4컷의 이미지를 재출력해 달라고 요청할 수 있어요. 물론 모두 마음에 들지 않는다면 전부 바꿔달라고 할 수도 있습니다. 저는 우주복을 입은 4번 이미지가 마음에 들어서 업스케일링하기 위해 [U4] 버튼을 클릭했어요.

6 업스케일링이 완료되면 선택했던 4번 이미지가 다듬어져서 표시됩니다. [Vary (Strong)] 버튼이나 [Vary (Subtle)] 버튼을 클릭하면 주문하고 싶은 내용을 추가할 수 있는 창이 열립니다. 여기서는 기본 이미지보다 강도 높게 이미지를 변경하기 위해 [Vary (Strong)] 버튼을 클릭하세요.

잠깐만요

미드저니 버튼의 기능 ①

미드저니가 출력한 이미지가 마음에 들지 않는다면 [U1], [U2] 버튼이나 [V1], [V2] 버튼을 클릭하거나 전체 재생성 버튼을 이용해서 재출력해 달라고 요청할 수 있습니다. 이번에는 이들 각 버튼의 기능을 살펴볼게요.

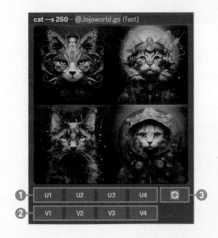

❶ Upscaling(업스케일링)

내가 원하는 이미지를 조금 더 다듬어서 출력해 줘.

❷ Variation(베리에이션)

출력된 이미지가 아주 만족스럽지는 않은데, 여기서 내가 선택한 이미지를 참고(reference)해서 유사한 분위기의 이미지 4컷을 다시 생성해 줘.

❸ Rotate(로테이션)

전부 마음에 들지 않아. 다시 그려줘.

7   [Remix Prompt] 창이 열리면 'NEW PROMPT FOR IMAGE'에 단어 'happy'를 추가 입력해서 행복한 고양이를 다시 출력해 달라고 요청하고 [전송] 버튼을 클릭합니다.

8   고양이 이미지가 다시 출력되었지만 주문과 달리 고양이가 그렇게 행복해 보이지 않네요. 업스케일은 고화질로 출력하는 단순한 기능이므로 넘어가고 대신 줌 아웃 기능을 실행하기 위해 [Zoom Out 2x] 버튼을 클릭합니다.

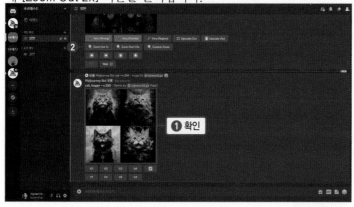

9   별도의 질문 없이 바로 이미지가 생성되면서 우주복을 입은 고양이가 우주선의 의자에 앉아있는 그림이 표시됩니다. 이 기능은 고양이를 중심으로 주변 배경을 창의적으로 그릴 수 있어서 매우 유용합니다.

10 마지막으로는 Pan 기능도 사용해 볼게요. 저는 고양이의 위쪽이 궁금해서  버튼을 클릭했더니 바로 이미지를 상상해서 표현하는 것이 아니라 [Pan Up] 창이 열리면서 우리가 입력한 프롬프트에 맞추어 이미지를 그려주는 것 같네요. 여기서는 명령어를 추가해도 되고 그냥 알아서 그려달라고 바로 [전송] 버튼을 클릭해도 되는데, 그냥 명령어 없이 진행해 보겠습니다.

잠|깐|만|요

미드저니 버튼의 기능 ②

업스케일링이 완료된 고양이 이미지의 아래쪽에 있는 다양한 버튼의 기능은 다음과 같습니다.

❶ Vary(베리에이션)
- 이 이미지를 다른 느낌으로 다시 바꿔줘. (부분적으로 변경해 줘 등)
- Strong(변형 강도 강하게), Subtle(변형 강도 작게), Region(특정 부분만 변형 요청)

❷ Upscale(업스케일)
- 내가 선택한 이미지를 더 고화질로 만들어서 출력해 줘. (앞에서 소개한 업스케일링)
- 2x(2배), 4x(4배): 4배로 만들면 고퀄리티 작업이 되므로 생성 시간 및 파일 크기 증가

❸ Zoom Out(줌 아웃)
- 생성한 이미지의 주변 배경이 궁금해. 더 넓은 장면으로 그려줘.
- 2x(2배), 1.5x(1.5배), Custom Zoom(사용자 정의)

❹ Pan(◀ , ▶ , ▲ , ▼)
줌 아웃은 상하좌우 방향으로 전체 균등하게 배경을 확장하지만, 팬 기능은 화살표 방향으로 이미지 배경을 확장

11 생성된 이미지를 살펴보면 위로 길쭉한 약 9:16 비율의 이미지가 네 개 완성되었습니다. 그런데 고양이 위에 애매하게 다른 고양이 이미지가 덧붙여지면서 미드저니가 이상한 이미지를 생성했네요. 이렇게 인공지능 기반의 생성형 이미지 도구는 만능이 아니어서 사용할 수 없거나 때로는 기괴한(?) 이미지도 종종 출력합니다.

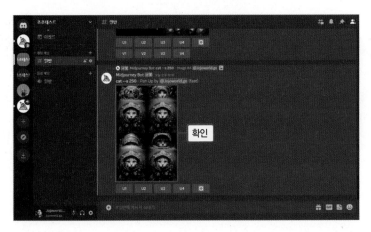

12 이런 이미지는 별로 남기고 싶지 않을 겁니다. 그냥 다음 프롬프트를 입력해서 밀어올릴 수도 있지만, 이미지가 생성된 영역의 오른쪽에 있는 [기타] 버튼(■)을 클릭하고 [메시지 삭제하기]를 선택하여 이미지를 지우세요.

13 이번에는 77쪽에서 업스케일링을 통해 고른 고양이 이미지로 되돌아가서 다운로드해 볼게요. 고양이 이미지를 클릭합니다.

14 단독으로 고양이 이미지를 볼 수 있는 창이 열리면 고양이 이미지에서 마우스 오른쪽 버튼을 클릭하고 [이미지를 다른 이름으로 저장]을 선택합니다.

TIP ✦ 고양이 이미지를 확대한 화면을 닫으려면 고양이 이미지의 바깥쪽 부분을 클릭하세요.

15 [이미지를 다른 이름으로 저장] 대화상자가 열리면 원하는 곳에 고양이 이미지를 저장하여 고양이 이미지 만들기 작업을 완성합니다.

TIP ✦ 파워포인트 등 문서 작업을 할 때는 이미지를 저장할 필요 없이 '이미지 복사' 기능 등을 이용해서 작업 중인 곳에 쉽게 붙여넣을 수 있습니다.

어떤가요? 미드저니의 사용법이 굉장히 간단하죠? 우리는 고양이를 출력해 달라고 단어만 던졌을 뿐인데, 굉장히 고퀄리티의 이미지뿐만 아니라 상상력까지 많이 가미된 이미지가 출력되었습니다. 여러분도 그리고 싶은 다양한 것들을 미드저니에 간단한 단어로 입력해 보면서 출력해 보세요.

잠깐만요

다른 사람들은 어떤 명령어를 입력하나요?

미드저니에 다음 명령어를 입력해 보세요.

- 사람
- 동물
- 도시, 인테리어, 미래 철도, 자동차
- 자연 환경, 천체, 우주
- 애니메이션 캐릭터, 만화, 2D 캐릭터, 3D 캐릭터, 게임 캐릭터, 디즈니 스타일 강아지
- 회사 로고, 제품 샘플 등

디스코드의 내 서버가 아니라 '미드저니' 서버로 이동하면 왼쪽 채널 목록의 중간에 'NEWCOMER ROOMS'가 보입니다. 여기서 숫자가 적힌 방은 공개된 방으로, 다른 사람들이 어떤 명령어를 입력하고 어떤 출력물이 나오는지 살펴볼 수 있어요. 이렇게 다른 사람들이 사용하는 명령어를 읽어보는 것도 프롬프트(명령어)를 구성하는 데 도움이 됩니다.

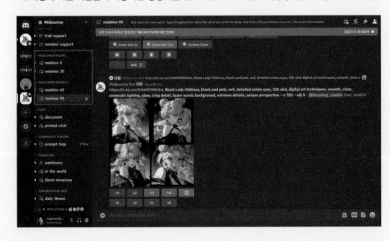

미드저니의
중급 사용법 익히기

미드저니 명령어의 구조

미드저니의 명령어 구조를 이해하면 더 잘 사용할 수 있습니다.

/imagine {prompt}	참고 링크	명령어 1	명령어 2	⋯	명령어 99	파라미터

프롬프트(prompt)는 '참고 링크, 명령어 1, 명령어 2, ⋯, 명령어 99, 파라미터' 방식으로 구성됩니다. 최소 한 개의 명령어를 제외하고 나머지는 선택 사항이므로 넣지 않아도 상관없습니다. 명령어는 원하는 개수만큼 넣을 수 있고 원하는 단어와 문장도 입력할 수 있어요.

✦ 참고 링크

이미지를 만들 때 참고하고 싶은 사진 등이 있으면 참고 링크를 넣을 수 있습니다. 예를 들어 아이언맨을 그리고 싶은데 얼굴 부분을 내 남자 친구 얼굴과 비슷하게 출력하고 싶으면 남자 친구의 얼굴 사진 링크를 맨 앞에 넣어주는 것입니다.

✦ 프롬프트(명령어)

미드저니에서는 복잡하고 긴 프롬프트(prompt, 명령어)보다 간결하게 핵심만 적는 명령어가 인공지능이 인식하는 데 훨씬 도움이 됩니다. 따라서 중복되거나 추상적인 단어보다는 원하는 결과물에 적합한 키워드를 선정해서 명령어를 입력하는 것이 핵심입니다. 명령어는 출력 이미지에 대한 정의부터 배경, 환경, 색감, 분위기, 표현 방식 등 다양하게 지정할 수 있습니다.

- **배경**: 로마 시내, 저녁
- **대상**: 동양 남성, 청년, 강인한 외모
- **스타일**: 아이언맨 슈트를 입고 있는
- **표현 방식**: 건물 위에서 석양을 바라보는 모습, 상반신
- **형식/화질**: 실사, 4K, 캐논 EOS

  → 명령어를 카테고리 중심으로 구분하면 위와 같이 표현할 수 있습니다. 다만 실제로 키워드를 입력할 때는 키워드와 키워드를 쉼표(,)로 연결하면서 모두 나열하세요.

파라미터

파라미터(parameter)는 출력하는 이미지의 상세한 값을 바꾸는 기능입니다. 최근에는 미드저니의 기능이 워낙 좋아져서 파라미터값을 군이 수정할 필요는 없지만, Aspect는 파라미터에서 활용하기 좋은 값입니다. Aspect 파라미터를 이용해 출력 이미지를 인스타그램에 적합한 1:1 형식이나 유튜브 섬네일에 적합한 16:9 형식, 틱톡과 쇼츠 등에 적합한 9:16 형식 등으로 요청할 수 있습니다. 파라미터값은 명령어 뒤에 쉼표(,)가 아니라 -- 기호를 붙여서 표현합니다.

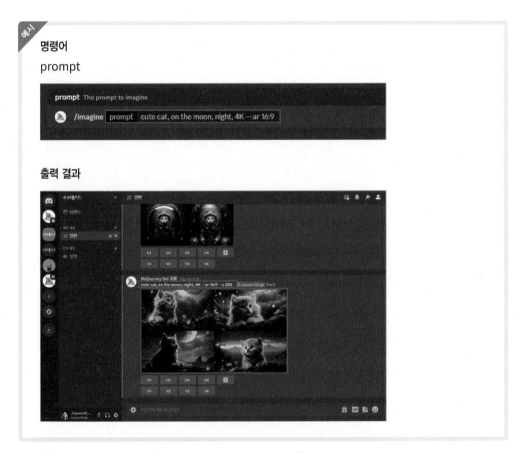

다음과 같이 다양한 파라미터를 활용할 수 있습니다.

파라미터 예시

구분	비율 조정	스타일 조정	퀄리티 조정
명령어	--ar 00:00	--change 00	--q 0
기능	출력 이미지의 비율 조정 (SNS별 맞춤 사이즈 가능)	이미지를 생성할 때 현실적으로 만들 거나 상상력 있게 만들도록 조정	출력물의 퀄리티 조정
값(예시)	• 1:1: 인스타그램 종류 • 9:16: 틱톡 종류 • 16:9: 유튜브 종류	0~100 (수치값이 커질수록 상상력 증가)	0.25~2 (기본 설정값은 1, 수치값이 커 질수록 고퀄리티 이미지 출력)
사용 예	cute cat, animation style, 4K --ar 16:9	cute cat, animation style, 4K --ar 16:9 --change 80	cute cat, animation style, 4K --ar 16:9 --change 80 --q 1.5

① 비율 조정을 제외한 대부분의 값은 명령어 창에 '/settings'를 입력해서 원하는 설정값을 기본값으로 조정할 수 있습니다.

비고

② 퀄리티는 Upscale 기능으로, 스타일은 Variation 기능으로 파라미터를 입력하지 않고도 조정할 수 있습니다.
③ 파라미터 설정값을 변경해도 사용자가 원하는 이미지가 출력된다는 보장은 없습니다. (현재 생성형 AI의 한계 때문에 출력물이 매번 변경될 가능성이 높습니다.)

'Shorten' 명령어로 명령어를 잘 입력했는지 확인할 수 있나요?

미드저니에는 프롬프트를 분석하는 'Shorten' 명령어를 이용해서 우리가 입력한 프롬프트의 비중을 알 수 있습니다. 다시 말해서 해당 이미지를 출력하는 데 어떤 프롬프트가 얼마나 영향을 주었는지 살펴볼 수 있어요. 예를 들어 다음과 같은 예문을 입력해 보세요.

> hyper reaslistc image of a guy working on his couch, daylight, biting a chocolate, window on the side of the room, Nikon 3mm
>
> (소파에서 일하는 남자의 초현실적인 이미지, 일광, 초콜릿을 물고 있는 모습. 창문이 옆에 있는 방. 니콘 카메라 3mm)

그러면 이런 감각적인 결과물이 출력됩니다.

생성한 이미지 체크하기

프롬프트	반영 여부	반영 현황	특이 사항
소파에서 일하는 남자	모두 반영됨	○	
초현실적인 이미지	첫 번째, 세 번째, 네 번째 이미지에 반영됨	△	초콜릿이 소파 위에 가득한 비현실적인 이미지 생성
일광	낮 상황 모두 반영됨	○	
초콜릿을 물고 있는 모습	반영되지 않음	×	
창문이 옆에 있는 방	모두 반영됨	○	
니콘 카메라 3mm	반영된 것으로 보임	△	니콘 카메라로 찍은 모습이 구현되었는지 판단 근거는 없음

이렇게 인간의 눈으로도 생성된 이미지에 어떤 명령어가 잘 반영되었는지 확인할 수 있습니다. 그런데 'Shorten' 명령어를 이용하면 이것을 더욱 쉽게 평가할 수 있으므로 'Shorten' 명령어를 활용해서 확인해 볼게요. 사용 방법은 그림 그리기 명령어인 'imagine'과 비슷해서 '/shorten'이라고 입력합니다.

다음의 화면과 같이 결과가 나옵니다.

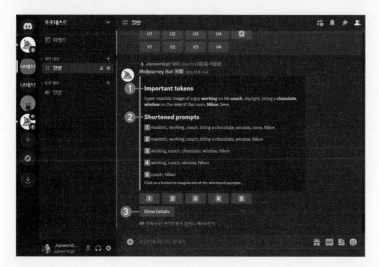

❶ **Important tokens**: 내가 입력한 문구 중 어떤 것을 읽었고 어떤 것은 무시하는지 안내합니다.

❷ **Shortened prompts**: 위의 내용을 바탕으로 미드저니의 인공지능이 읽는 키워드만 정리합니다.

→ 여기서 총 다섯 가지 정도의 키워드를 보여주는데, 번호를 클릭하면 해당 키워드로 이미지를 생성합니다.

❸ **[Show Details] 버튼**: 클릭하면 각 명령어가 상대적으로 차지하는 비율을 수치로 보여줍니다.

[Show Details] 버튼을 클릭하면 'Important tokens' 부분이 확장되면서 자세한 설명이 나옵니다. 우리의 예상과 다르게 니콘 카메라(Nikon)가 가장 큰 주목을 받았네요. 또한 'couch'와 'working' 등도 중요한 키워드였습니다. '남자', '물고 있는(biting)'와 같은 단어들은 아예 보이지 않거나 주목을 덜 받았네요.

이처럼 단어별로 주목도가 다른 이유는 내부 개발자가 아니면 알기 어렵습니다. 다만 미드저니 인공지능의 학습량에 따라 비례할 것이라고 추측할 뿐입니다. 또는 이 프롬프트와 유사한 이미지를 출력하면서 고객 반응을 학습했으므로 사용자들이 업스케일링 작업을 많이 했거나 소파(couch)가 제대로 반영되지 않았던 경험이 쌓여서 이것을 중심으로 이미지를 재구성했을 수도 있습니다. 어쨌든 더 좋은 이미지를 출력하기 위해 프롬프트 엔지니어링을 하고 싶다면 'Shorten' 명령어는 매우 유용한 도구입니다. 여러분도 작업한 이미지가 어떤 키워드를 중심으로 출력되었는지 'Shorten' 명령어를 이용해서 체크해 보세요.

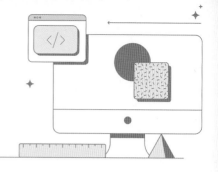

동화 내용과 어울리는
삽화 출력하기

등장인물 출력 준비하기

드디어 등장인물을 만나볼 차례군요! 먼저 주요 등장인물의 이미지를 출력해 보겠습니다. 우리가 54쪽에서 미리 정리한 등장인물 소개 자료가 있었죠? 저는 각 등장인물의 소개 자료를 바탕으로 몇 가지 특징을 주요 키워드를 중심으로 한글로 작성해 보았습니다. 아무래도 프롬프트(명령어)가 주목하는 단어가 있기 때문입니다. 그리고 이렇게 정리한 내용을 구글 번역기를 통해 다시 영문으로 변환했는데, 제가 어떻게 정리했는지 다음을 참고해 보세요.

> \# 등장인물
>
> 1. 조조: 파란색 눈에 밝은 갈색 머리를 가진 작고 활발한 소년입니다. 그는 편안한 파란색 튜닉과 갈색 부츠를 착용하고 있습니다. 주로 사용하는 마법은 '별빛 화살'로, 손을 펼치면 별빛이 모여 화살 형태가 되어 날아가 적을 공격합니다.
>
> > → 파란색 눈에 밝은 갈색 머리를 가진 작고 활발한 소년. 파란색 튜닉과 갈색 부츠를 착용하고 있음
> >
> > → A small and lively boy with blue eyes and light brown hair. Wearing a blue tunic and brown boots.
>
> 2. 엘리언: 흰 수염과 긴 흰머리를 가진 노인으로, 긴 로브를 입고 지팡이를 들고 있습니다. 그는 지팡이로 각종 보호 마법과 치유 마법을 사용할 수 있습니다.
>
> > → 흰 수염과 긴 흰머리를 가진 노인. 긴 로브를 입고 지팡이를 들고 있음
> >
> > → An old man with a white beard and long gray hair. Wearing a long robe and holding a staff.
>
> 3. 루나: 긴 금발 머리에 파란색 눈을 가진 영리한 소녀입니다. 그녀는 붉은색 드레스와 검은색 신발을 신고 있으며 작은 마법 지팡이를 가지고 있어 간단한 마법을 사용할 수 있습니다.
>
> > → 긴 금발 머리에 파란색 눈을 가진 영리한 소녀. 붉은색 드레스와 검은색 신발을 신고 있음. 작은 마법 지팡이를 들고 있음
> >
> > → A smart girl with long blonde hair and blue eyes. Wearing a red dress and black shoes. Holding a small magic wand.

4. 맥스: 짙은 갈색 머리와 강한 체격을 가진 소년으로, 갑옷 조각을 몇 개 착용하고 큰 나무 방패와 칼을 가지고 있습니다. 그의 주요 무기는 칼과 방패지만, 필요할 때는 간단한 방어 마법도 사용합니다.

> → 짙은 갈색 머리와 강한 체격을 가진 소년. 갑옷을 입었고 큰 나무 방패와 칼을 가지고 있음
>
> → A boy with dark brown hair and a strong physique. Wearing armor and carrying a large wooden shield and sword.

5. 어둠의 마법사(카르탄): 검은색 로브를 입고 어두운 모자를 쓴 중년 남성입니다. 그의 눈은 붉은색이며 강력한 어둠의 마법을 자유자재로 사용할 수 있습니다. 그의 주된 무기는 검은색 지팡이로, 여기서 어둠의 에너지를 방출해 적을 공격하거나 주변 환경을 조종할 수 있습니다.

> → 검은색 로브를 입고 어두운 모자를 쓴 중년 남성 마법사. 눈은 붉은색이며 어둠의 기운이 있음. 검은색 지팡이를 들고 있음
>
> → A middle-aged male wizard wearing black robes and a dark hat. The eyes are red and have a dark aura. Holding a black staff.

6. 왕(레오나르드): 의연하고 고귀한 외모를 가진 중년의 남성입니다. 그는 화려한 왕복과 왕관을 착용하고 있으며 그의 손에는 왕국을 지키기 위한 상징적인 검이 있습니다. 그는 조조와 그의 친구들을 지원하며 카르탄에 맞서 싸우기 위해 자신의 군대를 보냈지만 실패했습니다. 그럼에도 불구하고 그는 결코 희망을 잃지 않고 조조를 믿습니다.

> → 의연하고 고귀한 외모를 가진 중년 남성으로, 국가의 왕. 화려한 왕복과 왕관을 착용하고 있음. 왕국을 지키기 위한 상징적인 검을 들고 있음
>
> → A middle-aged man with a resolute and noble appearance, he is the king of the country. Wearing a fancy royal suit and crown. Holds a symbolic sword to protect the kingdom

TIP ✦ 구글 번역기를 이용할 때는 문장의 끝이 마침표(.)로 끝나지만, 미드저니 등 이미지 생성 AI에 입력할 때는 문장을 쉼표(,)로 연결해야 합니다.

여기서 정리한 방식도 정답은 아니므로 여러분이 강조하고 싶거나 꼭 넣고 싶은 특징이 있으면 해당 키워드를 중심으로 풀어내면 됩니다. 우리가 앞에서 배운 것처럼 복잡하고 긴 글이 좋은 것이 아니라 인공지능은 오히려 간결하고 심플한 방식을 더 선호할 수 있습니다. 그런데 저는 왜 이렇게 긴 문장으로 작성했을까요? 왜냐하면 이렇게 길게 작성해도 결국 인공지능이 핵심 내용을 캐치할 것이라고 생각했기 때문입니다. 여러분도 다양한 방식을 이용해서 원하는 이미지를 찾아보세요.

등장인물 출력하기(주인공: 조조)

앞에서 정리한 내용을 가지고 미드저니에서 등장인물을 출력할 차례입니다. 그런데 이미지 생성 AI 도구는 말 그대로 생성형 AI이므로 그림 출력을 요청할 때마다 주인공의 형태가 변한다는 단점이 있습니다. 아마 기존에 주인공이 등장하는 이야기 형식의 이미지를 생성해 보았다면 똑같은 외모를 가진 명령어를 입력해도 캐릭터가 계속 바뀌는 경험을 해 보았을 거예요. 그렇다면 도대체 어떻게 해야 할까요?

안타깝게도 현재로서는 이미지 생성형 AI를 통해서 등장인물의 외모를 고정하는 방법은 없습니다. 미드저니에서는 이 문제를 해결하기 위해 하나의 해결책을 제안했습니다. 바로 명령어 프롬프트를 입력할 때 맨 앞에 내가 원하는 캐릭터, 인물, 사물 등 핵심이 되는 사진의 참고 링크를 올리고 이미지 생성을 시도하는 것입니다. 하지만 몇 번 미드저니를 사용해 보았다면 때때로 동일하기는커녕 유사한 이미지도 출력하기 어렵다는 것을 알 거예요. 그래서 매번 확률에 의지해야 하는 상황이 발생하는데, 이런 상황에 대한 해결책을 제시한 사용자가 있습니다!

ChatGPT가 출시되어 어마어마한 영향력을 행사할 때 국내에서도 ChatGPT를 연구하는 커뮤니티들이 생겼습니다. 그중에서 국내 대표 ChatGPT 커뮤니티인 'GPTers 그룹'의 Prompt Creator 님이 4컷 만화 사례에서 '캐릭터 시트'를 만드는 방법을 통해 등장인물의 외모를 고정하는 방법을 제시했습니다. 그 해결책은 한마디로 '캐릭터 시트'를 만드는 것입니다. 앞에서 이야기 구조가 있는 등장인물을 만들기 위해 생성형 AI로 캐릭터의 다양한 모습을 매번 고정해서 출력하는 것이 어렵다고 설명했습니다. 그렇다면 애초 출력 단계에서 '캐릭터의 다양한 모습과 형태를 한 번에 출력하면 어떨까?'라는 생각에서 출발하는 것입니다(자료 출처: www.gpters.org/c/ai-image/7-n-ai-4).

TIP ✦ 캐릭터 시트는 실제로 만화 웹툰 애니메이션 작품을 본격적으로 제작하기 전에 프리프로덕션(pre-production) 과정에서 설계하는 창작 캐릭터 설정에 대한 구체적인 가이드로 사용합니다. 캐릭터 시트에서는 해당 인물의 기쁨, 슬픔, 분노, 놀라움, 의심, 지루함 등 기본적인 감정과 반응 범위를 다루는데, 감정뿐만 아니라 머리, 전신 등 신체까지도 그려낸다고 합니다.

자! 그러면 앞에서 설명한 가이드를 따라 우리가 구글 번역기에서 번역한 기본 문구에 캐릭터 시트를 출력하기 위한 명령어를 추가합니다.

> /imagine {prompt} A small and lively boy with blue eyes and light brown hair, Wearing a blue tunic and brown boots, animation style, various facial expressions and poses, character sheet --ar 16:9

그러면 이렇게 네 종류의 이미지가 출력되는데, 갈색 머리, 파란색 로브 등 우리가 원하는 조조의 이미지를 잘 보여주고 있습니다. 네 컷 모두 다르면서도 유사해 보이네요. 저는 가장 마음에 드는 4번을 선택한 후 좀 더 다양한 포즈를 뽑아내려고 [V4] 버튼을 클릭했어요.

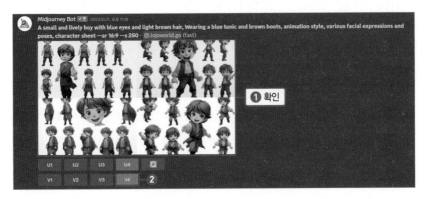

그러면 다음 화면과 같이 다양한 포즈의 이미지가 출력됩니다. 이 중에서 나중에 사용할 것 같은 이미지를 업스케일링해서 다운로드하면 되는데, 저는 [U1], [U3], [U4] 버튼을 차례대로 클릭해 업스케일링해서 별도로 저장했습니다.

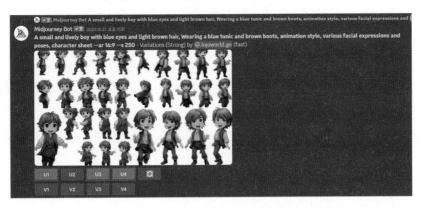

등장인물의 소개에서 조조는 별빛 화살 마법을 쓰는 소년으로 묘사되어 있습니다. 그래서 이 부분도 앞에서 배운 방법으로 명령어를 추가해 출력해 보세요.

등장인물의 포즈 분리하기

이제 캐릭터 시트에 있는 다양한 이미지를 분리한 후 나중에 동화책에 적절하게 삽입하기 위해 이미지를 쪼개야 합니다. 이 과정을 간단하게 정리하면 다음과 같습니다.

1. 무료 이미지 배경 제거 사이트에서 **배경 제거하기**

2. 배경을 제거한 이미지를 그림판 등에서 적절하게 자른 후 각각 **다른 이름으로 저장하기**

이 과정을 반복해 보겠습니다. 무료 이미지 배경 제거 사이트인 removebg(www.remove.bg/ko)에서 [이미지 업로드] 버튼을 클릭하세요.

저장한 이미지를 모두 업로드하면 자동으로 배경이 지워집니다. [HD 다운로드]를 클릭해 고화질로 다운로드하면 유료이므로 무료인 [다운로드]를 클릭하세요.

컴퓨터에 기본적으로 설치되어 있는 '그림판' 등의 그래픽 프로그램을 열고 다운로드한 이미지 파일을 불러옵니다. 그런 다음 그림판의 '선택'에서 [자유 형식](⬚) 등의 기능을 활용해 복사할 영역을 선택하고 이미지를 복사하세요. 복사한 이미지를 새 그림판에 붙여넣은 후 포즈별로 이미지를 다른 이름으로 저장할 수 있어요.

이렇게 이미지를 분리해서 준비하는 것도 좋지만, 저는 배경을 제거한 파일만 종류별로 정리해 두고 나중에 동화책 작업을 할 때 필요한 부분만 그림판에서 복사해서 붙여넣는 방식으로 진행하겠습니다. 남은 등장인물도 똑같은 방식으로 미드저니를 통해 이미지를 출력하고 배경을 제거한 후 폴더에 잘 저장해 두고 다음 단계를 따라오세요.

✦ 배경 삽화 출력 준비하기

배경 삽화도 등장인물을 출력했던 방식과 똑같이 진행합니다. 예를 들어 60쪽에서 준비한 총 25페이지 중 일부를 가져와 보겠습니다. 다음 '동화책 페이지별 상세 내용'에서 핵심 배경 이미지를 구글 번역기에서 영문으로 번역하고 출력을 요청합니다. 그리고 애니메이션 스타일과 16:9 형태로 출력을 요청하는 파라미터 정도만 추가해서 진행합니다.

동화책 페이지별 상세 내용
1. 1페이지: 옛날 옛적, 별빛이 가득한 왕국에 조조라는 용감한 소년이 살고 있었어요.
   (삽화: 밤하늘에 별이 반짝이는 작은 왕국, 조조가 집 앞에서 별을 바라보는 모습)

   → A small kingdom where stars twinkle in the night sky.

2. 2페이지: 조조는 항상 모험을 꿈꾸며 마법의 세계에 대해 궁금해했답니다.
   (삽화: 조조가 책을 읽으며 상상 속의 모험을 꿈꾸는 모습)

   → A boy reading a book and dreaming of an imaginary adventure, the boy is seen from the back.

3. 3페이지: 그러던 어느 날, 어둠의 마법사 카르탄이 왕국을 위협하기 시작했어요.
   (삽화: 어두운 로브를 입은 카르탄이 어둠의 마법을 사용하는 모습)
   → 3페이지(수정): 어둠의 마법사 카르탄이 나타났어요! 왕국이 위험해요!
   (삽화 변경: 마을 사람들이 당황하며 서로 이야기하는 모습
   대화: "빨리 피해야 해!", "왕국을 지켜야 한다!")

> → A kingdom engulfed in magical flames and a village in chaos.

4. **4페이지**: 왕국의 군대가 맞서 싸웠지만, 카르탄의 힘은 너무나 강력했답니다.

   (삽화: 왕국의 군사들과 카르탄이 싸우는 모습)

   > → A battle between the kingdom's soldiers and the black-clad evil army.

5. **5페이지**: 레오나르드 왕은 모두에게 희망을 잃지 말 것을 당부하며 도움을 청하기로 결심했어요.

   (삽화: 레오나르드 왕이 왕좌에 앉아 걱정하는 모습)

   > → 여기서는 1~4페이지의 배경 삽화만 출력하겠습니다. 5페이지부터는 각자 작업해 보세요!

✦ 배경 삽화 출력하기(1~4페이지)

앞에서 번역한 내용을 이용해 미드저니에서 배경 삽화를 출력합니다. 등장인물을 출력할 때는 캐릭터 시트를 활용했지만, 다양한 포즈나 표정까지 출력할 때 신경 쓸 것이 많았죠? 하지만 배경 삽화는 상대적으로 출력 난이도가 낮습니다. 여기서는 동화책의 전체 느낌에 맞게 애니메이션 스타일을 적용하고 우리가 나중에 파워포인트를 활용해 동화책을 만들 예정이므로 16:9 비율 형식만 추가해서 출력을 요청합니다.

1. 1페이지

/imagine {prompt} A small kingdom where stars twinkle in the night sky, **animation style --ar 16:9**

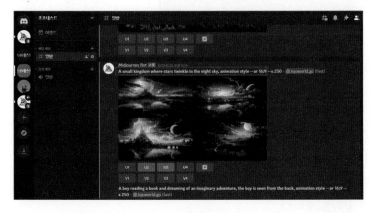

TIP ✦ 명령어를 입력했을 때 자동으로 표시되는 '--s250' 파라미터는 스타일(stylize)을 의미합니다. 이 파라미터의 기본값은 100이고 최대 1,000까지 값을 변경할 수 있는데, 값이 클수록 독창적이고 예술성이 뛰어난 창작물이 나올 확률이 높습니다. 미드저니에서는 버전이나 설정값으로 스타일값이 기본적으로 적용됩니다. 따라서 '--s250' 파라미터가 표시되는 것은 자연스러운 현상이니 그대로 활용하거나 설정값을 수정해서 이용해 보세요.

2. 2페이지

/imagine {prompt} A boy reading a book and dreaming of an imaginary adventure, the boy is seen from the back, **animation style --ar 16:9**

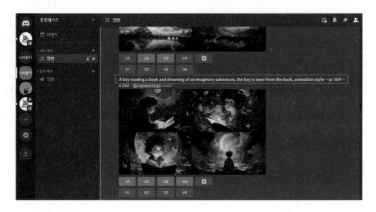

3. 3페이지

/imagine {prompt} A kingdom engulfed in magical flames and a village in chaos, **animation style --ar 16:9**

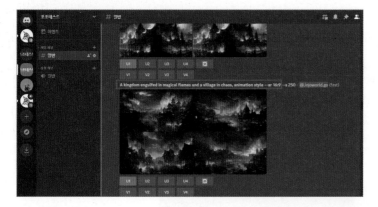

4. 4페이지

/imagine {prompt} A battle between the kingdom's soldiers and the black-clad evil army, **animation style --ar 16:9**

네 번째 이미지는 출력하고 나니 엄청 어두운 느낌이 들었습니다. 카르탄과 그의 군대의 모습은 고퀄리티 영화에나 등장할 것 같은 느낌이네요. 이 작업을 동화책으로 시작했는데, 아이들이 이 이미지를 보고 무서워서 도망갈지도 모르겠습니다. 작업을 하다 보니 《해리 포터》 시리즈 같은 어른 동화가 되는 것 같기도 합니다.

어쨌든 배경 삽화의 퀄리티가 굉장히 뛰어나죠? 개인적으로는 다양한 이미지 생성 AI 중에서 미드저니의 이미지 생성 및 출력 역량이 가장 우수하다고 생각합니다. 제가 순식간에 4페이지까지 배경 삽화를 완성한 것처럼 여러분도 각자 준비한 동화책의 배경 삽화를 출력해 보세요. 출력한 이미지는 페이지별로 이름까지 정리해서 별도의 폴더에 저장해 두면 나중에 삽화와 캐릭터뿐만 아니라 텍스트를 조합하는 시간을 단축할 수 있습니다.

잠깐만요

(부분) 무료로 사용할 수 있는 이미지 생성형 AI 툴

이미지 생성형 AI 툴	URL	특징
Adobe Firefly	firefly.adobe.com	포토샵으로 유명한 어도비가 제공하는 이미지 제너레이터
Bing Image Creator	www.bing.com/images/create	마이크로소프트에서 제공하고 OpenAI의 DALL-E 3로 출력하는 이미지 제너레이터
DreamStudio	dreamstudio.ai/generate	생성형 이미지의 강자 Stability.ai가 운영하는 이미지 제너레이터
ImageFX	aitestkitchen.withgoogle.com/tools/image-fx	구글이 제공하는 이미지 제너레이터
Karlo	karlo.ai	카카오브레인에서 운영하는 이미지 제너레이터
Playground	playground.com/create	자체 이미지 생성 엔진과 Stable Diffusion XL을 지원하는 이미지 제너레이터
Wrtn	wrtn.ai	뤼튼테크놀로지에서 운영하는 종합 생성형 AI 에이전트

※ 초기에 무료로 사용자들을 모았던 이미지 생성형 AI 툴들이 점점 유료화되고 있습니다. 이들 툴을 처음 사용한다면 우선 무료 버전의 서비스를 활용해 보면서 결과물을 참고한 후 꼭 필요할 때 유료 결제하는 방법을 권장합니다.

구글 프레젠테이션 활용해 동화책 완성하기

✦ 준비물 확인하기

이제 동화책 만들기의 마지막 단계입니다. 지금까지 우리가 준비한 재료를 다시 한번 정리해 볼게요.

1. 글
- 제목
- 장면(상황) 설명 문구
- 등장인물 대사

2. 이미지
- 등장인물 캐릭터 그림
- 배경 삽화

이 요소들을 조합합니다. 전문 동화책 작가라면 별도로 활용하는 프로그램이 있겠지만, 여러분은 처음 책을 만들고 있으므로 누구나 쉽게 접근할 수 있는 '구글 프레젠테이션'을 추천합니다.

✦ 구글 프레젠테이션 이용하기

1 구글(www.google.co.kr)에 로그인합니다. 만약 구글 아이디가 없다면 회원 가입을 한 후 구글 홈 화면으로 들어가세요. 화면의 오른쪽 위에 있는 'Google apps' 아이콘(▦)을 클릭하고 다양한 부가 서비스 목록이 표시되면 '**프레젠테이션**'(▭ 프레젠테이션)이나 'Slides'(▭) 앱을 클릭하세요.

2️⃣ 프레젠테이션 화면이 열리면 '새 프레젠테이션 시작하기'의 아래쪽에 있는 ➕를 클릭해서 새 문서를 시작합니다.

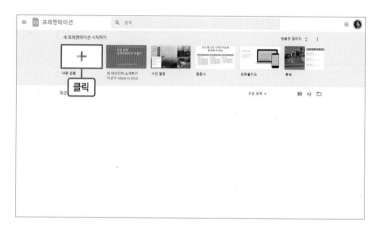

3️⃣ 마이크로소프트 파워포인트(PPT)와 동일한 서비스를 구글에서도 클라우드 환경에서 일정 부분 무료로 제공하고 있습니다. 우리도 '구글 슬라이드(프레젠테이션)'를 활용해서 동화책을 만들어 보겠습니다.

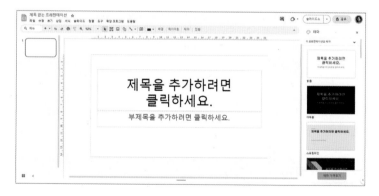

TIP ✦ 동화책을 정식으로 출간하려면 출간할 수 있는 온라인과 오프라인 출판사의 정보를 미리 찾아보아야 합니다. 공통 규격이 있지만, 각 출판사마다 요청하는 표준 출간 양식이 있다는 것을 고려하세요.

✦ 페이지 설정하기

동화책을 제작할 때 가장 많이 사용하는 규격은 다음과 같습니다.

1. 신국판(225×152mm)
2. 국배판(297×210mm, A4 용지 규격)

이 사이즈보다 조금이라도 커지면 제작 단가가 달라집니다. 그러므로 동화책을 만들기 전에 어떤 형태로 만들 것인지를 고려해서 작가의 의도나 타깃 연령, 용도, 그리고 이야기의 내용과 전개 방식 등에 적합한 구성을 미리 생각하고 적합한 사이즈를 선택해야 합니다.

1️⃣ 여기서는 신국판(225×152mm)을 기준으로 작업해 보겠습니다. 신국판 사이즈를 적용하기 위해 구글 슬라이드에서 [파일]-[페이지 설정]을 선택하세요.

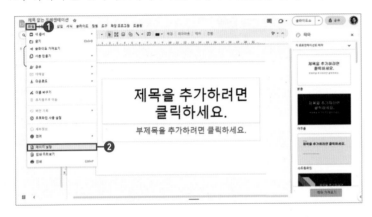

2️⃣ [페이지 설정] 대화상자가 열리면 페이지는 기본적으로 [와이드스크린 16:9]로 설정되어 있지만 [맞춤]을 선택하고 신국판 사이즈인 '22.5×15.2센티미터'를 지정한 후 **[적용]** 버튼을 클릭합니다.

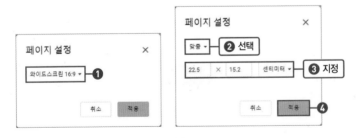

TIP ✦ 사이즈는 센티미터(cm)로 입력해야 하므로 단위를 잘 지정하세요.

3 최초의 페이지와 사이즈가 달라진 것을 확인할 수 있어요. 이제 본격적으로 동화책 제작을 시작하기 위해 화면의 왼쪽 위에 있는 프레젠테이션 이름 '제목 없는 프레젠테이션'을 '동화책 만들기'로 수정합니다.

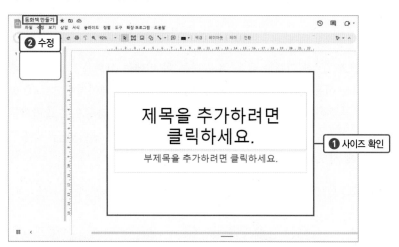

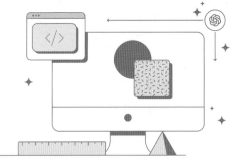

동화책 내용 만들기

동화책을 제작할 때 일반적으로 ① 한 면에는 글을 적고 다른 한 면에는 삽화를 넣거나 ② 배경 위에 글을 겹쳐 적는 방식을 이용합니다. 여기서 준비한 동화책은 총 25페이지이므로 ① 방법을 선택하면 약 50페이지 분량이 되고 ② 방법으로 제작하면 25페이지 분량으로 출력되는데, 여기서는 ② 방법으로 동화책을 만들어 보겠습니다. ② 방법을 쉽게 해 낸다면 ① 방법은 누구나 할 수 있으므로 나중에 시도해 보세요.

동화책의 내용 제작 과정

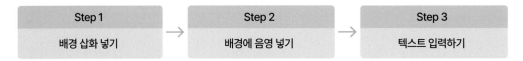

✦ Step 1. 배경 삽화 넣기

1 슬라이드 창에서 1번 슬라이드를 선택하고 Enter를 눌러서 본문 슬라이드를 하나 더 추가하세요. 첫 번째 슬라이드는 나중에 표지로 쓸 것이므로 비워둡니다.

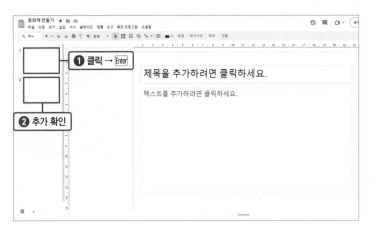

2️⃣ 추가한 2번 슬라이드에 1페이지의 배경 삽화를 넣기 위해 [삽입]-[이미지]-[컴퓨터에서 업로드]를 선택합니다.

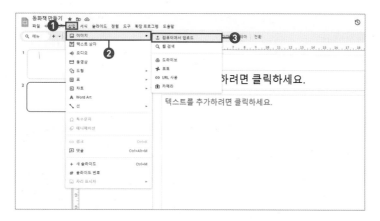

3️⃣ [열기] 대화상자가 열리면 배경 이미지를 선택하여 업로드합니다. 여기서는 부록에서 제공하는 '배경.png'를 선택했어요.

4️⃣ 2번 슬라이드에 추가된 첫 번째 배경 이미지를 확인합니다.

⑤ 배경 삽화의 크기와 구글 슬라이드의 크기가 달라서 페이지에 이미지가 꽉 차지 않으므로 이미지를 클릭한 후 드래그하여 크기를 조정합니다. 동화책 페이지의 크기를 벗어나는 부분은 이미지를 클릭했을 때 위쪽 도구 목록에 활성화되는 '이미지 자르기' 도구(🔲)를 클릭해 다듬어 주면서 상하좌우 영역을 수정하세요.

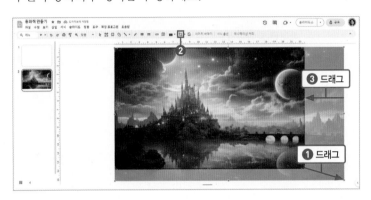

✦ Step 2. 배경에 음영 넣기

배경 삽화는 밝은 배경부터 어두운 배경까지 색상이 천차만별이므로 삽화 위에 글자를 넣었을 때 가독성이 떨어지는지 고려해야 합니다. 이번에는 아주 심플하게 기본 도형과 투명도를 활용해서 글이 잘 보일 수 있도록 배경의 음영을 먼저 세팅해 볼게요.

① 2번 슬라이드에서 [삽입]-[도형]-[도형]-[직사각형](🔲)을 클릭합니다.

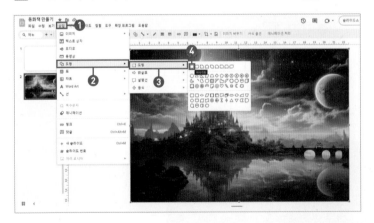

TIP ✦ 메뉴 표시줄 아래에 있는 도구 모음에서 '도형' 도구(🔲)를 클릭하고 [도형]을 선택한 후 '직사각형'(🔲)을 클릭해도 됩니다.

2️⃣ 슬라이드 화면을 덮을 만큼 크게 드래그해 직사각형을 그립니다.

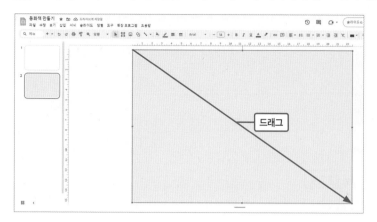

3️⃣ 도구 모음에서 '채우기 색상' 도구(🖌)를 클릭하여 직사각형의 색상을 '단색'의 '검은색'으로 바꿉니다.

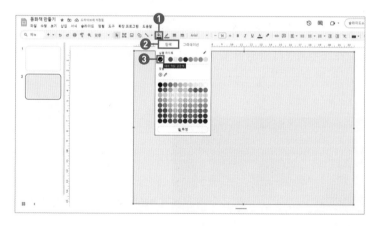

4️⃣ 다시 '채우기 색상' 도구(🖌)를 클릭하고 '단색'의 '맞춤'에서 '사용자 지정 색상 추가'(⊕)를 클릭합니다.

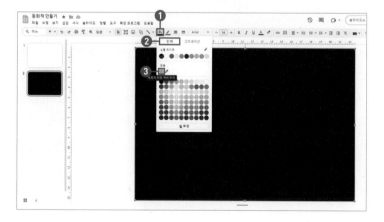

5 색상 창이 열리면 투명도를 '20' 정도로 수정하고 [확인] 버튼을 클릭하세요. 만약 너무 어두우면 투명도를 좀 더 낮추면 되는데, 여기서는 자유롭게 투명도를 수정하세요.

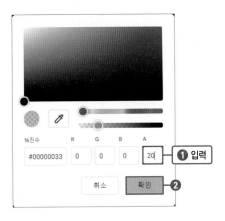

TIP ✦ 투명도는 마우스로 드래그해 조절해도 되고 'A'의 입력 상자에 '20'을 입력해도 됩니다. 음영을 넣는 과정은 필수가 아니므로 배경 삽화 이미지가 이미 어둡다면 굳이 설정하지 않아도 좋습니다. 나중에 밝은 배경 이미지 위에 글자를 배치하면 글자가 잘 보이지 않아 가독성이 떨어지므로 이것을 보완하기 위한 작업입니다.

6 검은색 직사각형이 투명도가 조정되면서 음영이 밝아졌습니다.

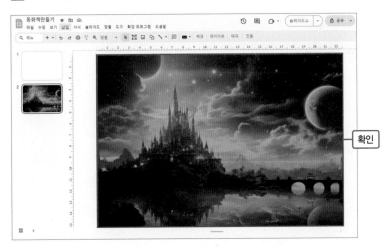

왼쪽 페이지에는 흰색 바탕에 검은색 텍스트가 있는 동화책도 있고 오른쪽 페이지에는 배경 삽화만 넣는 동화책도 있습니다. 이렇게 텍스트와 삽화를 페이지별로 분리해서 구성한다면 텍스트와 삽화를 한 페이지에 넣고 텍스트를 구분하기 위해 음영 있는 도형을 넣을 필요가 없습니다. 그러므로 여러분이 제작하는 동화책의 제작 방식에 맞게 도형을 활용해서 배경을 만들어 보세요.

✦ Step 3. 텍스트 입력하기

1 2번 슬라이드에서 [삽입]-[텍스트 상자]를 선택합니다.

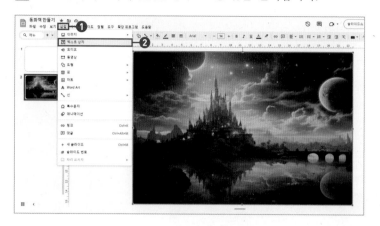

TIP ✦ 도구 모음에서 '텍스트 상자' 도구(▣)를 클릭해도 됩니다.

2 삽화 이미지 위에서 클릭해 텍스트 상자를 그리고 미리 준비한 글을 복사해서 붙여넣습니다. 여기서는 1페이지의 상세 내용 중 '옛날 옛적, 별빛이 가득한 왕국에 조조라는 용감한 소년이 살고 있었어요.' 부분만 복사해서 붙여넣습니다.

> \# 동화책 페이지별 상세 내용
> 1. **1페이지**: 옛날 옛적, 별빛이 가득한 왕국에 조조라는 용감한 소년이 살고 있었어요.
>   (삽화: 밤하늘에 별이 반짝이는 작은 왕국, 조조가 집 앞에서 별을 바라보는 모습)

3   텍스트가 잘 보이지 않으므로 삽화 이미지 위에 있는 텍스트 상자를 선택하고 도구 모음에서 '텍스트 색상' 도구(🔲)를 클릭해서 흰색으로 변경합니다. '글꼴 크기'(🔲)와 '글꼴'(🔲 Arial ▾)을 보기 좋게 수정하고 텍스트가 들어갈 위치도 적절하게 조정하세요. 여기서는 텍스트 서식을 다음과 같이 설정했습니다.

- **글꼴**: 배달의민족 연성체
- **글자 색**: 흰색
- **글자 크기**: 33
- **글자 위치**: 화면의 왼쪽 아래에 배치

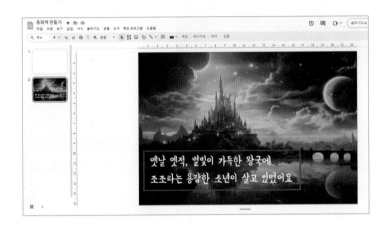

이렇게 본문의 첫 번째 페이지를 완성했습니다. 이 페이지에 3 과정과 같은 서식을 지정한 이유는 다음과 같아요.

첫째, 배달의민족 연성체를 사용한 이유는 동화책 등에 잘 어울리는 글씨체라고 판단했고 배달의민족 글씨체는 저작권 문제 없이 상업적으로 무료로 이용할 수 있기 때문이에요.
둘째, 글자 크기를 33으로 지정한 이유는 글자 크기가 크기 때문이에요. 아이들이 글자를 편하게 볼 수 있게 크게 지정했는데, 더 크게 지정해도 좋습니다.
셋째, 글자 색을 흰색으로 지정했는데, 자신의 스타일에 맞게 바꾸어도 됩니다.
넷째, 일반적으로 자막이 위치하는 화면의 왼쪽 아래에 텍스트를 배치했습니다.

이처럼 여러분도 동화책을 꾸밀 때 책을 읽을 아이들에게 눈높이를 맞추고 자기의 성향에 맞게 수정하면 됩니다.

TIP ✦ 완성한 각 페이지는 112쪽 화면을 참고하세요.

동화책 표지 만들기

표지는 동화책 내용 중에서 인상 깊은 페이지 삽화를 사용해도 되고 본문 페이지에 사용하지 않았던 좋은 이미지를 활용할 수도 있습니다. 또는 작가가 새롭게 표지를 구상해서 넣어도 됩니다. 결국 동화책 표지는 전적으로 작가에게 달린 부분이라고 할 수 있어요. 여기서는 페이지를 작업하면서 느낌이 좋았던 다음 이미지를 표지로 활용하려고 합니다.

1 102쪽에서 표지로 사용하기 위해 비워둔 1번 슬라이드를 선택하고 [삽입]-[이미지]-[컴퓨터에서 업로드]를 선택하여 표지 이미지를 삽입합니다. 여기서는 부록에서 제공하는 '표지.png'를 선택했어요.

TIP ✦ [삽입]-[이미지]-[컴퓨터에서 업로드]를 선택하여 [열기] 대
　　　화상자를 열고 부록에서 제공하는 '표지.png'를 선택한 후
　　　[열기]를 클릭하세요.

2️⃣ 표지 이미지 위에 107~108쪽을 참고하여 동화책 제목 '**조조의 마법 대모험**'을 입력하고 글자 서식을 지정합니다. 여기서는 글꼴은 '**배달의민족 연성체**', 글자 크기는 '**80**', 글자 색은 '**흰색**'으로 지정했어요.

TIP ✦ 표지이지만 본문 내용을 작업하는 것처럼 똑같이 만들면 됩니다.

3️⃣ 배경에 있는 흰색 부분과 글씨가 겹쳐져서 잘 보이지 않네요. 이 부분을 수정하기 위해 텍스트 상자에서 마우스 오른쪽 버튼을 클릭하고 [**서식 옵션**]을 선택합니다.

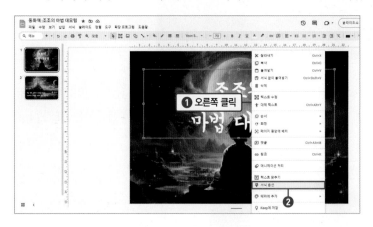

4️⃣ 화면의 오른쪽에 [**서식 옵션**] 창이 열리면 '**그림자**'의 세부 옵션을 하나씩 조정하면서 원하는 스타일을 만듭니다. 여기서는 다음과 같이 세부 옵션을 지정했어요.

• 색상: 검은색	• 불투명도: 100%	• 각도: 34°
• 거리: 7px	• 반경 흐리게: 0px	

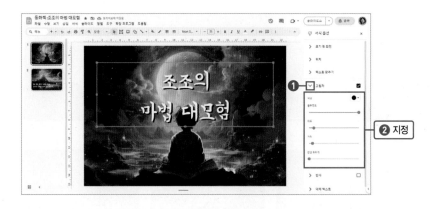

5 최종 표지를 완성했습니다. 실습용으로 작성한 표지이므로 참고해서 완성해 보세요.

6 이제까지 실습한 표지와 페이지를 제작 방법을 참고해서 다른 페이지도 작성해 보세요. 페이지를 작업하면서 최초에 설계한 이야기 구조에서 늘리거나 빼고 싶은 부분이 있으면 자유롭게 수정 및 개선하면서 동화책을 완성합니다.

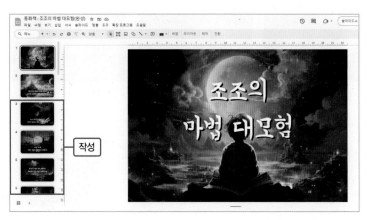

7 제가 완성한 각 페이지를 소개합니다.

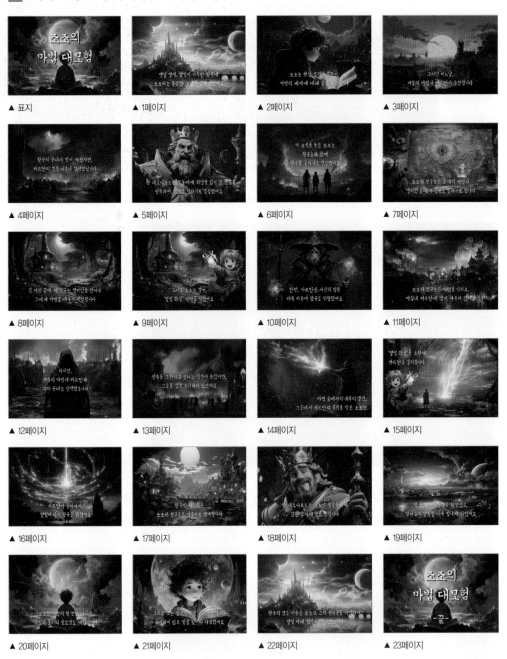

완성한 동화책 '조조의 마법 대모험'의 프레젠테이션 파일(PPT)은 QR 코드를 이용해서 확인할 수 있습니다.

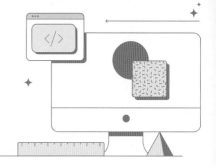

동화책을 PDF로 출력하기

동화책의 표지부터 내용까지 모든 작업을 완료했으면 파일을 PDF 형식으로 다운로드해 보겠습니다. 파일을 다운로드해서 PDF로 저장하는 방법은 매우 간단하므로 쉽게 익힐 수 있을 거예요.

1 PDF로 출력하려는 프레젠테이션 문서를 열고 [파일]-[다운로드]-[PDF 문서(.pdf)]를 선택합니다.

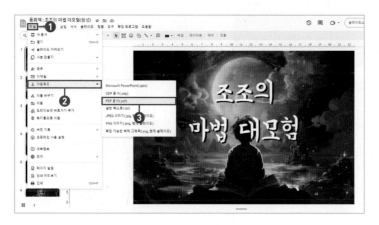

2 문서가 PDF 파일로 다운로드되면서 저장됩니다. 다운로드한 파일은 일반적으로 윈도우의 '다운로드' 폴더에 저장됩니다.

TIP ✦ 사용 환경에 맞춰서 파워포인트 형식(ppt, pptx 등)이나 이미지 파일(bmp, png, jpg 등)과 같이 편한 파일 형식으로 다운로드할 수 있습니다.

기존에는 일반적으로 출판사에서 책을 출간했지만, 최근에는 PDF 형식의 전자책이 굉장히 많이 판매되고 있습니다. 크몽(www.kmong.com)과 같은 프리랜서 마켓플레이스가 대표적인 사이트로, 회원 가입 후 창작자 등록 과정을 거쳐 원고 파일을 업로드하고 판매할 수 있습니다. 교보문고(www.kyobobook.co.kr)나 아마존(www.amazon.com) 같은 온라인 플랫폼에서도 손쉽게 출판할 수 있습니다. 예를 들어 교보문고에서는 누구나 손쉽게 출판할 수 있는 POD 서비스(Publish On Demand, 주문 제작형 출판 서비스)를 제공하고 있어요. POD 서비스는 '재고를 쌓아두지 않고 고객이 구매하면 바로 제작해서 배송하는 주문 제작형 출판 서비스'로, 인기가 아주 높습니다. 이 서비스 절차에 따라 출간하려는 책의 원고 파일을 등록하면 전자책 형태로 온라인에서 판매할 수도 있고 종이책을 원하는 구매자들에게는 개별 제작 후 배송도 합니다.

▲ 출판사를 거치지 않고 개인이 바로 출판할 수 있는 교보문고의 POD 서비스

다음은 교보문고의 POD 서비스인 'PubPle'의 출간 안내 사항 자료를 참고해서 작성한 POD 서비스의 출간 절차입니다. 교보문고뿐만 아니라 다른 플랫폼에서도 POD 서비스의 출간 절차는 비슷합니다.

교보문고 POD 서비스의 출간 절차

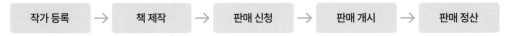

- **1단계. 작가 등록**: 각 플랫폼 회원 가입 후 작가 등록 및 승인하기
- **2단계. 책 제작**: 인쇄용 표지 PDF와 본문 PDF 파일 제작하기
- **3단계. 판매 신청**: '도서 제작' 메뉴에서 도서 상품·등록하기
- **4단계. 판매 개시**: 최종 검수 후 온라인 플랫폼에서 판매하기
- **5단계. 판매 정산**: (특정일에) 판매 정산금 지급하기

우리는 동화책 만들기 과정을 통해서 POD 서비스의 출간 절차 중 가장 중요한 2단계 책 제작을 완료한 것입니다. 단 인쇄용 PDF의 책 규격과 구성 등은 다를 수 있으니 출간하려는 출판사를 정하고 그곳에서 원하는 형태로 글과 이미지를 작업하는 것이 좋습니다.

지금까지 동화책 만드는 전체 과정을 함께 살펴보았습니다. 차근차근 따라오면 여러분의 특색이 가득 담긴 재미있는 동화책이 만들 수 있을 거예요. 자, 그러면 여러분이 작가가 되는 순간을 기다리겠습니다!

잠 | 깐 | 만 | 요

동화책 만들기에 유용한 프롬프트 꿀팁 ③

1. 워드 파일에 정리하기

- 지금까지 정리한 내용을 바탕으로 PDF 동화책을 만들려고 해. 나는 MS 워드(구글 닥스 등)를 사용하고 싶은데, 어떻게 설정해야 할까?
- 동화책을 쓰는 데 사용할 수 있는 플랫폼이나 소프트웨어가 있을까?
- 무료 프로그램은 있어?

2. 마켓플레이스 추천하기

- PDF로 만든 것을 온라인에 판매하려고 하는데 어떤 마켓플레이스가 좋은지 추천 줘.
- 판매자에게 유리한 무료 서비스를 제공하거나 수수료가 적은 곳, 그리고 소비자가 많은 곳을 열 곳 정도 추천해 줘.

3. 가격 문의하기

- 베스트셀러를 기준으로 소비자들에게 가장 매력적인 판매 금액은 얼마일까?
- 베스트셀러 동화책들의 객단가를 정리해 줘.
- 각 마켓플레이스별로 합리적인 동화책 가격을 추천해 줘. 그리고 그 이유를 설명해 줘.

4. 마케팅 문구 작성하기

- 동화책이 잘 판매될 수 있도록 마케팅 문구를 작성해 줘.
- SNS 마케팅을 위한 매력적인 문구 20개를 추천해 줘. 특히 동화책 마케팅에 사용할 예정이니까 부모님을 후킹(흥이나 호기심을 유발하는 방법)할 수 있는 문구로 부탁해.
- 동화책 제작에 인공지능을 활용해서 '놀랍다', '신기하다', '호기심이 든다'는 뉘앙스가 들어간 문구도 별도로 제작해 줘.
- 검색엔진 최적화(SEO; Search Engine Optimization) 마케팅을 진행할 예정이니까 여기에 사용할 키워드를 한글과 영어로 정리해 줘.

※ 이번 꿀팁의 명령어는 동화책 제작 과정에서 직접적으로 언급하지는 않았지만, 실제로 동화책을 제작하는 과정에서 했던 질문입니다. 생성형 AI 도구들은 정답을 찾아주는 도구가 아니고 그럴듯한 거짓말을 하는 환각 효과도 있습니다. 그래서 창작이나 인사이트를 얻는 용도로는 적합하지만, 실제 비즈니스에 이용할 때는 항상 주의해야 합니다. 특히 팩트인지 체크해야 하는 중요한 부분은 별도로 전문가에게 검증하는 과정이 반드시 필요하다는 것을 꼭 기억하세요.

CHAPTER

03

노래 만들기

ChatGPT + Musia One(작곡) + Munute(마스터링) + VLLO(녹음, 편집) + Udio(음악 생성)

이번 장에서는 ChatGPT에 뮤지아 원(Musia One), 뮤닛(Munute)과 같은 생성형 음악 및 마스터링 도구를 활용해 직접 노래를 만들어 보겠습니다. 작사, 작곡, 녹음, 편집 등 음악 제작과 관련된 전반적인 과정을 인공지능(AI)으로 처리하는 실습을 따라 해 보면서 누구나 쉽게 자신만의 노래를 만들 수 있는 역량을 길러보겠습니다.

이 과정을 통해 AI 툴을 활용해서 단순히 노래를 생성하는 것에 그치지 않고 음악 제작 과정이나 음악 콘텐츠 생성 방식에 대해 더욱 잘 이해할 수 있습니다. 그리고 AI 기술이 음악 창작 분야에서 어떠한 혁신을 일으킬 수 있는지, 그 한계는 무엇인지 직접 경험해 보는 기회가 될 것입니다. 이번 장에서 다루는 실습을 통해 음악을 잘 모르는 초보자라도 즐겁게 자신만의 노래를 만들어 보세요.

가수가 꿈이었던 직장인 A 씨 이야기

안녕하세요? 저는 평일에는 엑셀 시트와 씨름하며 데이터를 정리하는 평범한 직장인 A입니다. 제 책상에는 항상 이어폰이 놓여 있고 종종 일이 손에 잡히지 않을 때면 혼자 흥얼거리곤 해요. 가끔은 제가 흥얼대는 멜로디가 꽤 괜찮다는 생각이 들 때가 있는데, 이럴 때마다 '혹시 내가 노래를 만들 수 있을까?' 하는 상상을 해 봅니다. 하지만 음악 이론은 복잡해 보이고 악기를 다루는 것도 쉽지 않아 망설여지네요. 그래도 이어폰에서 흘러나오는 멜로디가 제 마음속 깊은 곳에서 울리면 제 감정과 생각을 담은 노래를 만들어보고 싶다는 욕심이 생깁니다.

최근에는 인터넷에서 무료 음악 제작 툴을 발견했어요. 간단하게 멜로디를 만들고 박자를 맞출 수 있는 프로그램이더군요. 그리고 온라인 커뮤니티에서 음악적 취미가 같은 사람들이 모여 서로의 작품을 공유하는 것을 보았습니다. 저도 그들처럼 음악에 대한 전문적인 지식이나 배경이 없어도 노래를 만들 수 있을까요?

주말이면 작은 노트에 가사를 적기도 하고 휴대폰으로 멜로디를 녹음하기도 합니다. 아직 누군가에게 들려주기에는 부끄럽지만, 언젠가는 제 감정이 담긴 노래를 친구들에게 선물하고 싶어요. 아마도 그들이 제 노래를 좋아해 준다면 이 작은 취미가 저에게 큰 기쁨과 만족을 줄 거라 생각합니다.

음악이라는 게 결국 감정의 표현이잖아요? 저만의 감정을 담아 제 손으로 직접 만든 멜로디를 세상에 내놓는 날을 꿈꾸면서 오늘도 퇴근 후에는 흥얼거리며 작은 음악 작업을 시작할 거예요. 아직은 시작 단계지만, 누구나 음악을 만들 수 있다는 것을 믿으며 저만의 작은 음악 여정을 이어가려고 합니다.

직장인 A 씨의 이야기이지만, 이 글을 읽고 있는 여러분과 제 이야기이기도 합니다. 다들 종종 저렇게 흥얼거리고 눈물 쏙 빼는 가사를 만들어 본 적이 있죠? 저만 그랬나요? ^^ 그런데 이제는 생성형 인공지능이 작곡까지 해 주는 시대이니 대표적인 인공지능 도구를 사용해서 자작곡을 직접 만들어 보려고 합니다. 자, 그러면 시작해 볼까요?

노래 한 곡은
어떻게 만들어질까?

음악을 만드는 과정은 대중에게 잘 노출되어 있지 않아요. 그나마 '슈퍼스타K'나 'K팝 스타'와 같은 노래 경연 프로그램이 늘어나면서 일반인들도 가수가 어떤 방식으로 가사를 만들고 멜로디를 창작하는지, 그리고 프로듀서들이 이것들을 어떻게 조율하는지 정도를 간접적으로 체험하게 되었습니다.

▲ 미드저니에서 AI가 생성한 음악 프로듀서 이미지

✦ ChatGPT에게 노래 제작 과정 물어보기

TV 프로그램으로 간접 체험을 해도 노래를 만드는 과정은 동화책을 만드는 것보다 더 감이 안 올 거예요. 아무래도 저와 같은 평범한 일반인 입장에서는 음악가가 사용하는 악기나 디지털 기기와 같은 도구들을 자주 접하지 못하므로 노래 제작이 더욱 미지의 영역이라고 느끼기 때문일 겁니다. 우리가 듣는 음악이 멜로디와 가사, 그리고 보컬과 악기 정도로 구성된 것 같지만, 이 모든 것을 조합해서 귀에 잘 들리도록 매니징하는 과정까지 생각한다면 굉장히 복잡할 것이라고 추측만 할 수 있죠.

자, 일단 궁금한 게 있다면 어떻게 한다? 우리 ChatGPT에게 물어보면 됩니다! 그래서 다음과 같이 질문해 보았습니다.

Q 노래 한 곡은 어떻게 만들어지는지 설명해 줘.

노래를 만드는 과정은 창작자의 개인적인 방식과 음악 스타일에 따라 매우 다양합니다. 그러나 일반적으로 곡을 만드는 기본적인 단계는 다음과 같이 몇 가지로 나눠 설명할 수 있습니다.

1. **영감과 아이디어 수집**: 모든 창작 활동은 영감에서 시작합니다. 가사, 멜로디, 리듬, 화음 등에 대한 아이디어는 개인적인 경험, 감정, 이야기, 사회적 이슈, 시각적 이미지, 자연 현상 등 다양한 원천에서 비롯됩니다.

2. **멜로디 작성**: 노래의 핵심이 되는 멜로디를 작성합니다. 일부 작곡가는 피아노나 기타와 같은 악기를 이용해 멜로디를 창작하고 어떤 이들은 머릿속에서 떠오르는 멜로디를 휴대폰 녹음기나 DAW(Digital Audio Workstation) 소프트웨어에 기록합니다.

3. **가사 작성**: 멜로디에 맞추어 가사를 씁니다. 가사는 이야기를 전달하거나 특정 감정을 표현할 때 중요한 역할을 합니다. 때로는 가사를 먼저 쓰고 가사에 맞춰 멜로디를 만들기도 합니다.

4. **화음 구성과 편곡**: 멜로디와 가사가 정해지면 화음과 편곡을 추가합니다. 이 단계에서는 노래 분위기와 스타일을 결정하고 다양한 악기와 음색을 사용해 곡에 깊이와 다양성을 부여합니다.

5. **데모 녹음**: 작업한 멜로디, 가사, 화음, 편곡을 바탕으로 데모 버전을 녹음합니다. 데모는 곡의 기본적인 형태를 잡아주고 이후의 제작 과정에서 수정하거나 개선할 부분을 파악하는 데 도움이 됩니다.

6. **제작과 믹싱**: 전문 스튜디오나 개인 스튜디오에서 최종 트랙을 녹음하는데, 이 단계에서는 악기 연주, 보컬 녹음, 백업 보컬 등이 이루어집니다. 녹음된 트랙들은 믹싱 과정을 통해 소리의 밸런스를 맞추고 다양한 효과를 적용하여 전체적으로 조화로운 사운드를 만듭니다.

7. **마스터링**: 믹싱이 완료된 후 마스터링 단계에서 전체적인 음량을 조정하고 다양한 곡을 재생하는 시스템에서도 균일하게 들릴 수 있도록 소리를 최적화합니다.

8. **배포와 출시**: 완성된 곡은 CD, 레코드, 디지털 플랫폼 등 다양한 매체를 통해 배포되고 팬들에게 출시됩니다.

이들 과정은 순서대로 진행될 수도 있고 때로는 여러 단계가 동시에 진행되기도 합니다. 노래를 만드는 과정은 매우 개인적이고 창의적인 작업으로, 작사가나 작곡가마다 고유한 자신만의 방법이 있습니다.

✦ AI로 노래 만드는 과정 계획하기

제가 ChatGPT에게 노래 제작 과정에 대해 유사한 질문을 여러 번 했는데, 대체로 앞의 답변과 같이 답변해 주었습니다. 그래도 혹시 오류가 있을까봐 구글 검색을 통해서 다양한 문서를 살펴보았는데, ChatGPT가 안내해 준 구성과 큰 차이가 없었습니다. 이렇게 재검증을 마치고 노래 제작 과정을 보기 쉽게 다음과 같이 표로 간략하게 정리해 보았습니다.

과정	ChatGPT	구글	비고
1단계	영감과 아이디어 수집		개인, ChatGPT 등
2단계	가사	작곡 및 작사	ChatGPT 등
3단계	멜로디		AIVA, Boomy, Musia One 등
4단계	화음 구성과 편곡	편곡	
5단계	데모 녹음	녹음	별도 진행
6단계	제작과 믹싱	믹싱	(부가 서비스 등)
7단계	마스터링	마스터링	Munute
8단계	배포와 출시	출시	곡 이미지, 마케팅

원래 120쪽에서 ChatGPT는 '영감과 아이디어 수집' 단계 이후에 멜로디를 작곡하라고 했는데, 우리는 생각한 내용을 가사로 먼저 출력하고 멜로디를 작곡하는 단계로 진행하겠습니다. ChatGPT로 가사와 멜로디 단계를 먼저 끝낼 수 있으므로 구성상의 편의를 위해 순서를 조정했습니다. 아티스트도 노래를 창작하는 과정에서 가사와 멜로디를 만드는 순서는 정해져 있지 않다고 합니다. 어떤 때는 분위기에 취해서 흥얼거리던 멜로디에 맞는 가사를 얹기도 하고 반대의 경우도 있거든요. 따라서 1~3단계는 순서가 정해진 것이 아니므로 여러분의 스타일에 맞게 다양한 아이디어를 가사와 멜로디로 뽑아내면 됩니다.

우리가 이번에 함께 진행할 단계는 앞의 표에서 초록색 음영으로 표시했습니다. 즉 인공지능 도구를 활용해서 진행할 부분은 바로 1~3단계, 그리고 7단계입니다. 우리는 ChatGPT를 활용해서 영감과 아이디어를 수집(1단계)하고 이와 관련된 가사(2단계)를 작성해 볼 예정입니다. 또한 가사에 어울리는 코드도 ChatGPT에게 문의할 수 있습니다. 그 후에 작곡 AI 도구인 뮤지아 원(Musia One) 등을 활용해서 멜로디를 창작(3단계)할 예정입니다.

이렇게 준비된 재료를 가지고 직접 노래를 부를 거예요. 이 책을 쓰고 있는 저와 읽고 있는 여러분 모두 일반인이어서 노래 제작 환경은 열악하지만, PC나 휴대폰과 같은 기본적인 도구를 활용해서 녹음할 예정입니다. 녹음은 국내 영상 편집 앱인 VLLO(블로)를 활용해서 진행할 것입니다. 그리고 'VLLO' 앱 서비스는 동영상도 편집할 수 있으므로 영상까지 추가해 보려고 해요. 이렇게 영상이 포함된 녹음 작업이 완료되면 완성 파일을 국내 AI 마스터링 솔루션 기업인 사운드플랫폼의 '뮤닛((Munute)' 서비스에 업로드해서 자동 마스터링을 진행(7단계)할 것입니다.

아마추어 수준에서 AI를 활용해 마스터링까지 한다면 퀄리티는 엄청나게 높아지겠죠? 하지만 음원만 가지고 있으면 지인들에게 자랑하거나 소개하기에는 약간 아쉬운 부분이 있습니다. 왜냐하면 우리의 음원을 기존 스트리밍 서비스 등에 올리는 것은 무리니까요. 그래서 결과물을 각자의 유튜브에 업로드하는 과정까지 진행해 보겠습니다. 순서대로 따라오면 여러분도 어느새 유튜버가 되어 있을 겁니다.

지금까지 소개한 절차를 간략히 정리하면 다음과 같습니다.

자, 이렇게 여러분에게 AI로 노래를 만드는 과정을 소개했습니다. 아마 여러분의 머릿속에는 좋아하는 가수들이 멋지게 노래하는 것처럼 나만의 창작곡을 신나게 부르는 모습을 상상하고 있을지도 모르겠습니다. 하지만 우리가 제작할 결과물이 상상과는 다르게 퀄리티가 뛰어나지 않다는 것을 꼭 기억하세요. 기획이나 작사 단계에서는 예상보다 좋은 가사가 창작될 수도 있고 우리가 다듬어서 매우 서정적이고 감성적인 재료를 만들 수도 있습니다. 그러나 현재 AI 작곡 도구들을 이용해서 생성하는 멜로디의 퀄리티는 좋지 않습니다. 또한 학습에 한계가 있기도 하고 유사하거나 단조로운 패턴도 많이 발생하므로 사전에 이런 부분에 대해 충분히 이해하고 있어야 합니다.

우리의 목적은 지금 당장 가수가 되는 것이 아니라 다양한 AI 도구들을 미리 사용해 보고 적응한 후 향후 더 발전된 AI 도구들이 쏟아져 나올 때 빠르게 적응하고 이해하기 위함이라는 것을 꼭 기억하세요. 자, 그러면 본격적으로 노래 한 곡을 만들어 볼까요?

노래 만드는 과정을 알고 싶어요!

노래 제작 프로세스를 요약하면 다음과 같습니다.

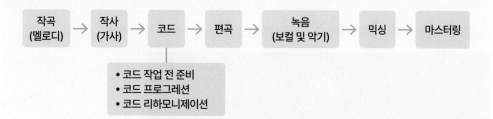

① **1단계. 작곡(멜로디)**: 일상에서 떠오르는 음악적 영감인 '음상'을 기록하는 과정으로, 직접 녹음하거나 디지털 기기를 사용해 음표로 변환합니다.

② **2단계. 작사(가사)**: 멜로디에 어울리는 가사를 만드는 과정으로, 작곡과 작사의 순서를 바꿀 수 있습니다.

③ **3단계. 코드**: 코드 작업 전에 준비할 것
  - **박자**: 기준 음표의 마디 안에 몇 박자를 넣을 것인가?
  - **키**: 12개의 키 중 어떤 것을 사용할 것인가?
  - **BPM**: 곡의 속도를 의미하며 어느 정도의 빠르기로 진행할 것인가?
    - 예 **발라드**: 60~75BPM, **힙합**: 90~100BPM, **댄스**: 120~135BPM
  - **길이**: 노래 한 곡의 길이를 얼마로 할 것인가?
  - **코드 프로그레션(code progression)**: 멜로디에 코드를 붙여나가는 과정
  - **코드 리하모니제이션(code reharmonization)**: 다양한 코드를 추가해 곡을 풍부하게 만드는 과정

④ **4단계. 편곡**: 멜로디와 코드가 확정된 이후 연주할 악기 등을 결정하는 과정입니다.

⑤ **5단계. 녹음**
  - **보컬 녹음**: 가이드 보컬 녹음을 통해 분위기를 상기시키고 가수 선정 후 메인 보컬과 코러스 보컬 녹음
  - **악기 녹음**: 편곡에 따라 악기 연주자들이 녹음

⑥ **6단계. 믹싱(mixing)**: 음원 전체적으로 볼륨 밸런스를 디테일하게 조정하는 과정입니다.

⑦ **7단계. 마스터링(mastering)**: 최종 완성된 음원을 목적에 맞게 더 풍부하고 세련되게 조율하는 과정으로, 보컬이 묻히지 않으면서도 멜로디가 조화롭게 들리도록 조정하는 최종 과정입니다.

평소에는 음악가가 창의적이고 자유로운 직업이라고 생각했어요. 그런데 노래 한 곡을 만드는 과정을 살펴보니 기획 단계부터 작곡 및 작사한 1차 결과물을 굉장히 디테일한 단계를 거쳐서 최종 완성물로 만들어 나가는 것을 알 수 있었습니다. 한편으로는 동화책을 만드는 제작 과정과 본질적으로 같다는 것도 알 수 있었어요. 우리는 음악가가 아니므로 앞의 내용을 모두 기억할 필요는 없습니다. 하지만 하나의 콘텐츠가 어떤 프로세스를 통해 만들어지는지 참고하면 아마추어지만 음악을 만들 때 도움이 될 것입니다.

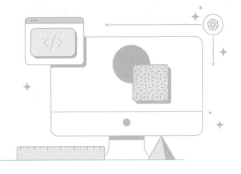

[노래 제작 1단계]
영감과 아이디어 수집하기

여러분은 길을 걷거나 어떤 상황에서 갑자기 노랫말이나 시적인 말이 떠오른 적 있나요?

▲ 미드저니에서 AI가 생성한 이별하는 순간의 감성적인 야경 이미지

저는 이별의 순간이나 깊이 좌절하던 순간처럼 슬픈 감정이 들 때, 그리고 어딘가를 혼자 터벅터벅 걷다가 아름답거나 놀라운 풍경을 만났을 때 수많은 감상이 떠오릅니다. 그 순간에는 저도 처음 들어본 노랫말이 머릿속에서 윙윙거리거나 마치 시인처럼 멋진 대사나 가사가 떠오르기도 합니다. 또한 이렇게 떠오르는 것을 재빨리 휴대폰에 음성 녹음을 할 때도 있었어요. 아마 여러분도 비슷한 경험을 해 보았을 겁니다.

자, 그렇다면 실제 아티스트들은 어떤 방식으로 영감을 얻을까요?

1970년대 후반 최고의 싱어송 라이터이자 작곡가인 빌리 조엘(Billy Joel)이나 독일의 음악가인 바그너(Richard Wagner)는 꿈에서 클래식 합주곡이나 멜로디를 듣고 깨자마자 그것을 바로 악보에 적어 명곡을 만들었다고 합니다. 가수 윤종신은 스파이크 존스(Spike Jonze) 감독의 영화 〈그녀(Her)〉를 보고 나서 '만약 연애에 대해 조언해 주는 AI가 있다면 우리의 삶은 어떻게 달라질까?'라고 즐겁게 상상하면서 〈인공지능〉이라는 곡을 창작하기도 했습니다. 심지어 일상의 아이템을 직관적으로 가져온 〈팥빙수〉라는 여름 필수 곡도 있죠. 그리고 국내 가요계의 명곡 중 하나로 손꼽히는 더 클래식의 〈마법의 성〉은 멤버 김광진이 〈페르시아의 왕자〉라는 게임 2편을 하다가 영감을 받아서 만든 곡이라고 합니다. 그래서 악당을 물리치고 공주와 재회하는 이 게임의 스토리가 제목과 가사에 잘 녹아있습니다.

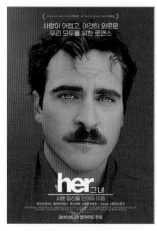

▲ 스파이크 존스 감독의 영화 〈그녀(Her)〉 ▲ 〈페르시아의 왕자〉 게임

이처럼 꿈과 영화, 일상, 게임 등 다양한 경험이나 상상 속에서 우리는 영감과 아이디어를 수집할 수 있습니다. 따라서 이 부분은 ChatGPT를 활용해도 되고 그냥 여러분이 만들고 싶은 노래의 방향을 정해도 됩니다. 하지만 지금 나는 아무 생각이 없다면? 어디서 영감을 얻어야 할지 모르겠다면? 어떻게 해야 할까요? 이럴 때는 ChatGPT에게 물어보면 됩니다!

Q 노래를 만들고 싶은데 영감과 아이디어는 어떻게 수집할 수 있을까?

노래를 만들 때 영감과 아이디어를 얻는 방법은 다양하고 사람마다 다를 수 있습니다. 그래서 몇 가지 방법을 제안합니다.

1. 자연에서 영감 얻기
- 자연을 산책하면서 주위 환경, 소리, 색깔, 기분 등을 느껴보세요.
- 특정 자연 현상이나 계절의 변화에서 영감을 얻을 수 있습니다.

2. 개인 경험 되돌아보기
- 과거의 기억이나 중요했던 사건을 회상해 보세요.
- 감정적으로 강렬했던 경험에서 깊은 감정이나 메시지를 찾을 수 있습니다.

3. 책, 영화, 미술 작품 탐색하기
- 다른 예술가들의 작품을 감상하면서 스토리나 이미지에서 영감을 얻으세요.
- 특히 시나 문학 작품에서는 언어의 리듬과 비유를 찾아 노래 가사에 적용할 수 있습니다.

4. 사회적 이슈나 뉴스 기사 활용하기
- 현재 일어나고 있는 사회적 이슈나 뉴스를 통해 시대의 목소리를 담은 노래를 만들어 보세요.
- 이런 주제는 사람들의 공감을 얻기 쉽고 메시지가 강렬한 노래를 만들어 낼 수 있습니다.

5. 음악 듣고 분석하기

- 좋아하는 아티스트의 노래를 듣거나 다양한 장르의 음악을 탐색해 보세요.
- 다른 음악에서 리듬, 멜로디, 조화를 분석하고 그 요소들을 자신만의 방식으로 재해석할 수 있습니다.

6. 감정 기록하기

- 일기를 쓰거나 감정 일기를 작성하여 자신의 생각과 감정을 정리해 보세요.
- 자신이 느끼는 감정을 솔직하게 표현하는 것은 강렬한 가사를 쓰는 데 도움이 될 수 있습니다.

7. 인터넷 활용하기

- 다른 사람들이 어떤 주제에 대해 어떻게 느끼고 있는지를 보고 그것들을 자신의 창작에 반영해 보세요.
- 온라인 포럼, 소셜 미디어, 블로그 등에서 사람들이 공유하는 이야기나 문구에서 영감을 얻을 수 있습니다.

8. 감정을 음악으로 표현해 보기

- 감정이 북받칠 때 바로 악기를 연주하거나 멜로디를 흥얼거려 보세요.
- 순간적인 감정을 즉흥적으로 음악으로 변환하면 독특한 작품을 만들어 낼 수 있습니다.

영감과 아이디어 수집은 창의적인 프로세스로, 때로는 우연히 일어나기도 합니다. 따라서 오픈 마인드를 가지고 다양한 경험과 자극에 주의를 기울이는 것이 중요합니다. 이런 모든 경험과 감정은 노래를 만드는 데 중요한 재료가 될 수 있어요.

잘 정리된 ChatGPT의 답변을 보고 저는 '감정을 음악으로 표현'해 보기로 결정했습니다. 여러분도 어떤 느낌의 노래를 만들고 싶은지 정했다면 이제 가사를 창작하는 작사 단계로 넘어가 보겠습니다.

[노래 제작 2단계]
가사 만들기 – 작사

저는 개인적으로 슬픈 노래를 좋아합니다. 어떤 사람들은 슬픈 노래를 들으면 우울해진다고 합니다. 하지만 저는 오히려 슬픈 노래를 들으면 감정이 바닥을 치면서 차분해지고 다른 생각이 지워져서 다시 무언가에 도전하거나 객관적으로 상황을 볼 수 있게 됩니다. 그래서 이번에는 다음과 같이 연인과 이별하는 상황을 떠올리면서 가사를 만들어 보겠습니다.

> **연인과 이별하는 상황**
> - 애절하지만 심플한(?) 가사
> - 은유법 적용
> - 에드 시런(Ed Sheeran), 찰리 푸스(Charlie Puth) 스타일로 요청

이렇게 제가 만들고 싶은 가사를 주문했어요. 아마 인공지능이 아니라 사람 작사가에게 이렇게 추상적으로 작사를 요청하면 등짝 스매싱을 맞거나 다시는 제 의뢰를 받지 않을 수도 있겠죠? 하지만 ChatGPT는 질문이 엉뚱하거나 부족해도 어떻게든지 대답해 주는 친구라서 걱정할 필요가 없습니다. 저는 이 내용을 좀 더 다듬어서 ChatGPT에게 다음과 같이 질문해 보았어요.

> **Q** 다음과 같이 가사를 하나 창작해 줘.
> 1. 연인과 이별하는 상황이야.
> 2. 가사 내용은 애절한 감정이 담기게 작성해 줘.
> 3. 가사의 일부에는 은유법을 사용해 줘.
> 4. 가사에는 부분적으로 라임(ryhme)을 맞춰줘.
> 5. 가사 스타일은 에드 시런(Ed Sheeran) 느낌으로 만들어줘.
> 6. 기존 가수들의 가사와 겹치지 않게 해 줘.
> 7. 저작권에 문제가 없도록 작성해 줘.
>
> 너의 눈빛 속 먼저 가을이 왔어.
> 이별의 싸늘한 바람이 내 맘을 감쌌어.
> 우리 사랑이 짙었던 여름은 지나고
> 낙엽처럼 넌 내게서 조용히 떨어져.

그림자처럼 네가 나를 따라와.
밤하늘의 별처럼 닿을 수 없어 아파와.
말없이 서성이는 내 방 한 켠에서
너의 이름만이 내 입술에 맴돌아.

조각난 추억은 창가에 맺힌 빗방울
하나 둘 투명하게 내 마음에 떨어져.
손을 뻗으면 닿을 것만 같았던
우리의 꿈들이 멀어져만 가네.

너란 빛을 잃은 나는 그림자로 살아가
시간이 흘러도 널 그리워하네.
가슴 깊은 곳 울리는 너의 목소리
마음을 파고드는 쓸쓸한 멜로디.

바람에 날린 사랑의 재가 되어
널 붙잡을 수 없음을 애써 외면해.
너와 나, 이제 서로의 흔적을 지우고
마지막 작별 인사조차 속삭여야 해.

사랑했다는 그 말이 마음속에 걸려
이별 앞에 선 나, 차마 널 놓지 못해.
하늘이 내린 이별의 저주를 받은 듯
매일 너를 잊으려 눈을 감아보네.

우리 사랑이 추억 속에 묻히면
가끔은 네가 그리울까 두렵네.
그래도 너 없이, 난 새로운 내일을
한 걸음 또 한 걸음 걸어가려 해.

다시 사랑의 봄이 내게 올지 몰라도
너 없는 계절엔 늘 찬란하지 않을 거야.
이별의 아픔을 안고 새로운 날을 맞이해.
너를 잊는 일은 영원히 쉽지 않을 테지만

너를 사랑했던 그 날들을
가슴 아픈 노래로 불러볼게.
잊혀지지 않는 애절한 멜로디로
네게로 보내는 마지막 인사가 될게.

슬쩍 가사를 보았더니 나름대로 서정적인 가사가 나왔습니다. 하지만 일반 노래 가사와는 다르게 반복되는 하이라이트 부분이 없고 가사의 기본 구성인 '인트로(intro)' → '벌스(verse)' → '코러스(chorus)' → '브리지(bridge)' → '아웃트로(outro)' 등의 구분이 없어서 아쉽네요. 그래서 ChatGPT에게 다시 질문을 했습니다.

> **Q** 앞의 가사에 '인트로', '벌스', '코러스', '브리지', '아웃트로' 같은 곡 구성 요소를 적용해 줘. 그리고 가사도 다른 내용으로 새롭게 창작해 줘.
>
> 네, 요청에 따라 노래 가사를 새롭게 창작하고 '인트로', '벌스', '코러스', '브리지', '아웃트로'로 나누어 구성해 보겠습니다.
>
> *인트로*
> 가을바람이 내 맘을 스치면
> 네가 불어온 추억이 밀려와
> 햇살 아래 우리의 그림자는
> 이제 서로 멀어지는 걸까?
>
> *벌스 1*
> 긴 한숨 사이로 차가운 공기가
> 내 입술을 스치고
> 잊을 수 없는 너의 온기가
> 빈 자리를 채우고
>
> 창문 밖엔 비가 내리고
> 길 위에는 우리의 발자국 지워지듯
> 너란 계절이 가고 있어.
> 그렇게 넌 내게서 멀어지고 있어.
>
> *코러스*
> 너는 마치 장미꽃잎 같아.
> 아름답지만 결국엔 지고 마는 걸.
> 우리의 시간도 저물고
> 이젠 네가 없는 삶을 살아야 해.
> 매일매일 너를 그리워해.
> 네가 뿌려놓은 사랑의 꽃잎들 위에서
>
> *벌스 2*
> 반짝이던 별빛도 시들고
> 너의 빈 자리를 채우려 해 봐도

달콤했던 기억들만 쓰라려
내 마음 깊은 곳에 네가 남아.

어딘가에서 네 웃음소리 들린 것 같아.
돌아서면 항상 너의 흔적만
그리움이란 그림자 속에 숨어서
너를 찾아 헤매이는 나

코러스
너는 마치 장미꽃잎 같아.
아름답지만 결국엔 지고 마는 걸.
우리의 시간도 저물고
이젠 네가 없는 삶을 살아야 해.
매일매일 너를 그리워해.
네가 뿌려놓은 사랑의 꽃잎들 위에서

브리지
지나간 계절 속에 묻힌
너와 나의 노래가 들려와.
가사 없는 멜로디처럼
마음만 울리는 이별의 노래

코러스
너는 마치 장미꽃잎 같아.
아름답지만 결국엔 지고 마는 걸.
이별 뒤에 핀 외로움 속에서
너의 그림자와 춤을 춰.

아웃트로
그리움 속에 잠긴 채
너의 이름을 불러보네.
잊혀지지 않는 너의 기억을
가슴에 묻고 새로운 날을 맞이해.
너를 사랑했던 그 시간들을
별빛처럼 내게 남겨줘.

처음 출력한 내용보다 훨씬 노래 가사처럼 자연스럽게 바뀌었어요. 특히 이전에는 모든 문단이 다른 글로 채워졌는데, 이번에는 코러스에서 같은 가사가 입력된 것을 확인할 수 있습니다. 하지만 저는 개인적으로 이번 내용이 조금 아쉬운 것 같아서 다시 작사를 요청해 보겠습니다.

이번에는 ChatGPT에게 '우주'라는 소재를 넣어서 창작을 부탁했어요.

Q '우주'를 콘셉트로 해서 다시 노래 가사를 창작해 줘. 이 노래는 좀 더 세련된 느낌의 발라드로 만들어 주면 좋겠어. 간결하고 노래 부르기 쉽게 만들어줘.

 인트로
별이 쏟아지는 밤
너와 나, 우주 속 작은 두 별

벌스 1
너는 나의 달, 나는 너의 별
우리 사이 빛나는 은하수
조용히 속삭이던 사랑의 말
이젠 멀리 희미해져 가.

코러스
별똥별처럼 넌 스쳐 지나
내 우주는 네 빛을 잃어
사라진 네 흔적 찾아 헤매
밤하늘에 너를 묻어두네.

벌스 2
손 뻗으면 닿을 것만 같던
너와 나의 꿈, 까마득해
네가 그린 별자리는 이제
내 하늘에서 멀어져 가.

코러스
별똥별처럼 넌 스쳐 지나
내 우주는 네 빛을 잃어
사라진 네 흔적 찾아 헤매
밤하늘에 너를 묻어두네.

아웃트로
별들 사이로 네 목소리
나를 위로하는 새벽녘에
네가 남긴 빛은 여기 있어.
영원히 내 가슴 속에

아까보다는 제 스타일로 바뀐 것 같습니다. 이번에는 ChatGPT에게 코드 추천도 부탁했습니다.

Q 앞에서 작성한 가사에 어울리는 코드도 작성해 줘.

노래를 작곡할 때 코드 진행은 노래의 분위기와 장르에 따라 달라질 수 있습니다. 제시된 가사가 발라드이면서 세련된 느낌을 위해 감정적인 깊이와 섬세함을 전달할 수 있는 기본적인 코드 진행을 제안해 드리겠습니다. 가사의 각 부분에 대한 간단한 코드를 다음과 같이 진행할 수 있습니다.

인트로
```

C | G | Am | Em
F | C | G | G
```

벌스
```

C | G | Am | Em
F | C | G | G
C | G | Am | Em
F | C | G | G
```

코러스
```

Am | Em | F | C
G | Am | Em | F | G
Am | Em | F | C
G | C | G | G
```

아웃트로
```

C | G | Am | Em
F | C | G | C
```

이 코드는 기본적인 C 주조에서 시작하여 각 섹션의 마지막에 반복되는 G 코드로 인해 노래에 일관성을 부여하면서 진행되었습니다. 특히 '코러스' 부분에서는 감정의 전환을 위해 마이너 코드(Am, Em)를 사용해 보았습니다. 물론 실제 곡을 작곡할 때는 여러분의 개인적인 취향이나 노래의 분위기, 멜로디 라인에 맞추어 코드를 변경할 수 있습니다.

코드까지 정리해 주다니! 정말 신기하죠? 이제 우리가 나중에 작곡할 것을 생각해서 ChatGPT에게 주요 정보도 요청해 보겠습니다.

 Q 가사의 템포와 메인 키, 그리고 장르는 무엇으로 설정하면 좋을까?

가사에 대한 노래는 다음과 같이 설정할 수 있습니다.

1. 템포(Tempo)
- 이 가사는 부드럽고 몽환적인 분위기를 지닌 발라드 스타일에 어울리므로 비교적 느린 템포가 적합할 것 같습니다. BPM(Beats Per Minute)으로는 약 60~75 범위가 좋습니다.
- 이 템포는 곡이 가진 서정적이고 감성적인 느낌을 강조하는 데 도움이 될 것입니다.

2. 메인 키(Key)
- 가사의 감성적이고 약간의 쓸쓸함을 반영하기 위해 마이너 키를 선택하는 것이 좋습니다. 예를 들어 Am(A 마이너) 또는 Em(E 마이너)가 이러한 감정을 표현하는 데 적합할 수 있습니다.
- 마이너 키는 곡에 애절하고 깊은 감성을 더하는 데 효과적입니다.

3. 장르(Genre)
- 이 가사와 멜로디는 서정적인 팝 발라드(pop ballad)에 잘 어울립니다. 팝 발라드는 감성적인 가사와 멜로디가 특징이며 부드럽고 풍부하게 악기를 구성할 수 있습니다.
- 가사의 우주와 별에 대한 내용을 고려하여 약간의 드림 팝(dream pop)이나 앰비언트(ambient) 스타일을 추가할 수도 있습니다. 이러한 스타일은 곡에 몽환적이고 공간감 있는 느낌을 줄 수 있습니다.

이렇게 설정하면 가사의 느낌과 분위기를 잘 살리면서 듣는 사람에게 감성적인 경험을 제공하는 데 도움이 될 것입니다. 실제 작곡 과정에서는 작곡가의 창의성과 취향에 따라 자유롭게 조정할 수 있습니다.

마지막으로 이 가사에 제목을 붙여볼까요?

Q 노래 제목 열 개를 추천해 줘. 서정적이면서도 간결한 느낌이면 좋겠어. 관객들이 잘 기억할 수 있는 노래 제목으로 부탁해.

물론입니다. 서정적이면서도 간결한 느낌을 가진 노래 제목을 다음과 같이 제안해 드립니다.

1. <별빛 속삭임>
2. <별이 된 밤>
3. <우주적 사랑>

4. <별의 노래>

5. <별똥별의 약속>

6. <밤하늘의 속삭임>

7. <은하수 사랑>

8. <별이 쏟아진 밤>

9. <별빛의 꿈>

10. <쏟아지는 별들>

이러한 제목은 노래의 서정적인 분위기를 반영하면서도 관객들이 쉽게 기억하고 떠올릴 수 있도록 설계되었습니다.

음… 나쁘지는 않은데, 제가 조건을 너무 많이 넣어서 ChatGPT가 짧은 제목만 준 것 같네요. ChatGPT에게 한 번 더 제목을 주문해 보겠습니다.

Q 또 다른 노래 제목 열 개를 추천해 줘. 이번에는 별도 조건이 없어.

네, 별도 조건 없이 다양한 스타일과 분위기를 고려해서 노래 제목을 추천해 드리겠습니다.

1. <숨겨진 시간 속으로>

2. <가슴 속의 멜로디>

3. <희미한 기억의 그림자>

4. <잊혀진 꿈의 길>

5. <무지개 너머>

6. <그리움의 색깔>

7. <시간의 바람에>

8. <안개 속의 소리>

9. <가을날의 속삭임>

10. <잠들지 않는 도시>

어떤가요? 이런 방식으로 여러분이 원하는 가사를 만들 수도 있고 어울리는 코드를 추천받을 수도 있습니다. 그리고 노래에 대한 정보와 제목까지 선정할 수 있죠. 아마 처음부터 여러분의 입맛에 맞는 좋은 답변이 나오지 않을 수도 있습니다. 그때마다 좀 더 원하는 것들을 디테일하게 설명하면서 질문해 답을 찾아가면 됩니다.

ChatGPT를 활용하면서 가장 어려워하거나 시도하기를 꺼리는 이유는 '내가 질문을 제대로 했나?'라는 의문 때문입니다. 하지만 사람이 말을 할 때도 어눌하거나 앞뒤가 맞지 않는 질문을 할 수 있어요. 그러니 ChatGPT에게 질문할 때도 너무 두려워하지 말고 여러분이 원하는 것을 계속 묻고 대답을 받으면서 개선하는 방식으로 대화를 진행하다 보면 원하는 창작물을 얻을 수 있을 것입니다.

음악을 전공했다면 ChatGPT가 추천한 코드가 제대로 된 것인지, 그냥 마구잡이로 생성한 것인지 구분할 수 있겠지만, 일반인은 검증할 방법이 없다는 한계가 있어요. 하지만 국내 작곡 AI 서비스 중에 간단하게 키를 입력하는 방식으로 음악을 만드는 플랫폼을 활용하면 이러한 문제를 어느 정도 해결할 수 있습니다. 139쪽에서는 이런 툴을 소개하면서 ChatGPT가 추천한 음악 코드를 어느 정도 보완해 보겠습니다.

잠 깐 만 요

기존 코드를 활용해서 가사를 만들고 싶어요!

앞에서 우리는 가사를 먼저 만들고 여기에 어울리는 코드를 작성해 달라고 ChatGPT에게 요청했습니다. 그런데 우리가 좋아하는 기성 음악의 노래 코드를 가져와서 그것에 맞는 가사를 출력해 달라고 요청할 수 있을까요? 당연히 가능합니다! 예를 들어 잔나비의 노래 〈주저하는 연인들을 위해〉의 우쿨렐레 코드 일부를 가져오면 다음과 같습니다.

	C	Em7	F	Fm	C
나	는 읽기 쉬운	마음이야 당신	도 스윽	훑고 가셔	요
	Fm	Em7	A7	Dm	G7
	달랠 길 없는 외로	운 마음 있	지 머물다	가셔요	음
	C	Em7	F	Fm	C
내	게 긴 여운을 남	겨줘요 사랑	을 사	랑을 해 줘	요

ChatGPT에게 앞의 우쿨렐레 코드 중 C-Em7-F-Fm-C 코드를 활용해서 어울리는 노래 가사를 작곡해 달라고 요청해 보겠습니다.

Q C-Em7-F-Fm-C 코드를 활용해서 어울리는 노래 가사를 작곡해 줘.

C-Em7-F-Fm-C 코드 진행은 곡의 분위기가 부드럽고 감성적인 전환을 주는 데 적합합니다. 다음은 해당 코드를 진행할 때 어울리는 가사입니다.

```
```

C   Em7
하얀 페이지 위에 너를 그려
F   Fm
그림자 없는 새벽별처럼
C   Em7
네가 내린 빛은 차갑게
F   Fm   C
내 마음 위로 살포시 내려와

벌스 1
C   Em7
너와 걷던 그 거리 위에
F   Fm
은은한 기억들이 스며들고
C   Em7
우리의 얘기는 조용히
F   Fm   C
밤바람에게 속삭여지네.

브리지
C   Em7
서로의 시간 속에 잠긴
F   Fm
수많은 별들처럼
C   Em7
네가 있던 자리마다
F   Fm   C
너의 온기가 남아있어.

코러스
C   Em7
하얀 페이지 위에 너를 그려
F   Fm
그림자 없는 새벽별처럼

C   Em7
네가 내린 빛은 차갑게
F   Fm   C
내 마음 위로 살포시 내려와

아웃트로
C   Em7
마지막 장을 넘기면서
F   Fm
너의 이름을 속삭이네.
C
그리움이 담긴 노래로
```

이 가사는 주어진 코드의 조화로운 전환을 반영하여 감성적이고 회상적인 느낌을 자아내며 노래를 부를 때 서정적인 분위기를 조성할 수 있습니다.

이처럼 코드를 제시해 주니까 해당 코드의 느낌을 분석하고 적절한 분위기가 담긴 가사를 창작해 주기도 합니다. 우리가 본문에서 작성한 내용보다 오히려 코드를 제시한 경우가 작사 퀄리티가 더 좋네요. 여러분도 각자의 스타일과 취향에 맞춰서 작업해 보세요.

**잠깐만요**

## 대중음악에서 곡의 구성 요소를 알고 싶어요!

곡의 구성 요소는 크게 음악의 3요소인 '리듬', '선율', '화성'과 '곡의 형식'에 따라 나눌 수 있습니다.

### 1. 음악의 3요소
① **리듬**: 음악의 시간적 요소로, 음의 길이, 박자, 강약, 템포 등을 포함합니다.
② **선율**: 리듬을 가진 높고 낮은 음이 시간에 따라 움직이는 것을 의미합니다.
③ **화성**: 두 개 이상의 음의 조화를 의미합니다.

### 2. 곡의 형식
곡의 형식은 곡의 구성 요소들이 어떻게 배열되어 있는지를 의미합니다. 가장 일반적인 곡의 형식은 AABA 형식입니다.
① **인트로(intro)**: 곡의 도입부로, 곡의 분위기를 조성하는 역할을 합니다.
② **벌스(verse)**: 곡의 주제를 전달하는 부분으로, 보통 2~4절로 이루어집니다.
③ **코러스(chorus)**: 곡의 핵심 부분으로, 곡의 제목이나 주요 가사가 반복되는 부분입니다.
④ **브리지(bridge)**: 곡의 분위기를 전환하거나 곡의 흐름을 이어주는 역할을 합니다.
```

이외에도 다양한 곡의 형식이 있습니다. 예를 들어 발라드 형식은 벌스와 코러스로만 이루어졌고 서커스 형식은 인트로, 벌스, 코러스, 인터루드(간주곡), 코러스, 브리지, 코러스로 이루어져 있습니다.

3. 곡의 구성 요소

① 인트로(intro)

인트로는 곡의 도입부로, 곡의 분위기를 조성하는 역할을 합니다. 인트로에는 곡의 주제와 분위기를 나타내는 선율이나 화성을 사용하고 곡의 제목이나 주요 가사를 사용하기도 합니다.

📖 싸이의 노래 〈강남스타일〉의 인트로는 한국적인 느낌의 선율과 화성을 사용하여 곡의 분위기를 조성합니다.

② 벌스(verse)

벌스는 곡의 주제를 전달하는 부분으로, 보통 2~4절로 이루어집니다. 벌스에서는 곡의 주요 가사를 전달하고 곡의 분위기를 이어주는 역할을 합니다.

📖 아이유의 노래 〈좋은 날〉의 벌스에서는 사랑하는 사람을 그리워하는 마음을 담은 가사를 전달합니다.

③ 코러스(chorus)

코러스는 곡의 핵심 부분으로, 곡의 제목이나 주요 가사가 반복되면서 곡의 주제를 강조하고 곡의 흐름을 이어주는 역할을 합니다.

📖 싸이의 노래 〈강남스타일〉의 코러스에서는 '강남 스타일'이라는 가사가 반복되어 곡의 제목을 강조합니다.

④ 브리지(bridge)

브리지는 곡의 분위기를 전환하거나 곡의 흐름을 이어주는 역할을 합니다. 브리지에서는 곡의 주제와는 다른 새로운 분위기나 주제를 제시하기도 합니다.

📖 아이유의 노래 〈좋은 날〉의 브리지에서는 사랑하는 사람을 그리워하는 마음을 담은 가사를 더욱 절절하게 표현했습니다.

곡의 형식에 따라 곡의 구성 요소를 더욱 다양하게 배열할 수 있습니다. 따라서 곡의 구성 요소를 이해하면 곡의 구조와 분위기를 이해하는 데 도움이 됩니다.

4. 곡의 구성 요소의 조합

이러한 곡의 구성 요소들은 다양한 방법으로 조합할 수 있습니다. 예를 들어 다음과 같은 곡의 형식이 있습니다.

① AABA 구조

2개의 벌스와 1개의 후렴으로 이루어진 가장 기본적인 곡의 형식

② AAB 구조

2개의 벌스와 1개의 브리지로 이루어진 곡의 형식

③ ABAB 구조

2개의 벌스와 2개의 후렴으로 이루어진 곡의 형식

④ ABAC 구조

2개의 벌스, 1개의 브리지, 1개의 후렴으로 이루어진 곡의 형식

곡의 구성 요소는 곡의 분위기와 느낌을 결정하는 중요한 요소입니다. 그러므로 곡을 작곡할 때는 이러한 요소들을 잘 고려하여 곡의 형식을 결정하는 것이 중요합니다.

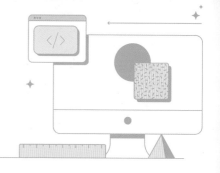

[노래 제작 3단계]
멜로디 만들기 – 작곡

여러분은 어떤 가사를 만들었나요? 아마 제가 생각하는 것보다 굉장히 아름답고 역동적인 가사를 많이 준비했을 겁니다. 만약 멜로디가 없어서 아직 가사가 만족스럽지 않아도 너무 걱정하지 마세요. 가사 만들기(작사)와 멜로디 만들기(작곡) 단계는 순서가 정해져 있지 않으므로 이번 내용을 살펴보고 작곡부터 진행한 후에 작사를 해도 괜찮습니다.

✦ 작곡 AI 도구 살펴보기

그렇다면 작곡 AI 도구는 어떤 것들이 있을까요?

	AI 도구	기능	URL
해외	AIVA	개인을 위한 AI 음악 보조 도구	www.aiva.ai
	Soundful	로열티 프리 배경 음악을 손쉽게 만드는 도구	soundful.com
	Soundraw	AI로 사용자가 원하는 비트를 만드는 도구	soundraw.io
	Google Magenta	오픈 소스를 기반으로 구축된 Ableton Live 플러그인	magenta.tensorflow.org
국내	Musia one	모두를 위한 쉽고 빠른 음악 스케치	musiaone.com/studio
	vio.dio	저작권 걱정 없는 AI 배경 음악 구독 서비스	www.viodio.io

이밖에도 수많은 작곡 AI 서비스(도구)가 있지만, 현재는 기업 가치가 있다고 판단되면 대형 기업에 인수되는 복잡한 상황입니다. 또한 아직 시장이 안정되지 않다 보니 우리가 생각하는 고퀄리티의 음악을 인공지능으로 온전히 작곡하는 경우는 드뭅니다. 대신 크리에이터들을 위한 배경 음악 수준의 AI 작곡을 지원하거나 기존 작곡 프로그램에 플러그인 형태로 붙이는 구조와, 국내 서비스 vio.dio처럼 완성물을 구독 형태로 판매하는 케이스로 구분되어 있습니다.

이번에는 제가 이전에 사용해 본 서비스 중에서 여러분이 가장 쉽게 사용할 수 있는 국내 기업 크리에이티브마인드의 작곡 AI 서비스인 '뮤지아 원(Musia One)'을 활용해서 멜로디를 구현해 보겠습니다.

✦ 뮤지아 원의 사용법 익히기

뮤지아 원(Musia One) 서비스는 별다른 설치 없이 크롬 웹 브라우저에서 바로 사용할 수 있습니다.

1 구글에서 'MUSIA'를 검색하고 'MUSIA'를 선택하세요.

2 뮤지아 원 홈페이지로 이동하면 [뮤지아원 시작하기] 버튼을 클릭합니다.

TIP ✦ 위쪽의 메뉴에서 [제품](또는 [PRODUCT])에 마우스 포인터를 올려놓으면 하위 메뉴인 [MUSIA ONE]과 [MUSIA PLUGIN]이 표시됩니다. 여기서 [MUSIA PLUGIN]을 선택하면 [다운받기]가 표시되는데, 이 메뉴는 에이블톤 라이브 (Ableton Live)와 같은 아티스트가 창작을 위해 사용하는 음악 도구에 플러그인을 붙이기 위해 뮤지아원 플러그인을 설치하는 것으로, 음악 초보자인 우리에게는 필요 없는 메뉴입니다.

3 뮤지아 원에 회원 가입을 하거나 구글 또는 페이스북 아이디를 통해 로그인하는데, 여기서는 구글 계정으로 로그인했어요.

4 뮤지아 원에서 처음 작업하므로 '베이직'을 선택합니다.

5 뮤지아 원의 기본 화면에 입장하면 굉장히 직관적인 구조로 설계되어 있습니다. 하지만 이 화면을 처음 본다면 '여기서 뭘 어떻게 하라는 말이지?' 이런 생각이 들 겁니다. 우선 화면의 오른쪽에 있는 ❚ 버튼을 클릭하세요.

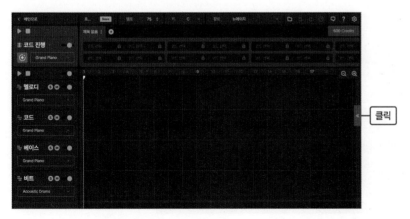

6 화면의 오른쪽에 [튜토리얼] 창이 열리면 '시작하기'를 클릭하세요.

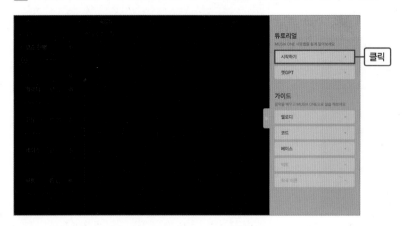

7 [시작하기] 창이 열리면 기본적인 사용 방법을 안내하는 'Step 1. 프로젝트 저장'을 클릭하세요.

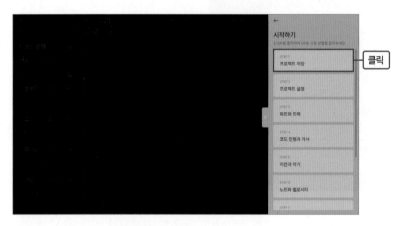

8 프로젝트 저장에 대해 한 단계씩 친절하게 소개해 주네요. [다음] 버튼을 클릭하면서 이렇게 튜토리얼을 참고하면 됩니다.

뮤지아 원 서비스는 완전 무료가 아닙니다. 대부분의 인공지능 서비스와 마찬가지로 초기에는 무료로 이용할 수 있는 약 500개의 크레딧을 제공하지만, 그 이상의 기능을 이용하려면 유료 결제해야 합니다. 바로 결제해서 유료 서비스를 이용하는 것보다 무료로 제공되는 크레딧을 활용해서 뮤지아 원을 충분히 이용해 본 후 실제 비즈니스나 창작에 도움이 된다고 판단했을 때 결제하는 것을 추천합니다. 또한 뮤지아 원뿐만 아니라 139쪽의 표에서 소개한 다양한 작곡 AI 서비스도 이용해 보세요. 신규 작곡 AI 서비스도 계속 출시되고 있으므로 서비스를 서로 비교해 보고 자기에서 도움이 되는 도구를 메인으로 이용하는 것을 권장합니다. 이제까지 우리가 이용할 서비스를 간단히 소개했으니 본격적으로 멜로디를 작곡해 보겠습니다.

✦ '별의 노래' 멜로디 만들기

127쪽의 '가사 만들기' 단계에서 만든 노래의 제목을 '별의 노래'로 지정하고 ChatGPT에게 받은 코드를 인트로부터 뮤지아 원에 입력해서 작곡해 보겠습니다.

1 뮤지아 원의 기본 화면에서 가장 먼저 프로젝트 이름과 파트 이름을 변경해 볼게요. 맨 위에 있는 '프로젝트 제목 없음'을 클릭하고 '별의 노래'로 수정합니다.

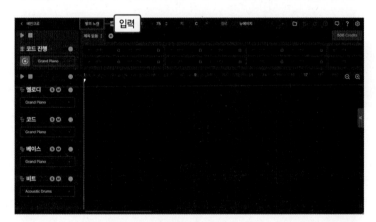

2 바로 아래에 있는 '제목 없음'을 '인트로'로 변경하고 [Save] 버튼을 클릭해서 저장합니다.

3 [저장한 프로젝트] 창이 열리면 [새 **프로젝트로 저장하기**] 버튼을 클릭하여 새 프로젝트로 저장합니다.

4 굉장히 쉽죠? 화면의 위쪽에는 '**템포**'와 '**키**', '**장르**' 정보가 있는데, 이것도 ChatGPT에게 물어보았더니 다음과 같이 정리할 수 있었어요.

1. 템포(tempo)

BPM(Beats Per Minute)으로는 약 60~75 범위가 좋습니다.

2. 메인 키(key)

Am(A 마이너) 또는 Em(E 마이너)가 이러한 감정을 표현하는 데 적합할 수 있습니다.

3. 장르(genre)

이 가사와 멜로디는 서정적인 팝 발라드(pop ballad)에 잘 어울립니다. 팝 발라드는 감성적인 가사와 멜로디가 특징이며 부드럽고 풍부한 악기로 구성할 수 있습니다.

5 ChatGPT의 답변을 참고해서 각 항목을 적절하게 지정합니다. 여기서는 다음과 같이 입력하고 [Save] 버튼을 클릭해서 저장했어요.

- **템포**: 75   • **키**: Am   • **장르**: 로파이

TIP ✦ 템포는 장르에 맞추어서 기본적으로 변합니다. 만약 코드를 미리 입력했으면 장르 등을 변경할 경우 초기화될 수 있다는 것을 참고하세요.

6 이번에는 우리가 준비한 인트로 부분의 코드를 넣어보겠습니다. '**코드 선택**'을 클릭하여 코드 목록을 열고 해당하는 코드를 하나씩 선택해서 입력합니다. 여기서는 아래의 '인트로' 부분에 나와 있는 'C' → 'G' → 'Am' → 'Em' → 'F' → 'C' → 'G' → 'G' 코드를 차례대로 하나씩 넣으세요.

인트로
```
C|G|Am|Em
F|C|G|G
```

7 코드를 모두 넣어야 다음 단계로 진행되므로 6 과정에서 입력한 인트로의 코드를 두 번 반복해서 추가하세요.

8 화면의 왼쪽에서 '코드 진행' 아래쪽에 있는 'Grand Piano'를 'Lo-Fi Melody 1'으로 수정합니다. 이렇게 수정하면 아래쪽에 있는 '멜로디'와 '코드', '베이스', '비트'도 자동으로 변하는데, 자동 수정되지 않으면 하나씩 클릭해서 수정해도 됩니다.

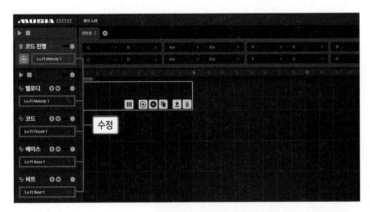

9 멜로디의 오른쪽 부분에 마우스 포인터를 올려놓고 영역이 활성화되면 '파트 지정' 버튼(Ⅲ)을 클릭한 후 [인트로]를 선택합니다. 그런 다음 '자동 생성' 버튼( )을 클릭하고 [모든 리전에 자동 생성 – 파트]를 선택하세요.

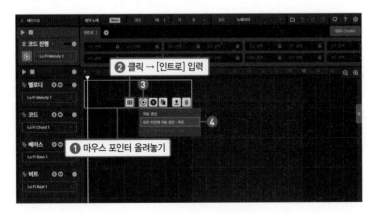

10 크레딧이 차감된다는 안내와 함께 해당 파트에 음악이 생성되고 있다는 메시지 창이 열리면 잠시 기다리세요.

11 인트로 파트의 각 부분에 내용이 추가되었으면 어떤 곡이 생성되었는지 '**트랙 재생**' 버튼(▶)을 클릭해서 들어보세요.

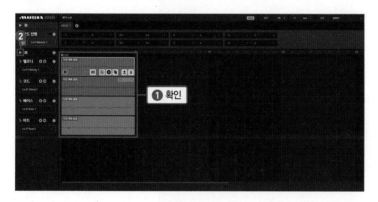

TIP ✦ 화면 왼쪽 맨 위에 있는 '코드 진행'의 '파트 재생' 버튼(▶)이 아니라 '멜로디' 위에 있는 '트랙 재생' 버튼(▶)을 클릭하세요.

저는 괜찮은 인트로가 나왔다고 생각하지만, 음악을 배우고 있거나 아티스트로 활동중이라면 많이 부족할 거예요. 뮤지아 원은 저와 같은 아마추어에게는 정말 신기하고 적합한 도구라는 생각이 듭니다. 우리는 인공지능 작곡 툴을 활용하는 것이 목적이므로 퀄리티를 높이는 것보다 전체적인 툴의 구성을 살펴보는 데 집중하는 것이 좋습니다.

1 이번에는 '**파트 추가**' 버튼(●)을 클릭하여 새로운 파트를 추가한 후 '**벌스**'로 이름을 바꿉니다. 그런 다음 '벌스' 작업을 하기 위해 미리 준비한 벌스 구간의 코드를 입력합니다.

```
*벌스*
```
C|G|Am|Em
F|C|G|G
C|G|Am|Em
F|C|G|G
```
```

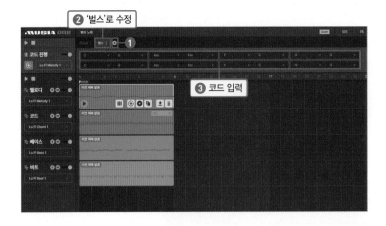

② '인트로'라고 적힌 섹션 옆에 '벌스'라고 새로운 섹션이 열리면 '파트 지정' 버튼(⦀)을 클릭하고 [벌스]를 선택합니다. 그러면 해당 구간에 벌스 코드가 멜로디로 생성되어 들어갑니다.

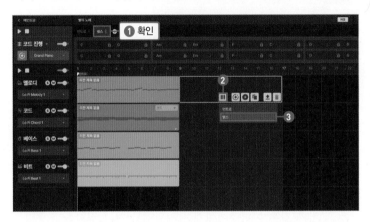

③ 이런 방식으로 멜로디를 배치하면서 남은 내용을 채워보세요.

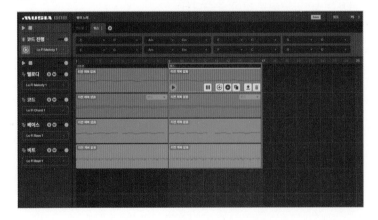

4 어떤가요? 굉장히 쉽죠? 이런 방식으로 남은 '코러스'와 '아웃트로' 부분도 채웁니다. 곡을 더 이쁘게 구성하는 것도 중요하지만, 우리 목적은 한 곡을 빠르게 만들어 보면서 인공지능 도구를 경험하는 것임을 꼭 기억하세요!

잠 | 깐 | 만 | 요

곡의 구성을 바꿀 수 있나요?

우리가 최초에 작사를 요청했던 곡은 '인트로' → '벌스 1' → '코러스 1' → '벌스 2' → '코러스 2' → '아웃트로'로 구성되어 있습니다. 그러므로 앞의 4 과정까지 완성한 상태에서 벌스와 코러스만 추가하면 됩니다.

1. 마우스로 '아웃트로'의 '멜로디' 등 각 영역을 클릭하고 오른쪽으로 이동하면 마디가 움직입니다. 그 사이에 다시 '파트 지정' 버튼(▥)을 클릭하고 [벌스]를 선택한 후 여기에 벌스 코드를 활용해서 자동으로 생성해 주면 됩니다.

2. 최종적으로 다음 화면과 같이 곡을 구성할 수 있어요.

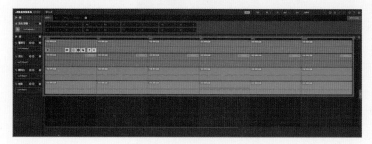

이제 1차적으로 '인트로' → '벌스' → '코러스' → '브리지' → '아웃트로' 구성을 완료했습니다. 우리는 코드 정도만 제공했고 인공지능이 이것을 작곡해 주었다고 할 수 있어요. 만약 ChatGPT 에게 코드를 묻지 않았어도 왼쪽 화면에서 '코드 진행'의 아래쪽에 있는 '자동 생성' 버튼(⟳) 을 클릭해서 작곡 AI인 뮤지아 원이 추천하는 코드를 사용할 수도 있습니다.

✦ '별의 노래' 멜로디 수정하기

이제까지 작업한 멜로디를 수정할 수 있습니다.

1️⃣ 화면의 왼쪽에 있는 '멜로디', '코드', '베이스', '비트'와 같이 네 가지 기본 도구는 악기의 종류를 바꿔서 멜로디를 다양하게 변환할 수 있고 화면의 오른쪽에 있는 각 영역별로 수정할 수 있습니다. 예를 들어 '인트로'의 맨 위에 있는 '멜로디' 영역(보라색 부분)을 더블클릭해 보세요.

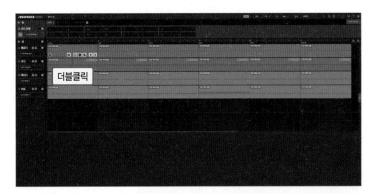

2️⃣ 상세하게 수정할 수 있는 '멜로디' 화면으로 변경되면 악기, 음계, 리듬의 밀도, 싱커페이션(syncopation), 음정 다이내믹 및 각 음정을 하나씩 수정할 수 있습니다. 수정이 끝나면 왼쪽 맨 위에 있는 '메인으로'를 클릭해서 이전 화면으로 이동할 수 있고 작업 중간중간에 [Save] 버튼을 클릭해서 수정한 내용을 저장하는 것이 좋습니다.

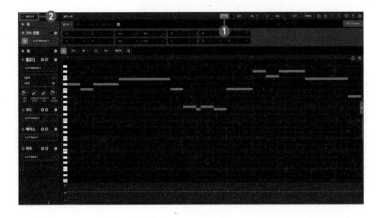

뮤지아 원 서비스는 음악을 잘 모르는 일반인용으로 설계되어 기초적인 내용을 제공하지만, 플러그인을 이용해서 좀 더 수준 높은 작업을 할 수 있을 것으로 보입니다. 사실 기초적인 내용이라고 해도 음악을 배우지 않은 대부분의 사용자는 다루기 어려운 부분이어서 실제 활용도는 낮을 것입니다. 따라서 전공자들은 다양한 케이스를 통해 영감을 얻고 일반인들은 초벌 곡을 만든다는 생각으로 뮤지아 원 서비스에 접근하는 것이 좋습니다.

✨ '별의 노래' 멜로디 다운로드하기

이제 모든 작업이 끝났으면 최종으로 음원 파일을 다운로드해서 저장해야 합니다.

1 화면의 오른쪽 위에 있는 '파일' 아이콘(🗋)을 클릭하고 [내보내기]를 선택합니다. 그러면 [MID 파일로 내보내기]와 [MP3 파일로 내보내기]를 선택할 수 있어요.

음악 파일을 저장할 때는 MIDI와 MP3 파일 형식 중에서 선택할 수 있습니다. 그러면 이들 파일 형식의 차이점은 무엇일까요? ChatGPT와 구글 검색을 통해 MIDI와 MP3 파일 형식의 차이점을 정리해 보았습니다.

	MIDI	MP3
기능	• 악기의 종류, 음표의 길이, 음높이, 강도 등과 같은 음악 지시 사항을 담고 있습니다. • 실제 오디오를 포함하지는 않고 지시 사항을 기반으로 소프트웨어나 전자 악기 소리를 생성합니다.	• 압축된 오디오 형식입니다. • 실제 녹음된 소리(음성, 악기 등)를 디지털 데이터로 변환하고 압축해서 저장할 수 있습니다.
파일 크기	• 파일 크기가 매우 작습니다. • 오디오 데이터 대신 단순한 텍스트 기반 명령어로 구성되어 있습니다.	• 오디오 데이터를 포함하므로 MIDI 파일보다 파일 크기가 큽니다. • 원본 오디오 데이터를 압축해서 상대적으로 파일 크기가 작습니다.
용도	• 쉽게 편집할 수 있습니다. • 음악 제작과 편곡에 유용합니다. • 음높이, 리듬, 악기 종류 등을 쉽게 변경할 수 있습니다.	• 편집이 제한적입니다. • 최종적인 오디오 형태로, 음악 감상이나 배포, 스트리밍 용도로 사용합니다.

	MIDI	MP3
호환성	• MIDI 호환 악기나 소프트웨어가 필요합니다. • 소프트웨어에 따라 소리 질이나 특성이 달라질 수 있습니다.	• 대부분의 디지털 장치와 플레이어에서 재생할 수 있습니다. • 어디서나 동일한 소리를 제공합니다.

사용자가 음악적 지식이 있고 데스크톱 환경에서 오디오 및 음악의 녹음, 편집, 재생하는 DAW (Digital Audio Workstation) 프로그램을 이용할 수 있다면 MIDI 파일 형태로 추출하면 됩니다.

TIP ✦ Ableton Live, FL Studio, Logic Pro, Cubase, Studio One 등이 대표적인 DAW 프로그램입니다. 그리고 Musia(뮤지아) 플러그인은 이런 DAW 프로그램과 대부분 호환됩니다. 지금까지 우리가 사용한 도구는 Musia One(뮤지아 원)으로, 플러그인이 아니라 웹에서 일반인을 대상으로 제공하는 서비스입니다.

2 반면 음악적 지식이 없고 현재 생성된 음원을 곧바로 음악 감상 등에 활용할 예정이라면 MP3 파일 형식으로 다운로드하세요. 여기서도 MP3 형식으로 다운로드하는데, 이 경우에도 크레딧이 차감되면서 화면의 오른쪽 아래에 변환 과정이 표시됩니다.

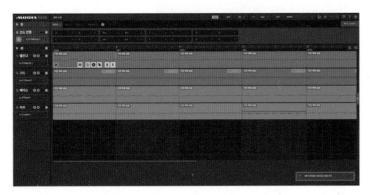

3 음원에 특별한 설정을 하지 않았다면 윈도우 기준으로 '**다운로드**' 폴더에 일련번호 형식으로 저장됩니다.

4 저는 음원의 이름을 '별의 노래(음원)'로 수정했어요.

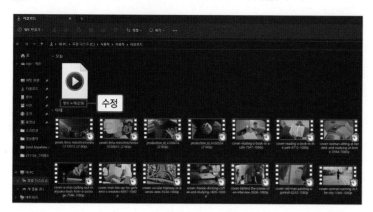

다운로드한 음원을 더블클릭하면 미디어 플레이어에서 재생할 수 있어요. 이 음원은 영상의 배경 음악으로 사용할 수도 있고 여러분의 목소리를 넣어서 녹음할 수도 있습니다.

[노래 제작 4단계]
창작 음원과 음성 녹음 조합하기

✦ 'VLLO(블로)' 앱의 사용법 익히기

이제 가사와 음원을 준비했으니 이것들을 합쳐볼게요. 그런데 어떻게 해야 가사와 음원을 합칠 수 있을까요? 먼저 무료 동영상 편집 프로그램을 설치해 보겠습니다. 이 프로그램은 모바일 환경에서만 설치할 수 있으므로 안드로이드에서는 구글 플레이스토어에서, 아이폰에서는 앱스토어에 접속해서 'VLLO'를 검색합니다. 참고로 PC에서는 'VLLO' 앱을 이용할 수 없지만 홈페이지는 다음과 같습니다. 저는 아이패드 환경에서 실습을 진행해 보겠습니다.

TIP ✦ 'VLLO' 앱은 사용이 편리하고 무료로 사용할 수 있는 기능이 많아서 초보자가 사용하기에 매우 좋습니다. 다만 무료 버전에서는 광고가 등장할 수 있다는 것을 기억하세요.

1 'VLLO' 앱을 실행하고 [새 프로젝트 비디오/GIF 만들기] 버튼을 누르세요.

2 아직 영상이 없으므로 '빈 장면 넣기'를 누릅니다. 아래쪽에 클립 한 개가 추가되면 오른쪽 아래의 →를 터치해 다음 단계로 진행하세요.

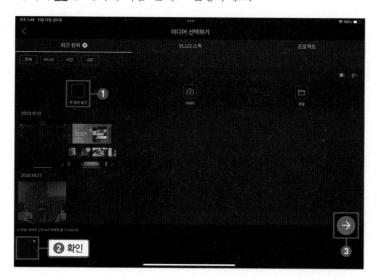

3 '프로젝트 제목'에 '별의 노래'라고 입력합니다. '화면 비율'은 기본으로 선택되어 있는 유 튜브 규격 '16:9'를, '영상 배치'는 '끼움'을 선택하고 [프로젝트 생성하기] 버튼을 누르세요.

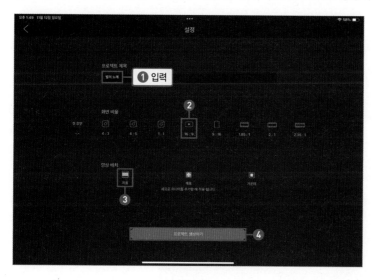

TIP ✦ 프로젝트 제목은 각자 적절하게 입력해도 됩니다.

4 아직 영상이나 음원을 넣지 않아서 기본 화면만 등장하네요. 우선 152쪽에서 다운로드한 음원을 추가해야 하므로 화면의 왼쪽에 있는 메뉴 중에서 '배경음악'을 누르세요.

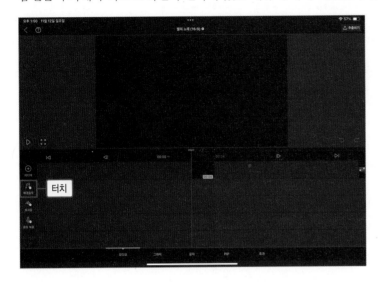

5 다음 화면과 같이 음악 목록이 표시됩니다. 화면 이미지는 조금씩 다를 수 있는데, 저는 이미 음원을 사용해 보았으므로 여러분보다 음원이 많이 표시될 수 있어요. 다운로드하거나 전송받은 파일을 불러와야 하므로 [파일] 탭을 누릅니다.

6　[파일에서 가져오기] 버튼을 누릅니다.

TIP ✦ 광고를 시청하고 무료로 음원을 불러올 수 있는 [음원 추가] 창이 열리면 광고를 보고 다음 실습 단계를 진행하세요.
만약 광고를 보지 않으려면 유료 회원으로 'VLLO' 앱을 구입해야 합니다.

7　저는 아이패드에서 'VLLO' 앱을 사용하고 있는데, 각자 환경에 맞게 노래를 검색해서 적
용합니다. 여기서는 검색 입력 상자에 '**별의 노래**'를 입력한 후 해당 음원을 선택하고 [**열기**] 버
튼을 눌렀어요.

TIP ✦ 153쪽에서 '별의 노래(음원)'로 음원 이름을 수정한 파일을 선택했습니다.

8 '별의 노래(음원).mp3' 파일이 삽입되면 화면 오른쪽 아래의 ■ 버튼을 눌러서 영상 편집 화면에 적용합니다.

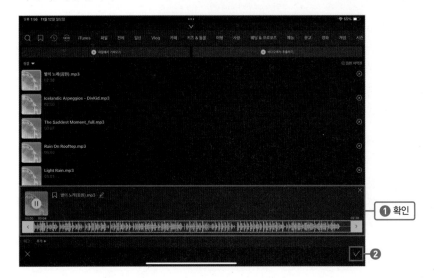

9 미디어가 없어서 영상에 4초만 적용되었네요. 만약 영상 파일을 가지고 있다면 **4** 과정에서 '미디어'를 선택하고 긴 영상을 적용해서 배경 음악을 길게 늘리거나 빈 장면을 계속 추가해서 길이를 늘려주세요. '별의 노래' 음원의 총 길이는 2분 38초인데, 이것보다 긴 영상을 가져오면 됩니다.

TIP ✦ 무료 동영상은 픽셀(Pexels) 홈페이지(www.pexels.com/ko-kr)에서 다운로드하세요.

10 여러분이 영상 파일이 없다고 가정하고 또 다른 방법을 소개할게요. 앞에서 실습한 4초짜리 영상을 눌러 선택하고 화면의 아래쪽에 '시간'이 나타나면 누릅니다.

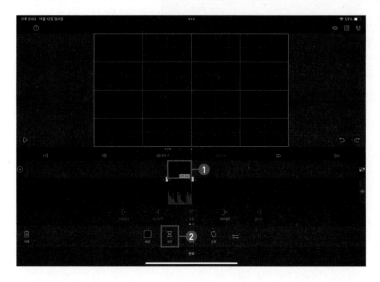

11 시간을 대략 30초 정도로 드래그해 길게 늘리고 [완료] 버튼을 누릅니다.

12 이번에는 '복제'를 눌러서 설정한 시간을 복사합니다.

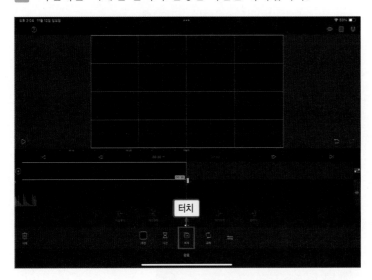

13 이런 방식으로 계속 시간을 복사하여 총 2분 38초에 맞추세요.

14 이번에는 배경 음악을 선택하고 **[끝까지]**를 누릅니다. 그러면 음악이 끝까지 쭉 펼쳐집니다.

TIP ✦ 여기서는 여러분이 영상이 없다고 가정하고 빈 양식을 활용해 배경 음악을 붙이는 방식을 설명했습니다. 만약 배경 음악보다 긴 영상이 있으면 먼저 영상을 업로드하고 이어서 배경 음악을 업로드하세요. 그러면 이렇게 번거로운 과정 없이 손쉽게 작업할 수 있습니다.

✦ 음성(보컬) 녹음하기

이제 모든 준비가 끝났으니 이 위에 보컬을 녹음하면 됩니다. 화면의 왼쪽 메뉴 중 '음성 녹음'을 터치하고 '녹음' 버튼(⬤)을 터치한 후 시간을 보면서 녹음을 진행하세요. 이 경우 배경 음악이 동시에 들리지 않으므로 별도로 PC나 다른 기기를 활용해 음악을 이어폰 등으로 들으면서 각자 녹음해야 합니다.

음성 녹음 준비하기

- **PC**: ChatGPT가 작성해 준 가사를 세팅하고 이어폰을 착용한 후 음악 재생 준비
- **태블릿, 휴대폰**: 'VLLO' 앱에서 음성 녹음 준비

  'VLLO' 앱에서 '녹음' 버튼(⬤)을 터치한 후 카운트다운하면서 들리는 음악에 맞추어 보컬을 녹음합니다. 녹음이 끝난 후 싱크가 맞지 않으면 나중에 편집할 수 있으니 너무 걱정하지 마세요.

우리는 아마추어여서 전문 녹음 장비가 없으니 번거롭지만 이런 방식으로 녹음 작업을 해야 합니다. 저도 보컬을 녹음하고 돌아올게요.

1 음성 녹음을 하기 전 상태입니다. 녹음 시작 시간이 00:00인 상태에서 녹음을 준비하고 화면의 왼쪽 메뉴 중 '**음성 녹음**'을 누릅니다. 음원을 여러 번 들어보면서 미리 보컬이 들어갈 곳을 체크해야 합니다.

2 '**녹음**' 버튼(◉)을 눌러 녹음을 시작합니다. 멋지게 노래를 불러주세요.

3 녹음이 끝나면 화면의 왼쪽에 있는 '재생' 버튼(▷)을 눌러서 녹음한 노래를 들어보세요. 싱크가 잘 안 맞으니 화면의 오른쪽 아래에 있는 ☑ 버튼을 눌러서 녹음을 끝냅니다.

4 준비 화면으로 되돌아오면 보컬을 살짝 수정해 볼게요. 먼저 시작점이 중요하겠죠? 여기서는 음악을 재생하거나 다음 이미지에 보이는 음악과 음성의 파형을 참고해서 음악을 시작하는 부분과 멜로디(녹음한 목소리 부분)를 맞춰보겠습니다.

5   보컬이 시작하는 특정 부분에서 '분할'을 누릅니다.

6   보컬이 쪼개지면 [완료] 버튼을 누릅니다.

7 화면의 아래쪽에서 보컬 부분이 쪼개져서 음성 녹음이 분할된 것을 확인할 수 있습니다.

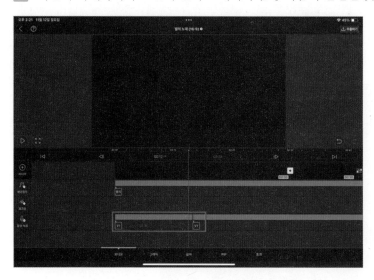

TIP ✦ 화면에 있는 위쪽 파란색 줄은 배경 음악이고 아래쪽 파란색 줄은 녹음된 음원입니다. 여기서는 아래쪽에 분할된 부
분을 지울 예정입니다.

8 필요 없는 앞쪽 보컬 녹음 부분을 선택하고 모바일 환경에서는 화면의 왼쪽 아래에 있는
'삭제'를, 태블릿에서는 Backspace 나 Delete 를 눌러 삭제합니다.

⑨ 필요 없는 앞쪽 보컬 녹음 부분을 삭제하고 나니 아래쪽의 파란색 줄이 텅 비어 보입니다. 여기서는 아래쪽의 파란색 줄을 빨간색 선이 있는 부분으로 이동하고 음원을 재생하면서 각자 싱크를 맞춰보세요. 이렇게 파란색 줄을 빨간색 선 쪽으로 이동하는 이유는 배경 음원에서 보컬이 시작하는 부분이기 때문입니다.

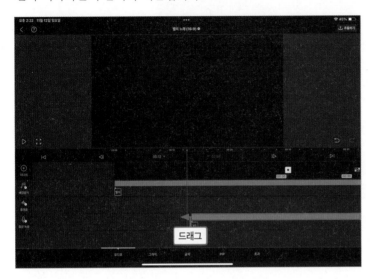

⑩ 배경 음원과 보컬 부분이 잘 어우러지게 위치를 수정한 후 맨 처음(00:00)으로 되돌아갑니다. 이때 싱크를 맞춘 위치는 개인별로 다를 수 있어요.

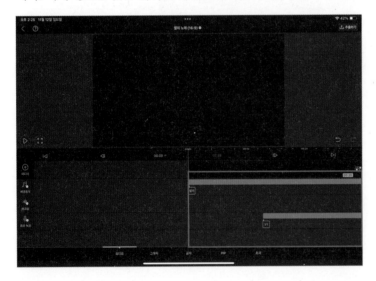

반복해서 재생하는 과정을 통해 음원을 잘 다듬어 줍니다. 아마 여러분이 만든 음원 자체의 퀄리티도 좋지 않고 핸드폰이나 태블릿으로 녹음하다 보니 보컬 부분도 만족스럽지 않을 거예요. 하지만 우리는 이런 작업을 통해 각종 AI 툴들을 조합하고 활용해 보면서 익숙해지는 것이 목적이므로 편안한 마음으로 실습해 보세요.

✦ 영상 입히기

지금까지 상황을 정리해 보면 검은색 화면 영상에 배경 음악과 음성 녹음을 적용한 상태입니다. 이 상태에서 [추출하기]를 눌러 파일을 내보내도 문제는 없어요. 다만 우리는 이것을 개인 유튜브에 영상으로 올릴 것이므로 간단하게 영상과 자막을 입혀보겠습니다.

1️⃣ 무료 영상을 다운로드하기 위해서 픽셀(Pexels) 홈페이지(www.pexels.com/ko-kr)로 이동합니다. 이제까지 작성한 노래 제목이 '별의 노래'이므로 '동영상' 형식에 'stars'를 입력해서 검색하세요.

2️⃣ 별과 관련된 영상이 검색되면 마음에 드는 영상을 한 개만 다운로드해서 저장하세요.

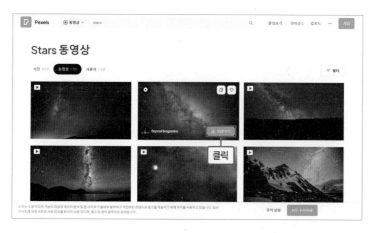

③ 다시 'VLLO' 앱으로 되돌아와서 영상을 업로드해 볼게요. 우리가 맨 처음에 픽셀 홈페이지 등에서 저작권 문제가 없는 영상을 미리 준비했다면 'VLLO' 앱을 열면 보이는 [새 **프로젝트 비디오/GIF 만들기**] 버튼을 눌러 새 프로젝트를 열고 업로드하면 됩니다. 하지만 처음에는 영상이 없었으므로 155쪽에서와 같이 빈 양식을 활용해 영상이 들어가는 '미디어' 부분을 채웠어요. 여기서는 기존의 빈 양식 위에 영상을 덮어씌워야 하므로 편집 화면에서 아래쪽의 'PIP'와 화면의 왼쪽 메뉴 중 '비디오'를 차례대로 누릅니다.

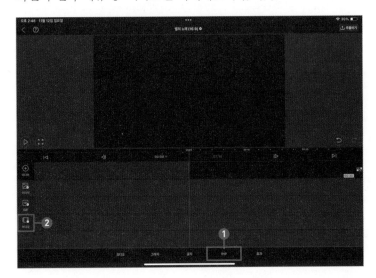

TIP ✦ PIP(Picture In Picture)는 한 화면 위에 다른 화면이 올라가는 기능으로, 기존의 빈 양식 위에 이미지나 영상을 덮어씌울 때 사용합니다.

④ [미디어 선택하기] 화면이 열리면 '비디오'에서 다운로드한 영상을 선택해서 적용합니다.

5   PIP에는 영상에 적용할 수 있는 이미지나 비디오가 매우 다양하게 있습니다. 여기서는 167쪽에서 다운로드한 비디오를 적용했는데, 화면 크기가 맞지 않고 시간도 5초에 불과하네요.

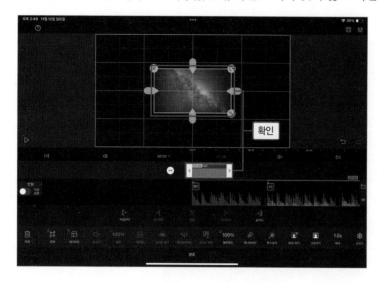

6   하지만 걱정하지 마세요. 영상의 오른쪽 아래에 있는 ⟨⟩를 드래그해서 크게 조절하여 화면의 크기를 맞춥니다.

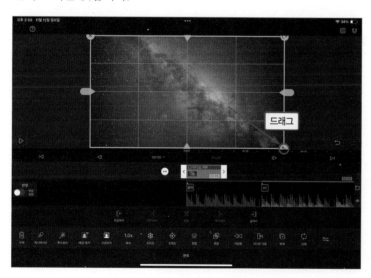

7 화면의 크기를 맞추었으면 아래쪽에 있는 편집기 부분으로 이동한 후 약 5초짜리 영상의 끝부분으로 빨간색 기준선을 맞춥니다. 이렇게 영상의 끝부분으로 이동하면 검은색 화면이 되는데 잘못된 것이 아니므로 걱정하지 마세요.

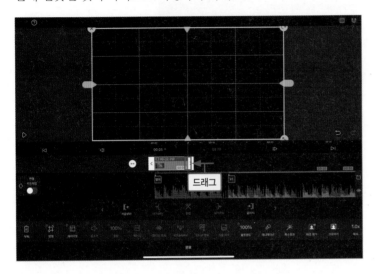

8 화면의 아래쪽에서 '복제'(⊡)를 눌러 똑같은 길이로 영상을 복제하고 [완료] 버튼을 누릅니다.

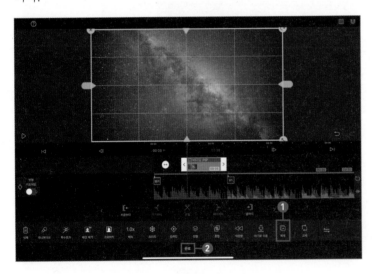

TIP ✦ 영상을 여러 개 복제하려면 '복제'(⊡)를 여러 번 누르세요.

9　배경 음악의 길이에 맞추어 영상을 끝까지 복제해서 완성합니다.

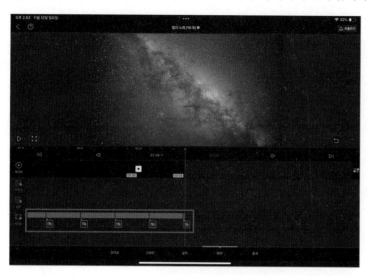

✦ 자막 입히기

마지막으로 영상에 간단한 자막을 추가해 보겠습니다.

1　원래 화면의 앞쪽으로 되돌아와서 화면의 아래쪽에 있는 '글자'를 누르고 다시 화면의 왼쪽에 있는 '글자'를 누르세요.

2 다양한 폰트 목록이 표시되면 어울리는 폰트 스타일을 선택합니다. 여기서는 '썸네일'에서 제목을 영어로 입력하기 위해 필기체 유형의 'Our Wedding day' 폰트를 선택합니다.

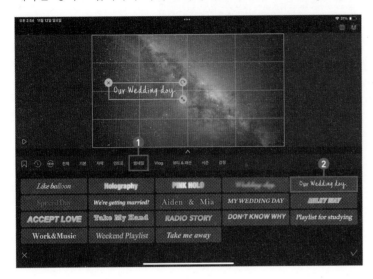

TIP ✦ 'VLLO' 앱을 업데이트하면 처음에 보이는 폰트 목록이 이 화면과 다를 수 있습니다. 이 경우에는 화면을 스크롤하거나 탐색하면서 각자 원하는 폰트 스타일을 찾으세요.

3 제목 상자의 텍스트를 빠르게 두 번 탭 해서 입력 상태로 만든 후 'Song of Stars'를 입력하고 영상 화면의 가운데에 배치합니다. 제목 상자의 오른쪽 아래에 있는 ⚙를 드래그해서 크기와 위치를 변경할 수 있어요.

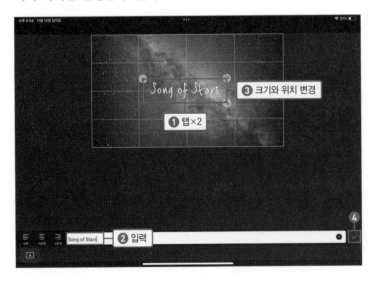

4 글자를 입력하면 표시되는 메뉴에서 '글자 크기'를 눌러 폰트를 자유롭게 지정합니다. 글자는 보통 3초 길이지만, 3초라고 표시된 중간 타임라인 부분의 초록색 박스를 원하는 부분까지 드래그하거나 아래쪽에 있는 '끝까지'를 눌러 원하는 길이로 조정한 후 [완료] 버튼을 누릅니다. 휴대폰이나 태블릿에서는 손가락 터치로도 길이를 조정할 수 있으므로 여러 번 시도해 보세요.

5 이렇게 영상에 제목을 추가했습니다. 각 타임라인마다 가사를 넣고 싶으면 텍스트를 입력해서 마무리하세요.

✦ 영상 파일 추출하기

이제까지 만든 영상 파일을 추출해서 저장해 보겠습니다.

1 화면의 오른쪽 위에서 '추출하기'를 누릅니다.

2 기본 세팅값을 유지한 상태에서 [추출하기] 버튼을 누릅니다.

TIP ✦ 무료 버전을 이용하는 경우 [추출하기] 버튼을 클릭하면 광고가 등장하고 광고 영상이 끝나면 비디오 만들기가 진행됩니다.

③ 비디오가 만들어지기 시작하면 잠시 기다립니다.

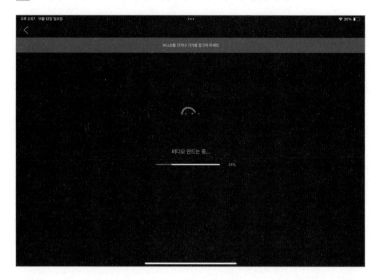

④ 로딩 작업이 끝나면서 저장이 완료되면 영상 파일을 자유롭게 활용할 수 있습니다.

'VLLO' 앱이 아니어도 각자 자신이 사용하는 영상 편집 도구를 활용해서 재미있게 편집해 보세요.

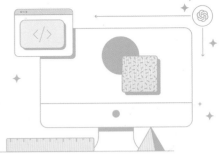

[노래 제작 5단계]
인공지능(AI) 이용해 마스터링하기

✦ 마스터링이란?

이제 마지막 단계로 인공지능을 이용한 마스터링 작업을 해 보겠습니다. 마스터링(mastering)은 음악을 만드는 최종 단계로, 곡의 퀄리티를 한 단계 더 끌어올리는 엄청난 작업이죠. 먼저 마스터링 과정이 어떻게 진행되는지 ChatGPT에게 물어보았습니다.

Q 음악 창작 과정에서 마스터링이 어떤 과정인지 알기 쉽게 설명해 줘.

마스터링은 음악 제작 과정의 마지막 단계로, 최종 믹스된 음악 트랙에서 소리의 질을 향상시키고 다양한 재생 시스템에서 일관된 청취 경험을 제공하기 위해 조정하는 과정입니다. 이 과정을 통해 음악은 라디오, 스트리밍 서비스, CD 등 다양한 매체에서 최상의 품질로 재생할 수 있습니다. 마스터링은 크게 다음과 같은 단계로 이루어집니다.

1. 음량 조정
마스터링의 기본적인 목표 중 하나는 트랙의 전체적인 음량을 적절하게 조정하는 것입니다. 이를 통해 트랙이 너무 조용하거나 너무 크지 않게 하여 다른 음악과의 일관성을 유지해야 합니다.

2. 이퀄라이제이션(EQ) 조정
EQ를 사용하여 특정 주파수 대역을 강조하거나 감소시켜서 음악의 소리를 전반적으로 균형 잡히게 만듭니다. 이 기능은 트랙의 선명도와 세부 사항을 향상하는 데 도움이 됩니다.

3. 압축
동적 범위(가장 조용한 부분과 가장 큰 부분 사이의 차이)를 조절하기 위해 압축을 사용합니다. 압축은 음악의 음량을 일관성 있게 유지하는 데 중요합니다.

4. 스테레오 이미징(stereo imaging)
스테레오 이미징 단계에서는 음악의 좌우 채널 간의 균형을 조정하여 청취자에게 더 풍부하고 입체적인 청취 경험을 제공합니다.

5. 리미팅과 맥시마이징(limiting & maximizing)
리미팅과 맥시마이징 단계에서는 최대 음량 한계를 설정하여 음악이 왜곡되지 않게 하는데, 이 기능은 특히 디지털 포맷에서 중요합니다.

6. 포맷별 최적화
마스터링은 특정 포맷(예 CD, 비닐, 디지털 스트리밍)에 맞춰 음악을 최적화하는 과정을 포함합니다.

7. 트랙 순서 및 간격 설정

앨범이나 EP의 경우 트랙 간의 순서와 간격도 마스터링 과정에서 결정됩니다.

마스터링은 음악에 전문적이고 폴리시된 사운드를 갖추게 하는 핵심적인 단계로, 음악의 최종 품질에 큰 영향을 미칩니다.

굉장히 복잡하죠? 사실 일반인들이 접근하기에 마스터링은 굉장히 어려운 단계라는 것을 알 수 있습니다. 그런데 국내 기업 중 AI 기술을 활용해 전문가의 영역이라고 여겼던 음향 마스터링 작업을 웹에서도 쉽게 이용할 수 있는 서비스를 제공하는 곳이 있습니다. 바로 사운드플랫폼 회사의 '뮤닛(Munute)'으로, 이번에는 뮤닛 서비스를 활용해서 기존에 만들어진 음원을 좀 더 다듬어 보겠습니다.

이제까지 우리가 창작한 멜로디와 직접 부른 보컬 음성은 퀄리티가 굉장히 낮습니다. 게다가 믹싱 등의 작업도 거치지 않은 상태에서 마지막 후반부에 음악성을 높이기 위해 마스터링 작업을 하는 것은 리소스 낭비일 수 있어요. 하지만 AI 기술을 활용한 음악 등 전체 분야에서 후처리하는 작업은 점점 고도화되어 인간의 수준까지 올라올 것이라고 다양하게 예측하고 있습니다. 실제로 지금까지 우리가 만든 음악이 퀄리티가 낮으므로 마스터링 작업을 통해 얼마나 변하는지 테스트해 보는 것도 매우 좋은 기회입니다.

✨ 뮤닛의 사용법 익히기

1 구글에서 검색 입력 상자에 한글이나 영어로 '뮤닛' 또는 'Munute'이라고 입력하고 검색합니다. 잘 검색되지 않으면 웹사이트 주소 'www.munute.com'을 입력해서 뮤닛 홈페이지에 접속한 후 [Login] 버튼을 클릭하세요.

2 로그인 화면이 열리면 직접 회원 가입을 하거나 구글 계정으로 로그인한 후 [Go Master] 버튼을 클릭합니다.

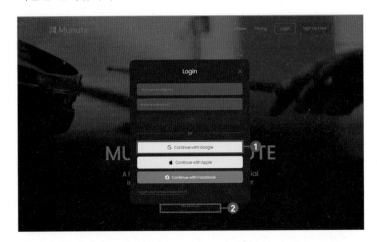

3 처음에는 약 3개의 트랙을 무료로 이용해 볼 수 있는데, 여기서는 'FREE' 플랜을 선택합니다.

4 파일 업로드 화면이 열리면 100MB 이하의 WAV, MP3, FLAC, MP4 파일을 업로드할 수 있습니다. 그런데 앞에서 만든 '별의 노래' 음원은 용량이 263MB 정도여서 뮤닛에 업로드할 수 없네요. 이 경우 카카오톡에서는 파일이 압축되어 전송되므로 이 방법으로 음원 용량을 약 40MB 수준으로 줄입니다. 음질 등이 좀 떨어지지만 카톡 전송으로 '별의 노래' 음원 파일의 용량을 줄인 후 [browse] 버튼을 클릭하세요.

TIP ✦ 음원 용량에 문제가 있다면 영상 없이 검은색 이미지만 추출해서 테스트해 보세요. 또는 카카오톡에서 파일 보내기 기능 등을 활용해서 파일을 전송하면 뮤닛에서 테스트할 수 있습니다.

5 [열기] 대화상자가 열리면 '별의 노래.mp4'를 선택하고 [열기] 버튼을 클릭하여 업로드합니다.

6 아주 순조롭게 마스터링되기 시작하면 잠시 기다리세요. 인공지능이 알아서 마스터링 작업을 하므로 그 사이에 원본 파일을 미리 들어보면서 비교할 준비를 해도 좋겠죠? 마스터링이 완료되었으면 [Confirm] 버튼을 클릭합니다.

7 파일을 따로 들어볼 필요 없이 [mastered] 버튼을 클릭해서 바로 마스터링 음원과 기존 음원을 비교할 수 있습니다. 화면의 오른쪽 아래에는 마스터링된 곡과 오리지널 곡을 각각 다운로드할 수 있는 [Download] 버튼과 함께 [MP4] 버튼과 [Original] 버튼이 준비되어 있습니다.

8 화면의 아래쪽으로 이동하면 곡에 대한 기본 정보부터 'RMS', 'Peak', 'True Peak', 'Loudness' 와 같은 데이터를 수치와 파동 및 그래프 등으로 상세하게 정리해서 보여줍니다. 음악을 잘 안다면 이런 정보를 활용해서 원곡이 어떻게 다듬어졌는지 확인할 수 있어요.

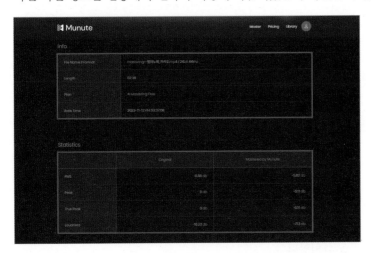

9 실제로 '별의 노래'를 원곡과 마스터링 곡으로 모두 들어보았는데, 안타깝게도 원곡 자체의 멜로디 퀄리티가 좋지 않고 일부 음이 깨지는 현상이 있었습니다. 마스터링을 할 때는 음원을 증폭시키는 기능이 있어서 마스터링 후 음원에서는 멜로디가 깨지는 현상이 더욱 도드라지게 들렸어요. 이것은 마스터링 서비스의 문제라기보다 원곡 음원의 문제라고 할 수 있습니다. 그리고 '별의 노래'에 녹음했던 음성이 작아서 원곡에서는 멜로디에 묻혀 선명하게 들리지 않았어요. 하지만 마스터링 후에는 작게 들렸던 음성 부분이 좀 더 크고 선명하게 들려서 무척 신기했습니다.

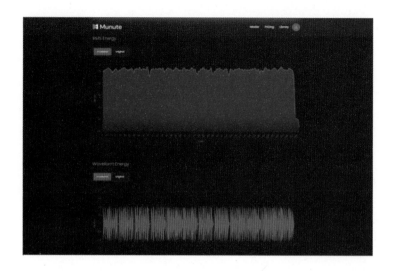

원래 믹싱이 끝난 음원을 마스터링 엔지니어에게 맡기면 적어도 일주일 이상 시간이 오래 걸립니다. 그런데 인공지능(AI)을 이용하면 일반인도 굉장히 저렴한 가격으로 일정 수준의 마스터링을 경험할 수 있어서 굉장히 좋습니다. 그래서 오히려 멜로디를 만드는 작곡 단계보다 후반부 작업과 보정 부분에 인공지능 기술을 더 많이 사용할 것이라는 생각도 들었습니다.

지금까지 우리는 다양한 인공지능 도구를 활용해서 노래 한 편을 만들어 보았습니다. 노래를 만드는 과정 자체가 워낙 복잡해서 인간의 상상력뿐만 아니라 다양한 악기와 최첨단 기술의 조화가 필요한 분야라는 것을 확실하게 깨닫는 기회가 되었어요. AI 기술이 인간을 많이 도와주겠지만, 좋은 음악 한 곡을 만들려면 여전히 인간과 인공지능의 협업이 많이 필요한 상황입니다.

노래 만들기에 관심이 있다면 여러분만의 노래를 차근차근 만들어 보세요. 여기서 다룬 것처럼 영상 한 편을 만들지 않더라도 ChatGPT의 상상력을 이용해서 여러분의 영감이 담긴 가사를 만들어 보세요. 또한 노래를 하지 않더라도 작곡 AI 툴을 이용해서 여러분이 직접 주문한 음원을 만들어 보면 좋은 경험이 될 것입니다.

완성한 '별의 노래' 원곡과 마스터링 곡은 QR 코드를 이용해서 확인할 수 있습니다.

▲ 원곡   ▲ 마스터링 곡

'미친' 음악 생성 인공지능 툴, 유디오

✦ 유디오란?

오디오 및 음악 생성 인공지능 분야도 굉장히 빠르게 발전하고 있는데, Stable Audio, Suno AI 등이 대표적인 프로그램입니다. 또한 최근에는 기존 프로그램들을 제치고 시장에서 '미쳤다!' 는 찬사를 받고 있는 서비스가 있습니다. 바로 구글 딥마인드 출신 창업자들이 2024년 4월 10 일 베타 서비스로 출시한 '유디오(Udio)'입니다.

유디오의 구조는 다음과 같습니다. 유디오는 다음과 같은 단계를 반복하면서 짧은 숏츠(Shorts) 용 음원부터 일반적인 길이의 음원을 만들 수 있습니다.

1. 프롬프트(곡의 스타일, 장르, 가사 등)를 입력하면 LLM이 가사를 생성
2. 확산 모델을 사용해 약 30~40초 길이의 노래를 2곡 생성
3. 생성한 음원의 노래 및 가사를 수정 및 변경, 리믹스하면서 길이를 조정

유디오가 매력적인 이유는 많지만, 우선 정식 교육을 받은 아티스트가 아니어도 남녀노소 누 구나 음악을 창작하고 즐길 수 있다는 점이 가장 큰 장점입니다. 그리고 우리가 창작한 음원이 저작권 문제에서 자유로울 수 있도록 '자동 저작권 필터'를 내장하고 있습니다. 유디오 측은 생 성된 음악에 대한 권리가 없으며 상업적 목적으로 사용할 수 있다고 말하는데, 이 내용은 서비 스 약관에서 확인할 수 있어요.

✦ 유디오란?

그러면 간단하게 유디오(Udio)로 곡을 만들어 보면서 사용법을 알아볼게요.

1 유디오 홈페이지(www.udio.com)에 접속해서 화면의 오른쪽 위에 있는 [Sign In] 버튼 을 클릭한 후 구글 이메일 주소 등으로 간단하게 회원 가입하고 로그인합니다. 홈페이지 구조 는 매우 단순해서 화면의 왼쪽에는 홈 화면이자 다른 곡들을 살펴볼 수 있는 'Discover'가 있 고 내가 만든 곡만 따로 볼 수 있는 'My Creations', 그리고 '좋아요'를 표시한 곡들을 볼 수 있 는 'Liked Songs'가 있습니다.

2 이제 곡을 만들기 위해 화면의 가운데 위쪽에 있는 검색 입력 상자에 원하는 노래의 분위기와 스타일, 장르, 참고할 만한 가수 등에 대한 설명을 키워드나 문장 형식으로 입력합니다. 바로 아래에 있는 'Suggested tags'에서는 여러 가지 태그를 추천하므로 적당한 태그를 선택해서 넣어도 되고 'Lyrics'에서 가사를 입력해도 됩니다. 만약 가사가 준비되지 않았다면 'Auto-generated'를 선택해서 자동으로 가사를 생성하고 가사 없이 배경 음악만 필요하다면 'Instrumental'을, 가사가 있다면 'Custom'을 클릭하고 내용을 넣으세요.

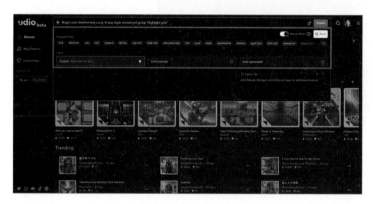

기본적으로 영문으로 입력해야 곡과 가사의 퀄리티가 좋습니다. 물론 한글로 입력해도 유디오가 어느 정도 이해해서 답변하지만 오류가 발생할 수 있어요. 만약 한글 노래를 만들고 싶다면 맨 위에 있는 곡에 대한 설명은 영어로 입력하고 가사 부분은 한글로 입력한 후 화면의 오른쪽 위에 있는 'Manual Mode'를 활성화해서 입력한 가사를 최대한 따르도록 지시하는 방법이 가장 좋습니다. 가사를 입력할 때는 [Verse], [Chorus]와 같이 어떤 부분인지 넣어주세요. 유디오는 기본적으로 약 30초 정도 분량의 곡을 생성하므로 전체 가사보다는 1절이나 2절 또는 코러스 같은 부분만 먼저 넣어주면 됩니다. 여기서는 구글 번역기와 ChatGPT를 활용해서 다음과 같이 내용을 입력하고 화면의 오른쪽 맨 위에 있는 [Create] 버튼을 클릭하세요. 그러면 약 30~40초 분량의 음원 2개가 자동으로 생성됩니다.

[음원 설명]

- **한글**: 밝고 명랑한 사랑 노래, 케이팝 스타일, 여성 걸그룹 'Highlight girls'
- **영문**: Bright and cheerful love song, K-pop style, female girl group 'Highlight girls'

[가사]

Verse 1: 반짝이는 눈빛에 가슴이 뛰어

너의 미소만 보면 힘이 나

설레이는 마음을 감추지 못해

너만 바라보게 돼

* 가사는 ChatGPT에게 '음원 설명'을 활용해 전체를 써달라고 했고 유니도에서는 1절 벌스 부분만 가져 왔습니다.

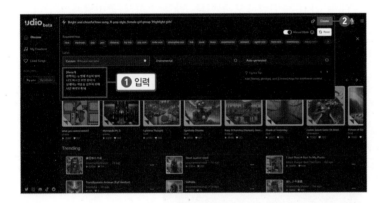

③ 저는 댄스곡 분위기의 노래와 발라드 분위기의 노래가 추출되었는데, 첫 번째 곡인 'Heart Fluttering Light'가 마음에 드네요. 단어 'fluttering'이 들어가서 첫 번째 곡이 더 끌리므로 선택하고 이어 붙여서 노래 길이를 늘리기 위해 [Extend] 버튼을 클릭하세요.

4 여기서는 Verse 1 뒷부분을 작업할 예정인데, 이번에는 코러스 부분을 붙이려고 합니다. 뒤쪽으로 곡을 이어가므로 'Add Section(After)'을 선택하고 가사를 입력한 후 [Extend] 버튼을 클릭하세요. 만약 더 에너지 넘치는 분위기를 원한다면 맨 위에 태그를 추가해도 좋습니다.

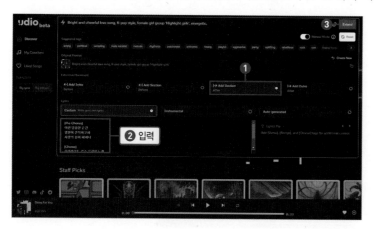

5 작업이 끝나면 우리가 선택한 곡을 기준으로 다시 2개의 선택 곡이 나오고 곡의 길이가 1분 6초로 늘어났어요. 곡의 상세 정보가 궁금하면 곡 이름 부분을 클릭하세요.

6 곡에 대한 프롬프트 및 가사 정보가 반영되었어요. [Publish] 버튼을 클릭하면 유디오에서 다른 사용자들이 들을 수 있도록 곡을 출판할 수 있고 [Remix] 버튼이나 [Extend] 버튼을 클릭해 곡을 변형할 수 있습니다. 여기서는 [Edit] 버튼을 클릭하세요.

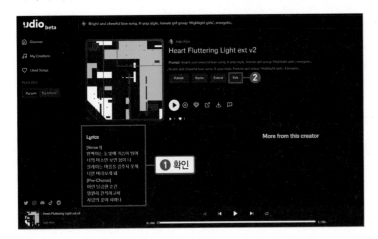

7 인공지능(AI)에게 앨범 커버 이미지를 생성해 달라고 요청하거나 제목을 바꿀 수 있습니다. 아래쪽에 있는 '재생'(▶), '좋아요'(♡), '다운로드'(⬇) 등의 기능을 활용해서 곡을 자유롭게 사용할 수도 있고 'Report Song' 기능을 이용해 유해한 콘텐츠나 저작권 침해 의심이 드는 음원을 신고할 수도 있습니다.

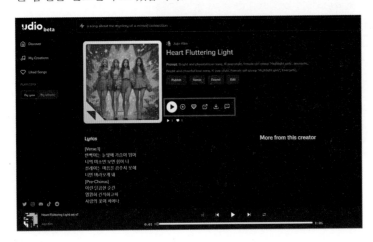

어떤가요? 앞에서 배운 도구들은 음악을 만드는 각 단계를 하나씩 보여주었지만, 이번에 등장한 새로운 음악 생성 AI 툴은 이 모든 것을 쉽고 간편하게 출력할 수 있습니다. 게다가 생성된 음악의 퀄리티나 한글 가사까지 나름대로 자연스럽게 부르는 것을 보면 전문가가 아닌 일반인의 입장에서는 정말 놀라운 수준이라는 생각이 듭니다. 이제까지 소개한 다양한 툴을 활용해서 여러분만의 노래, 여러분만의 앨범, 여러분만의 플레이리스트를 만들어 보세요.

완성한 노래는 QR 코드를 이용해서 확인할 수 있습니다.

▲ 원곡   ▲ 마스터링 곡

광고 영상 만들기

ChatGPT(기획, 대본) **+ Runway**(영상 ①) **+**

VREW(영상 ②)

AI TOOLKIT

이번 장에서는 ChatGPT로 광고 영상의 기획과 대본을 작성하고 AI 영상 제작 및 편집 도구인 런웨이(Runway)와 브루(Vrew)를 활용해 실제 광고 홍보용 영상을 만들어 보겠습니다. 아직 AI 기술만 사용해서 전문가 수준의 광고 영상을 만들기는 쉽지 않지만, 이전보다 쉽게 영상의 전체적인 분위기나 흐름을 추출하고 다듬을 수 있을 것입니다.

영상 기획부터 대본 작성, 촬영, 편집까지 인공지능(AI)과 함께 해결하는 과정을 단계별로 실습하면서 AI 창작의 가능성을 직접 경험해 볼게요. 이러한 과정을 통해 실무에서도 AI 기술을 활용해 효율적이고 창의적인 광고 영상을 만들 수 있는 역량을 길러보겠습니다. 더 나아가 AI 기술이 광고 산업에 미칠 수 있는 영향과 활용 방안에 대해서도 더 깊게 생각해 보는 시간을 가져보겠습니다.

새내기 광고 콘텐츠 마케터 지훈 씨 이야기

꿈 많은 신입사원 지훈 씨는 광고 업계에서 크게 성공할 것이라고 다짐하면서 광고 회사에 첫발을 들였습니다. 하지만 그는 열정은 넘쳤지만 경험이 부족했어요. 반면 같은 부서에서 근무하는 유능한 혜진 선배는 광고 콘텐츠가 항상 독창적이고 세련되면서도 많은 콘텐츠를 한 번에 뽑아내곤 했어요. 다른 동료들에게 존경까지 받는 혜진 선배에게는 어떤 대단한 비밀이 있을까요?

어느 날 지훈 씨는 혜진 선배가 요청한 외주 계약서에 날인한 후 서류를 선배의 자리에 올려두고 돌아서려는 찰나에 우연히 그녀의 모니터에서 놀라운 비밀을 발견하게 되었습니다. 혜진 선배는 인공지능(AI) 기술을 이용해 광고 콘텐츠를 제작하고 있었던 겁니다!

지훈 씨의 심장은 두근거리기 시작했어요. 물론 지훈 씨도 시장 리서치를 하던 중 인공지능에 대한 이야기를 들어서 알고 있었지만, 이것을 직접 업무에 활용할 생각을 해 보지 않았거든요. 인공지능은 그저 개발자나 연구자나 사용하는, 자신과는 동떨어진 것이라고 생각했기 때문이죠. 하지만 이것이 바로 혜진 선배가 우수한 광고 아이디어를 만들어내고, 퀄리티까지 좋으며, 다작을 할 수 있는 비결이었다니! 지훈 씨도 결심했어요. 인공지능의 힘을 빌려 세상을 놀라게 할 작품을 만들어내기로!

하지만 인공지능을 다루는 일은 생각보다 쉽지 않아서 지훈 씨는 수많은 실패와 시행착오를 겪었습니다. 그러나 포기하지 않고 자료와 콘텐츠를 시청했고 마치 어린아이가 기어다니다가 두 발로 일어서서 뛰어다니게 되는 것처럼 노력했어요. 그리고 마침내 그의 노력이 결실을 맺기 시작하면서 자신감을 회복하고 있었습니다.

드디어 오늘 친환경 스포츠 브랜드 스타트업으로부터 의뢰가 들어왔습니다. 목적은 '브랜딩'이었고 소비자들에게 '도전'이라는 키워드를 심어주고 싶다고 의뢰했어요. 시간이 얼마 남지 않았는데, 지훈 씨는 이 광고 콘텐츠를 잘 해낼 수 있을까요?

광고 콘텐츠는
어떻게 만들어질까?

지훈 씨의 이야기가 어땠나요? 어쩌면 이 글을 읽고 있는 여러분도 같은 고민을 한 경험이 있을 겁니다. 이제부터 우리는 지훈 씨가 되어 스포츠 브랜드 스타트업의 광고 콘텐츠를 제작해 보겠습니다. 본격적으로 광고 콘텐츠 제작을 시작하기 전에 '광고 콘텐츠는 어떻게 만들어질까?' 하는 궁금증부터 해결해 볼게요.

✦ 광고 영상 제작 절차 구상하기

여러분도 잠시 읽는 걸 멈추고 지금까지 우리가 동화책과 노래를 만들었던 과정을 떠올려보세요. 머릿속에 잠시 그 과정이 떠오르나요? 저도 이들 제작 과정을 다시 생각해 보면서 광고 영상을 만드는 과정을 구상해 보았습니다. 제가 생각하는 광고 영상을 만드는 과정은 다음과 같습니다.

1. **1단계. 광고 영상 정의하기**

   - **회사 정의**: 스포츠 브랜드 스타트업으로, 제품이나 서비스, 소비자 전달 내용과 관련된 키워드 정리

   - **영상 콘텐츠를 통한 소비자 어필**: 나이키, 애플과 같이 주요 소비자에게 전달한 키워드나 영감 탐색

   - **메시지 전달 방식**: 짧은 서사나 인상 깊은 문구를 사용해 1~2분 길이의 영상 콘텐츠로 메시지 전달

2. **2단계. 글(문구, 텍스트) 만들기**

   - 스토리텔링(storytelling) 구조 기획

   - 도전과 관련된 위인들의 명언 정리

   - 회사의 제품이나 가치와 어울리는 문구 선별

   - ChatGPT, 구글 바드(Google Bard) 등의 대화형 AI 도구를 활용해서 출력

3. **3단계. 광고 영상 만들기**

   - 2단계 글 만들기의 스토리나 텍스트에 어울리는 영상 준비

   - 각 장면마다 텍스트와 영상 매칭

   - 브루(Vrew), 런웨이(Runway), 픽토리(Pictory) 등의 영상 제작형 AI 도구를 활용해서 출력

✦ ChatGPT가 알려준 광고 영상 제작 절차 살펴보기

대략 앞에서와 같은 단계로 광고 영상이 제작된다고 추측해 보았습니다. 그렇다면 실제로는 어떨까요? 이번에는 좀 더 나은 답변을 얻기 위해서 ChatGPT에게 광고 영상을 만드는 과정을 질문해 보았어요.

 Q 광고 콘텐츠를 만드는 과정을 알려줘.

 광고 콘텐츠를 만드는 과정은 여러 단계로 나누어 볼 수 있습니다.

1. 목표 설정 및 타깃 오디언스 정의하기
- **목표 설정**: 프로모션하려는 제품이나 서비스의 목표를 명확히 설정합니다. 이것은 브랜드 인지도의 향상뿐만 아니라 매출을 늘리고 특정 행동 등을 유도할 수 있습니다.
- **타깃 오디언스 정의**: 인공지능 도구를 사용하여 타깃 오디언스의 행동, 선호도, 관심사 등을 분석합니다. 이 데이터를 기반으로 광고 메시지를 맞춤화할 수 있습니다.

2. 콘셉트 및 아이디어 생성하기
- **브레인스토밍**: 팀과 함께 창의적인 아이디어를 도출합니다. 인공지능 도구를 활용하여 다양한 아이디어와 각도에서 접근할 수 있는 제안을 받습니다.
- **콘셉트 결정**: 제안된 아이디어 중에서 가장 효과적이고 창의적인 콘셉트를 선택합니다.

3. 콘텐츠 제작하기
- **텍스트 작성**: 인공지능 툴을 사용하여 광고 카피를 작성하고 문법 및 스타일을 최적화합니다.
- **이미지 및 비디오 제작**: 인공지능을 기반으로 하는 이미지 및 비디오 생성 도구를 사용하여 콘텐츠에 적합한 시각적 요소를 제작합니다.
- **오디오 작업**: 필요한 경우 인공지능 오디오 편집 툴을 사용하여 음성이나 배경음을 추가하고 편집합니다.

4. 피드백 및 수정하기
- **내부 피드백**: 팀 내부에서 콘텐츠에 대한 피드백을 수집하고 필요한 수정 사항을 도출합니다.
- **수정 작업**: 콘텐츠를 수정하고 다시 내부 검토를 거칩니다.

5. 광고 집행 및 성과 분석하기
- **광고 집행**: 콘텐츠를 다양한 광고 플랫폼에 배포합니다. 이때 타깃 오디언스를 설정하고 예산 할당을 최적화합니다.
- **성과 분석**: 광고 성과를 실시간으로 모니터링하고 인공지능 기반 도구를 사용하여 데이터를 분석합니다. 이를 통해 ROI(Return On Investment, 투자 이익률)을 측정하고 개선점을 찾습니다.

6. 최적화 및 반복하기

- **캠페인 최적화**: 성과 데이터를 바탕으로 광고 캠페인을 지속적으로 최적화합니다. 타기팅, 예산 할당, 광고 카피 등 다양한 요소를 조정합니다.
- **반복 집행**: 성공적인 전략은 유지하고 개선이 필요한 부분은 수정하여 반복적으로 광고 캠페인을 집행합니다.

이러한 과정을 통해 효과적이고 창의적인 광고 콘텐츠를 만들어내면서 광고계에 새로운 바람을 불러일으켜 보세요.

정말 대단하죠? ChatGPT는 제가 생각한 것보다 더욱 정교하고 상세하게 프로세스를 안내해주네요. 우리는 앞에서 동화책과 노래 만들기를 통해 콘텐츠 제작을 경험했는데, 이들 과정을 통해서 제품이나 서비스를 만드는 과정이 모두 유사하다는 것을 알 수 있었죠. 결국 기획 단계에서부터 제작하려는 콘텐츠의 목적이 무엇인지 제대로 정의하는 것이 핵심이고 이것이 도달할 명확한 타깃(사용자)을 선정하는 게 최우선 과제라는 것을 알 수 있습니다. 이후에는 브레인스토밍을 통해 다양한 아이디어를 뽑아내고 이것을 적절히 분류한 후 지우면서 핵심 콘텐츠를 남기면 됩니다. 그리고 남아있는 핵심 콘텐츠를 여러분 회사의 목적이나 마케팅 방식에 맞게 글, 이미지, 비디오 등으로 제작하면 완성도 높은 결과물을 만들 수 있어요.

최종 검수를 마치면 세상에 광고 영상을 홍보해야 합니다. 이 과정이 바로 광고 집행으로, 비용이 투입되는 만큼 성과 분석을 통해 적절하게 노출했는지, 소비자에게 얼마나 도달했는지, 그리고 이 광고로 인해 구매 등의 액션이 발생했는지를 확인한 후 다시 제품과 광고에 소비자 의견을 반영해 최적화하는 과정을 반복하게 됩니다. 우리는 이 커다란 프로세스 중에서 핵심인 '콘텐츠 만드는 작업'을 진행해 볼 것입니다.

ChatGPT로
영상 광고 기획하기

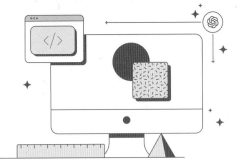

이제 본격적으로 우리 회사의 영상 광고를 기획해 보겠습니다.

✦ ChatGPT에게 질문하고 수정하기

저는 회사 소개, 광고 목적, 광고 형식, 그리고 필요한 키워드를 다음과 같이 간단하게 정리한 후 바로 ChatGPT에게 영상 광고를 기획해 달라고 질문했습니다.

Q 아래에 작성한 내용을 참고해서 영상 광고를 기획해 줘.
- **회사**: 스포츠 브랜드 스타트업
- **목적**: 브랜딩
- **형식**: 약 1분 이내의 동기 부여 영상 광고
- **키워드**: 도전

다음은 스포츠 브랜드 스타트업을 위한 1분 길이의 동기 부여 영상 광고 기획안입니다.

영상 광고 기획안: '도전을 입다'

1. 오프닝(0~10초)
- **장면**: 새벽의 조용한 도시와 자연 풍경, 사람들이 운동을 시작하는 모습
- **내레이션/텍스트**: "새로운 날, 새로운 도전이 시작됩니다."

2. 도전의 순간(11~30초)
- **장면**: 다양한 인종과 성별의 사람들이 러닝, 크로스핏, 요가, 사이클링 등 다양한 운동을 하는 모습
- **내레이션/텍스트**: "매 순간, 매 움직임은 우리의 도전입니다."

3. 제품 특징 및 사용 모습(31~50초)
- **장면**: 스포츠 브랜드의 운동복과 장비를 착용한 사람들의 활동 모습을 클로즈업
- **내레이션/텍스트**: "우리의 제품은 당신의 도전을 지원합니다. 편안함과 스타일, 그리고 내구성"

4. 동기 부여 및 영감(51~60초)
- **장면**: 사람들이 서로를 격려하고 운동 후 기쁨과 성취감을 느끼는 모습
- **내레이션/텍스트**: "모든 도전은 우리를 더 강하게 만듭니다. 당신의 한계를 넘어서세요."

추가 요소

- **음악**: 강렬하고 동기를 부여하는 사운드트랙
- **색감**: 생동감 있고 에너지 넘치는 색상 사용
- **그래픽/애니메이션**: 제품의 기능성을 강조하는 동적인 그래픽 요소

이 기획안은 스포츠 브랜드의 이미지를 강화하고, 도전 정신을 강조하며, 시청자들에게 운동에 대한 동기 부여 제공을 목표로 합니다.

ChatGPT가 생각보다 꼼꼼하게 영상 시나리오를 작성해 주었습니다. '도전을 입다'라는 제목도 마음에 듭니다. 그리고 배경이 되는 영상의 콘셉트와 적절한 내레이션 등을 붙여줘서 시나리오 작업이 수월할 것 같네요. 하지만 짧은 영상은 10초, 긴 영상은 30초나 되어 총 다섯 개의 컷으로는 시청자들이 굉장히 지루할 것 같습니다. 그래서 ChatGPT에게 이런 부분을 좀 더 짧게 수정해 달라고 요청해 보겠습니다.

 Q 영상 시나리오에서 간격을 5초로 설정해서 다시 정리해 줘.

 다음은 스포츠 브랜드 스타트업을 위한 1분 길이의 동기 부여 영상 광고 시나리오로, 각 장면별로 5초 간격으로 설정된 기획안입니다.

영상 광고 시나리오: '도전, 매 순간'

오프닝(0~5초)

- **장면**: 새벽의 조용한 도시와 자연 풍경
- **내레이션/텍스트**: "새로운 날, 새로운 도전"

도전의 시작(6~10초)

- **장면**: 사람들이 운동을 시작하는 모습
- **내레이션/텍스트**: "모든 움직임이 도전입니다."

활동적인 모습(11~15초)

- **장면**: 러닝과 사이클링을 하는 사람들
- **내레이션/텍스트**: "도전은 에너지입니다."

다양한 운동(16~20초)

- **장면**: 요가와 크로스핏을 하는 사람들
- **내레이션/텍스트**: "각자의 스타일로 도전하세요."

제품 클로즈업(21~25초)

- **장면**: 스포츠 브랜드 운동복과 장비
- **내레이션/텍스트**: "당신의 도전을 지원합니다."

제품 사용 모습(26~30초)

- **장면**: 제품을 착용한 사람들의 활동 모습
- **내레이션/텍스트**: "편안함과 스타일"

동기 부여(31~35초)

- **장면**: 서로를 격려하는 사람들
- **내레이션/텍스트**: "함께라면 더 강합니다."

성취와 기쁨(36~40초)

- **장면**: 운동 후 기쁨을 나누는 사람들
- **내레이션/텍스트**: "모든 도전은 가치가 있습니다."

클로징(41~45초)

- **장면**: 브랜드 로고와 슬로건
- **내레이션/텍스트**: "[브랜드명], 당신의 도전을 응원합니다."

마무리(46~60초)

- **장면**: 다양한 운동 활동을 즐기는 사람들의 모습을 보여줌
- **내레이션/텍스트**: "도전은 여기서 끝나지 않습니다. 계속 움직이세요."

추가 요소

- **음악**: 강렬하고 동기 부여적인 사운드트랙
- **색감**: 생동감 있고 에너지 넘치는 색상 사용
- **그래픽/애니메이션**: 제품의 기능성을 강조하는 동적인 그래픽 요소

이 시나리오는 스포츠 브랜드의 가치를 전달하고, 시청자에게 도전 정신을 강조하며, 운동에 대한 동기 부여 제공을 목표로 합니다.

ChatGPT가 영상을 5초 간격으로 잘 정리해 주었습니다. 하지만 반대로 내레이션이 너무 짧게 들어가서 이야기의 서사가 약하게 느껴지네요. 그리고 아직 이 기업의 제품은 완성되지 않은 상황이어서 영상과 메시지만으로 동기를 부여해야 하므로 ChatGPT에게 이런 내용도 추가해 달라고 다시 수정을 요청했어요.

Q 아직 우리 제품이 제작되지 않은 상황이라 제품 사용 등이 포함된 부분은 다른 영상과 내레이션으로 대체해 줘. 그리고 내레이션에 들어갈 문구가 너무 짧아졌으니 전체적으로 스토리텔링이 될 수 있게 다시 작성해 줘.

⑤ 다음은 제품 제작 전 상황을 고려하여 수정한 1분 길이의 동기 부여 영상 광고 시나리오입니다. 제품 사용 장면 대신 다양한 스포츠 활동과 내레이션을 통한 스토리텔링에 초점을 맞추었습니다.

영상 광고 시나리오: '매 순간, 도전을 향하여'

오프닝(0~10초)
- **장면**: 새벽 도시와 자연의 아름다운 풍경. 사람들이 운동을 시작하는 모습
- **내레이션/텍스트**: "새벽, 도시가 잠에서 깨어나고 자연이 숨을 쉴 때 우리의 도전은 시작됩니다. 매일의 시작이 새로운 가능성을 열어줍니다."

도전의 시작(11~20초)
- **장면**: 러닝, 사이클링을 하는 사람들의 역동적인 모습
- **내레이션/텍스트**: "각 걸음, 각 페달의 움직임은 우리 삶의 리듬입니다. 도전은 우리가 살아가는 방식이며 우리의 열정을 불태우는 불꽃입니다."

운동의 다양성(21~30초)
- **장면**: 크로스핏, 요가, 체조 등 다양한 운동을 하는 사람들
- **내레이션/텍스트**: "체조의 우아함에서 요가의 평온함에 이르기까지 우리의 도전은 다양한 형태로 나타납니다. 각자의 몸짓에서 우리는 삶의 리듬을 찾습니다."

도전의 의미(31~40초)
- **장면**: 운동 후 서로를 격려하고 휴식을 취하는 사람들
- **내레이션/텍스트**: "도전은 우리를 서로 더 가깝게 만듭니다. 공유한 노력과 성취는 우리의 연결 고리입니다. 이 연결은 우리를 하나로 묶으며 우리의 정신을 강화합니다."

스토리의 클라이맥스(41~50초)
- **장면**: 일출을 배경으로 하며 모든 운동이 하나로 합쳐지는 듯한 연출
- **내레이션/텍스트**: "새벽의 첫 빛과 함께 우리의 도전도 빛을 발합니다. 각자의 도전이 만들어내는 화려한 무지개, 우리 모두를 위한 밝은 미래를 약속합니다."

클로징 및 브랜드 메시지(51~60초)
- **장면**: 아름다운 자연 경관과 도시의 모습이 조화를 이루며 브랜드 로고와 슬로건이 등장
- **내레이션/텍스트**: "우리의 도전은 여기서 멈추지 않습니다. [브랜드명]과 함께 매 순간 최선을 다해 도전하세요. 우리는 당신의 도전을 응원합니다."

추가 요소
- **음악**: 강렬하고 영감을 주는 사운드트랙

- **색감**: 생동감 있고 에너지 넘치는 색상 사용
- **그래픽/애니메이션**: 각 운동의 역동성과 아름다움을 강조하는 시각적 요소

이 시나리오는 스포츠 브랜드의 정신을 전달하고, 시청자에게 도전 정신을 강조하며, 운동에 대한 동기 부여 제공을 목표로 합니다.

제가 원하는 대로 내용이 잘 나왔어요. 하지만 저는 한 명의 스포츠 선수를 중심으로 이야기가 펼쳐지는 서사 형식으로 설계되기를 바라므로 이런 뉘앙스를 녹여 다음과 같이 다시 ChatGPT에게 요청했습니다. 물음표를 던지면서 구어체로 질문해 보았는데, 이런 질문에도 ChatGPT가 잘 대답할지 같이 살펴볼까요?

Q 앞의 내용이 무척 좋아. 이 내용을 그대로 활용하되, 한 스포츠 선수를 중심으로 이야기를 풀어줄 수 있을까?

물론입니다. 한 스포츠 선수를 중심으로 1분 길이의 동기 부여 영상 광고 시나리오를 다음과 같이 수정했습니다.

영상 광고 시나리오: '하루의 도전'

오프닝(0~10초)
- **장면**: 새벽, 한 선수가 일어나 운동복을 입는 모습
- **내레이션/텍스트**: "새벽, 도시가 잠에서 깨어날 때 한 선수의 하루가 시작됩니다. 매일은 새로운 도전의 기회입니다."

도전의 시작(11~20초)
- **장면**: 선수가 러닝을 시작하며 도시의 거리와 자연을 달리는 모습
- **내레이션/텍스트**: "도시의 거리를 달리며 그는 자신의 한계를 시험합니다. 각 걸음은 그의 도전 정신을 나타냅니다."

다양한 운동(21~30초)
- **장면**: 선수가 체육관에서 크로스핏과 요가를 하며 다른 운동선수들과 교류하는 모습
- **내레이션/텍스트**: "체육관에서 그는 다양한 도전을 만납니다. 요가로 평온을, 크로스핏으로 강도를 높이며 자신을 단련합니다."

도전의 의미(31~40초)
- **장면**: 선수가 트레이닝한 후 동료들과 이야기하고 웃으며 휴식을 취하는 모습
- **내레이션/텍스트**: "훈련의 끝에서 그는 동료들과 성취를 공유합니다. 이것이 바로 도전의 진정한 의미입니다."

스토리의 클라이맥스(41~50초)

- **장면**: 선수가 일출을 배경으로 도시의 스카이라인을 바라보며 달리는 모습
- **내레이션/텍스트**: "새벽의 첫 빛과 함께 그의 도전도 빛을 발합니다. 매 순간 그는 자신의 한계를 뛰어넘으려고 노력합니다."

클로징 및 브랜드 메시지(51~60초)

- **장면**: 선수가 트레이닝을 마치고 아름다운 자연과 도시의 조화를 바라보며 브랜드 로고와 슬로건 등장
- **내레이션/텍스트**: "당신의 도전도 여기서 멈추지 않습니다. [브랜드명]과 함께 매일을 최선을 다해 도전하세요. 우리는 당신의 여정을 응원합니다."

추가 요소

- **음악**: 영감을 주는 강렬한 사운드트랙
- **색감**: 아침의 새벽과 일출의 따뜻한 색상 사용
- **그래픽/애니메이션**: 선수의 운동과 도전의 역동성을 강조하는 시각적 요소

이 시나리오는 한 스포츠 선수의 일상과 도전을 통해 스포츠 브랜드의 정신을 전달하고, 시청자에게 도전 정신을 강조하며, 운동에 대한 동기 부여 제공을 목표로 합니다.

✦ 최종 시나리오 정리하기

어떤가요? 다행히 제가 원하던 것들이 잘 반영되었습니다. 동기 부여 영상으로서의 스토리텔링뿐만 아니라 한 명의 스포츠 선수를 중심으로 한 서사, 그리고 스포츠 종목 중 역동성이 잘 보이는 '달리기'로 원하는 내용을 표현해 주었네요. 달리기(러닝, 마라톤), 복싱, 축구 등의 역동적인 스포츠가 '도전'과 '열정'이라는 키워드를 소개하고 설득하기 좋다고 생각하는데, 제 생각을 잘 읽은 것 같아서 마음에 듭니다. 저는 이 내용을 바탕으로 내레이션 부분을 다듬으면서 최종 시나리오를 정리했습니다.

이렇게 정리한 시나리오는 나중에 영상 제작에 활용할 예정입니다. 여러분도 출력한 문구를 메모장이나 워드 등에서 문서로 정리해 놓으면 영상을 좀 더 쉽게 만들 수 있습니다.

도전을 입고 달리다

도전은 누구에게나 열려 있습니다. 매일, 새로운 시작이 우리를 기다립니다.

그 첫걸음은 언제나 가장 힘듭니다. 하지만 그것이 바로 변화의 시작입니다.

목표를 향한 그들의 눈빛은 말합니다. '난 할 수 있다'고

장애물은 단지 우리를 시험할 뿐 우리의 결심을 꺾을 수는 없습니다.

지칠 때도 있겠지만, 포기하지 않는 것이 진정한 도전자의 자세입니다.

쉬어가는 것은 부끄러운 일이 아닙니다. 그것은 더 큰 도약을 위한 준비일 뿐입니다.

함께하는 동료들은 우리의 힘입니다. 그들과 함께라면 더 멀리 갈 수 있습니다.

준비된 순간, 모든 것이 가능해집니다. 당신의 노력은 결코 헛되지 않습니다.

그리고 출발! 모든 열정과 훈련이 이 순간을 위한 것입니다.

목표는 눈앞에 있습니다. 이제 당신의 꿈을 향해 달려가세요.

성공의 순간, 그것은 단지 시작일 뿐입니다. 더 큰 도전이 당신을 기다립니다.

당신의 여정은 계속됩니다. 끝없는 도전 속에서, 당신은 무한한 가능성을 발견할 것입니다.

미리 한 가지 사실을 말하면 이 영상을 생성형 AI 툴을 통해 출력할 때 같은 선수로 계속 영상을 만드는 것은 현재로서는 어렵습니다. 동화책 만들기에서 경험했듯이 생성형 AI가 가진 한계 때문에 완전히 같은 사람을 계속 출력하는 것은 어렵기 때문입니다. 그래서 동화책을 만들 때는 일종의 캐릭터 스티커를 여러 개 만들고 주인공을 잘라서 사용했지만, 영상에서는 이런 방식을 구현하는 것이 더욱 어렵습니다. 그럼에도 불구하고 이렇게 한 명의 스포츠 선수를 중심으로 시나리오를 다듬는 작업을 진행한 것은 ChatGPT와 계속 대화하면서 원하는 답변을 얻는 과정을 참고할 수 있게 돕기 위해서입니다.

이제 여기에 나와 있는 배경 영상을 잘 출력한다면 광고 영상을 쉽게 제작할 수 있을 것입니다. 우리가 주력으로 사용할 '브루(Vrew)' 툴을 사용하기 전에 전 세계적으로 가장 유명한 인공지능 기반의 생성형 영상 제작 도구인 '런웨이(Runway)'를 활용해서 짧은 영상을 먼저 만들어보겠습니다.

런웨이로 비디오 영상 만들기
– 테스트 영상

런웨이(Runway) 서비스는 글을 비디오로(Text to Video) 만들거나 이미지나 비디오를 다시 비디오로(Image/Video to Video) 제작하는 인공지능 툴입니다. 유료 서비스이지만, 구글 아이디로 회원 가입하고 로그인하면 소량의 크레딧을 제공합니다. 이 크레딧을 활용해 직접 런웨이 서비스를 이용해 보고 도움이 된다면 유료로 사용해 보는 방법을 추천합니다.

런웨이에서 한두 개의 영상 샘플을 만들어본 후 본격적으로 활용하는 것이 좋습니다. 최종 출력물은 다른 인공지능 툴을 활용할 예정이지만, 런웨이를 경험하기 위해 로그인하고 영상을 직접 만들어 보기를 권장합니다.

✦ 첫 번째 테스트 영상 만들기

1 구글에서 'runway'를 검색하여 런웨이 홈페이지로 이동한 후 로그인합니다.

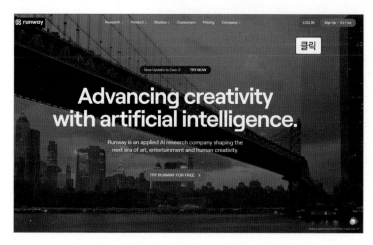

TIP ✦ 생성형 AI 툴킷은 매우 빠르게 개발 및 업데이트되므로 화면 구성이 다를 수 있습니다. 이런 경우에는 우선 책을 통해서 영상 제작 과정의 큰 흐름을 살펴보고 다시 생성형 AI 툴킷으로 되돌아와서 실습하는 것이 좋습니다.

② 홈 화면이 열리면 왼쪽 사이드바에는 내가 이미 생성한 콘텐츠를 확인할 수 있는 Asset 관련 메뉴와 비디오(Videos), 이미지(Images), 그 외(More) 기능이 표시되어 있습니다. 각각의 메뉴에서 서비스를 이용할 수 있는데, 비디오를 생성하기 위해 화면의 중앙에 있는 [Try from Gen-2] 버튼을 클릭하세요.

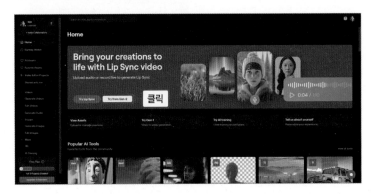

TIP ✦ [Try Lip Sync] 버튼은 음성을 제작할 수 있습니다.

③ 다음과 같은 화면이 열리면 가장 왼쪽에는 프롬프트(Prompt)부터 스타일(Style) 및 비율(Aspect Ratio)을 선택할 수 있는 메뉴가 보입니다.

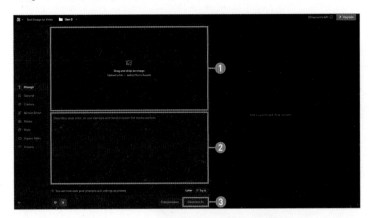

① 영상을 만들 때 참고할 만한 이미지를 업로드할 수 있습니다.
② 명령어를 입력하는 곳으로, 회색으로 예시 문구가 작성되어 있습니다.
③ 명령어를 입력한 후 [Generate 4s] 버튼을 클릭하면 약 4초 정도의 기본 영상을 생성할 수 있습니다.

④ 영상을 제작하기 위해 프롬프트를 입력해야 하는데, 런웨이에서는 영어로만 질문해야 합니다. 구글 번역기를 열고 다음 내용 중 '배경' 문장을 영작한 후 복사합니다.

Test 1

1. 새벽의 준비(0~5초):

- **배경**: 새벽 안개가 자욱한 공원, 한 남성이 뛰기 위해 스트레칭을 하고 있다.
- **내레이션**: "새로운 하루, 새로운 도전이 시작되죠."
- **키워드**: 시작, 도전, 준비

⑤ 런웨이로 되돌아온 후 구글 번역기에서 복사한 영문 'In a foggy park at dawn, a man is stretching to run'을 그대로 붙여넣습니다. 그대로 출력을 요청해도 되지만, 왼쪽에 있는 메뉴를 활용하면 영상을 좀 더 편하게 만들 수 있습니다. 예를 들어 이들 메뉴 중 'Style'을 클릭하면 실사, 애니메이션, 영화 느낌 등 출력하려고 하는 영상의 콘셉트를 선택할 수 있고 'Aspect Ratio'를 클릭하면 지금 보이는 이미지와 같이 사용하는 영상 기기에 맞는 영상을 출력할 수 있습니다. 여기서는 'Aspect Ratio'에서 일반적인 유튜브 영상에 활용되는 '16:9' 비율을 선택하고 [Generate 4s] 버튼을 클릭하세요.

6 영상이 생성되기 시작하면 잠시 기다리세요.

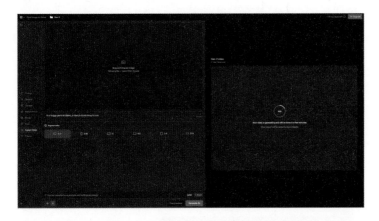

7 영상이 모두 생성되면 다음 화면과 같이 4초짜리 한 편의 영상이 완성됩니다.

✦ 두 번째 테스트 영상 만들기

앞에서 만든 첫 번째 테스트 영상은 스틸컷 이미지로는 그럴듯해 보이지만, 실제 영상에서는 남자의 다리 부분과 관절의 움직임 등이 이상하고 배경과 겉도는 느낌입니다. 실제로 사용할 수 없는 수준이어서 크레딧을 더 사용해 재수정을 요청할 수도 있지만 몇 번을 시도해도 결과는 비슷한 것으로 볼 때 생성형 AI가 아직 인체를 정확하게 표현하지 못하고 있네요. 하지만 우리가 입력한 명령어가 복잡하거나 다른 이유 때문에 이상하게 출력되었을 수도 있으므로 테스트 영상을 하나 더 만들어 볼게요.

1 프롬프트에 문제가 있을 수 있으므로 ChatGPT를 활용해 좀 더 정교하게 프롬프트를 출력해 보세요.

광고 홍보 영상을 제작하려고 해. 아래 시나리오를 잘 반영한 영상을 출력할 수 있는 프롬프트를
작성해줘.

#시나리오#
1. 제목: 새벽의 준비
2. 배경: 새벽 안개가 자욱한 공원, 한 남성이 달리기 전에 스트레칭을 하고 있다.
3. 내레이션: "새로운 하루, 새로운 도전이 시작되죠"
4. 키워드: 시작, 도전, 준비
5. 분량: 약 4초

 Title: "Dawn's Preparation"

Visual Prompt: Start with a close-up of a man's hands tying his running shoes in the
early morning fog. Shift to a wide shot showing him stretching his arms upwards,
surrounded by the misty ambiance of a quiet park at dawn. Soft morning light filters
through the trees.
Narration: "A new day, a new challenge begins."
Keywords: Start, Challenge, Preparation

(새벽의 준비)
시각적 프롬프트: 새벽 안개 속에서 한 남성이 러닝화 끈을 매는 모습을 클로즈업으로 시작합니
다. 이어서 남성이 팔을 위로 쭉 뻗으며 스트레칭하는 모습을 공원의 안개가 자욱한 조용한 분위
기 속에서 와이드샷으로 보여줍니다. 나무 사이로 부드러운 아침 햇살이 스며듭니다.
내레이션: "새로운 하루, 새로운 도전이 시작되죠."
키워드: 시작, 도전, 준비

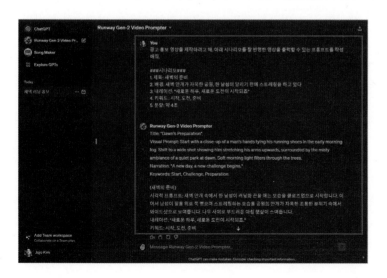

2 답변에서 'Visual Prompt'의 영문 부분을 복사해서 붙여넣고 [Generate 4s] 버튼을 클릭합니다. 그러면 기존 영상의 아래쪽에 새로운 영상이 제작되기 시작합니다.

3 로딩이 끝나면 다음 화면과 같이 영상 한 편이 완성됩니다.

이번에는 한 남성이 달리기 전에 준비하는 것과 같은 영상이 출력되지만, 가만히 살펴보면 한쪽 다리가 보이지 않습니다. 영상을 재생하면 다리가 생기지만 신발이 뭉개져서 광고 홍보용으로 사용하기 어렵네요. 아직 생성형 AI가 인간을 자연스럽게 표현하는 것이 어려워서 뼈마디, 손가락, 관절과 같은 신체 묘사는 더 많이 학습해야 합니다. 다행히 최근 OpenAI에서 공개한 소라(Sora)는 학습을 통해 이런 부분을 크게 개선했습니다. 아직 일반 사용자들에게 소라가 공개되지는 않았지만, 얼마 후에는 소라를 선두로 런웨이와 기타 비디오 생성 AI의 수준이 크게 향상될 것으로 예상됩니다.

지금까지는 본격적으로 광고 영상을 제작하기 전에 글을 비디오 형식으로 변환(Text to Video)하는 대표적인 인공지능 툴킷을 소개했습니다. 결과물은 아쉽지만, 앞에서 배운 ChatGPT나 미드저니(Midjourney)와 비슷하다는 것을 느꼈을 것입니다. 다음 장에서는 동영상을 좀 더 편리하게 제작할 수 있는 AI 기반의 동영상 편집 프로그램 '브루(Vrew)'를 활용해서 실제로 사용할 수 있을 만큼 괜찮은 광고 영상을 제작해 보겠습니다.

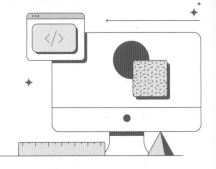

브루로 광고 영상 만들기

이번에는 국내에서도 많이 이용하고 있는 영상 편집 프로그램 브루(Vrew)를 활용해서 광고 영상을 제작해 보겠습니다. 브루는 국내 인공지능 스타트업인 보이저엑스(VoyagerX)에서 만든 AI 소프트웨어로, 구글이나 크롬 등 웹 환경에서 사용하는 것이 아니라 PC 등에 설치해서 이용해야 합니다. 브루는 회원 가입 후 무료로 이용할 수 있지만, 상업적으로 이용하기 위해 워터마크 등을 제거하려면 유료 결제를 해야 합니다. 그러므로 무료 환경에서 브루를 충분히 활용해 보고 비즈니스 등에 본격적으로 사용해야 할 때 유료로 이용해 보세요.

브루를 이용해서 다음과 같은 과정으로 영상을 만들어 보겠습니다.

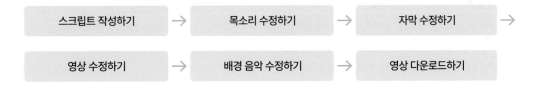

✦ 스크립트 작성하기

1 구글에서 '브루' 또는 'Vrew'를 검색하거나 브루 웹사이트 주소(vrew.voyagerx.com/ko)를 입력하여 브루 홈페이지로 이동한 후 [무료 다운로드] 버튼을 클릭합니다. 윈도우나 맥 등의 환경에 맞게 다운로드가 진행되면 브루를 설치하고 실행하세요.

[2] 브루를 처음 설치했다면 샘플 영상이 보일 것이고 이전에 사용해 보았다면 가장 최근에 제작한 영상 기록이 남아있겠지만, 기존 내용은 무시하고 '새로 만들기'를 클릭하세요.

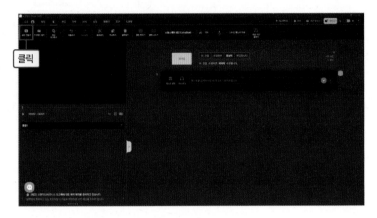

TIP ✦ 브루를 사용하려면 회원에 가입해야 합니다.

[3] 본격적으로 브루를 이용하기 전에 200쪽에서 우리가 ChatGPT로부터 받은 마지막 시나리오의 스크립트 정리본을 다시 가져왔습니다. 만약 이전에 스크립트를 정리하지 않았다면 메모장이나 워드에 다음의 텍스트를 입력해서 준비해 두세요. 각 문장이 영상을 생성하는 데 유용할 뿐만 아니라 자막으로도 사용할 거예요.

도전을 입고 달리다

도전은 누구에게나 열려 있습니다. 매일, 새로운 시작이 우리를 기다립니다.

그 첫걸음은 언제나 가장 힘듭니다. 하지만 그것이 바로 변화의 시작입니다.

목표를 향한 그들의 눈빛은 말합니다. '난 할 수 있다'고

장애물은 단지 우리를 시험할 뿐, 우리의 결심을 꺾을 수는 없습니다.

지칠 때도 있겠지만, 포기하지 않는 것이 진정한 도전자의 자세입니다.

쉬어가는 것은 부끄러운 일이 아닙니다. 그것은 더 큰 도약을 위한 준비일 뿐입니다.

함께하는 동료들은 우리의 힘입니다. 그들과 함께라면 더 멀리 갈 수 있습니다.

준비된 순간, 모든 것이 가능해집니다. 당신의 노력은 결코 헛되지 않습니다.

그리고 출발! 모든 열정과 훈련이 이 순간을 위한 것입니다.

목표는 눈앞에 있습니다. 이제 당신의 꿈을 향해 달려가세요.

성공의 순간, 그것은 단지 시작일 뿐입니다. 더 큰 도전이 당신을 기다립니다.

당신의 여정은 계속됩니다. 끝없는 도전 속에서, 당신은 무한한 가능성을 발견할 것입니다.

TIP ✦ 텍스트는 부록에서 '도전을 입고 달리다.txt'로 제공합니다.

4 [새로 만들기] 창이 열리면 브루에서 지원하는 다양한 영상 제작 옵션 중 [텍스트로 비디오 만들기]를 선택합니다.

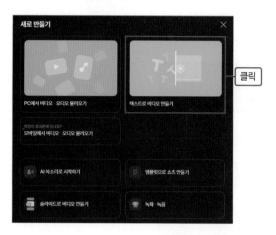

5 비디오를 삽입하려면 FFmpeg를 다운로드해야 한다는 [확인] 창이 열리면 [예] 버튼을 클릭하세요.

TIP ✦ FFmpeg는 디지털 음성 스트림과 영상 스트림에 대해서 다양한 형태로 기록하고 변환하는 컴퓨터 프로그램으로, VREW를 이용하기 위해 FFmpeg 프로그램이 없으면 다운로드해야 한다는 [확인] 창이 열립니다.

6 화면 비율을 정하는 화면이 열리면 유튜브 형식으로 영상을 만들 예정이므로 '유튜브 16:9' 사이즈를 선택하고 [다음] 버튼을 클릭합니다.

7　비디오 스타일을 선택하는 화면이 열리면 스포츠 브랜드 홍보 영상을 제작하고 있으므로 관련 영상을 선택한 후 [다음] 버튼을 클릭합니다. 스포츠 브랜드 홍보 영상은 '제품 홍보 영상 스타일'과 연관이 있지만, 브랜딩 영상으로 키워드가 '도전'인 동기 부여 영상을 제작할 것이므로 '명언 영상 스타일'이 더 연관 있어서 이 스타일을 선택했어요.

TIP ✦ 비디오 스타일은 영상 제작에 아주 큰 비중을 차지하지 않으므로 잘 어울리는 스타일이 없으면 '스타일 없이 시작하기'를 선택해도 됩니다. 그러면 다음 페이지에서 AI가 텍스트 문장을 보고 스타일 제작을 지원해 주기 때문입니다.

8　영상을 만들기 위해 주제와 대본을 입력하는 화면이 열리면 '주제'에는 준비한 스크립트의 제목인 《도전을 입고 달리다》를 입력하고 '대본'에는 3 과정에서 입력한 나머지 문장을 복사해서 붙여넣습니다.

TIP ✦ 대본을 복사해서 붙여넣지 않고 직접 입력해도 됩니다.

9 입력을 완료하고 화면을 살펴보면 재미있는 기능이 많네요. 이들 기능을 이용해 원하는 스타일을 지정한 후 영상을 제작하기 위해 [완료] 버튼을 클릭합니다.

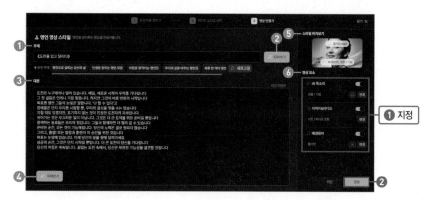

① **주제**: '주제'에 제목을 직접 입력해도 되지만 '주제' 입력 상자의 아래쪽에는 AI가 알아서 스타일과 관련된 주제를 추천한 '추천 주제'가 많이 표시되어 있으니 참고해서 주제를 정할 수 있습니다.

② **[다시쓰기] 버튼**: AI에게 주제를 작성해 달라고 요청할 수 있습니다.

③ **대본**: 이번 실습에서는 대본을 붙여넣었지만, [이어쓰기] 버튼을 클릭해 대본을 추가할 수 있습니다.

④ **[이어쓰기] 버튼**: AI가 작성한 내용을 바탕으로 이야기를 더 추가할 수 있습니다. 특별히 어떤 대본이나 주제를 준비하지 않았어도 브루의 AI가 작성을 도와줘서 영상 제작을 지원합니다.

⑤ **스타일 미리보기**: 영상의 대본을 AI 목소리로 읽어주므로 스타일을 미리 확인할 수 있습니다.

⑥ **영상 요소**: 어울리는 이미지와 비디오, 그리고 배경 음악까지 설정할 수 있습니다.

10 작성한 대본으로 영상을 생성하겠는지 묻는 [확인] 창이 열리면 [완료] 버튼을 클릭하세요.

11 영상 제작이 시작되면서 로딩되면 잠시 기다립니다.

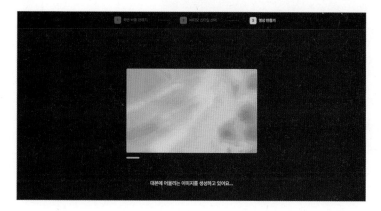

✦ 목소리 수정하기

영상과 자막이 만들어지면 화면 구성을 살펴보세요. 왼쪽의 미리 보기 화면에서는 영상을 미리 볼 수 있는데, 구분선에 마우스 포인터를 올려놓고 드래그해 왼쪽 미리 보기 화면과 오른쪽 편집기의 크기를 조절할 수 있습니다. 주로 오른쪽 화면에 있는 편집기를 사용하는데, 편집기에서는 다음과 같은 작업을 할 수 있어요.

① 목소리 수정   ② 자막 수정   ③ 영상 수정   ④ 배경 음악 수정

[1] 왼쪽 미리 보기 화면에 있는 'Play' 버튼(▶)을 클릭해서 약 1분 간 영상을 재생해 봅니다. 내용도 괜찮고 영감을 주는 영상인 만큼 내레이션 속도가 조금 느려서 좋네요. 먼저 목소리를 수정하기 위해 오른쪽 편집기에서 아무 목소리나 선택하고 Ctrl + A 를 누르세요.

[2] 전체 목소리 파일을 선택했으면 [목소리 수정] 버튼을 클릭합니다.

212

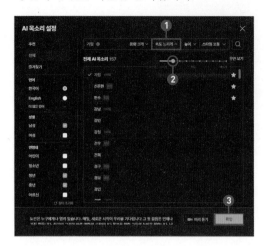

3   성우 목소리는 영상에 어울리므로 바꾸지 않고 속도를 줄이기 위해 '속도'를 더 느리게 설정한 후 [확인] 버튼을 클릭합니다.

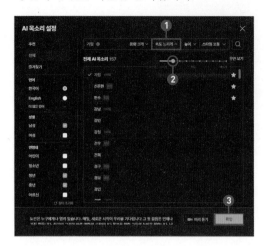

4   AI 목소리를 만들고 있다는 로딩 화면이 열리면 끝날 때까지 기다린 후 왼쪽의 미리 보기 화면에서 'Play' 버튼(▶)을 클릭해 원하는 속도로 변경되었는지 확인합니다. 이런 방법으로 원하는 스타일에 맞게 성우 목소리와 속도, 음량 등을 조정해 보세요.

✦ 자막 수정하기

1   이번에는 영상 자막을 수정해 볼게요. 여기서는 8번 클립과 9번 클립을 자연스럽게 이어주고 싶어서 9번 클립의 자막 부분을 선택하고 맨 앞에 '**그 길에 잠시**'를 입력하세요.

2 　자막 수정은 쉽지만, 이렇게 자막을 수정해도 AI 내레이션 목소리까지 자동으로 변경되지 않습니다. 따라서 음성 부분의 텍스트 상자에서 맨 오른쪽에 있는 '텍스트 수정' 아이콘(✎)을 클릭하고 추가 문구를 입력하여 텍스트를 수정한 후 [확인] 버튼을 클릭해서 내레이션까지 수정해야 합니다. 자막을 수정할 때는 즉시 바뀌지만, AI 목소리는 변환할 때 로딩 시간이 있으니 잠시 기다린 후 수정이 완료되었는지 확인하세요.

3 　자막과 음성을 모두 수정했는데, 왼쪽의 미리 보기 화면을 보면 문장이 길어서 자막이 예쁘게 정렬되지 않았습니다. 자막을 다시 클릭하고 Shift+Enter나 Enter를 눌러 적절하게 정렬하세요.

4 이와 같은 방법으로 전체 영상을 다듬고 다음 단계로 이동합니다. 자막을 수정하다 보니 문맥에 맞지 않는 부분이 생각보다 많아 다음과 같이 다시 다듬었으니 여러분도 참고해서 수정해 보세요.

도전을 입고 달리다

지금 당신의 모습이 만족스럽지 않나요?

도전은 늘 우리에게 열려있습니다.

물론 그 첫걸음을 떼는 것은 언제나 힘듭니다.

하지만 그것이 바로 변화의 시작입니다.

작은 목표도 괜찮습니다, 도전을 위해 필요한 것은 단 하나

'난 할 수 있다'는 마음가짐입니다.

장애물은 단지 우리를 시험할 뿐, 우리의 결심을 꺾을 수는 없습니다.

지칠 때도 있겠지만, 포기하지 않는 것이 진정한 도전자의 자세입니다.

그 길에 잠시 쉬어가는 것은 결코 부끄러운 일이 아닙니다.

그것을 더 큰 도약을 위한 준비라고 생각하세요.

또한 도전하는 길에 함께하는 동료들은 힘이 됩니다.

그들과 함께라면 더 멀리 갈 수 있습니다.

이처럼 준비된 순간, 모든 것이 가능해집니다.

당신의 노력은 결코 헛되지 않을 것입니다.

도전! 시작한다는 것, 그것은 당신의 모든 순간을 변화시킵니다.

묵묵히 나아가다보면, 목표는 어느새 눈앞에 있습니다.

이제 당신의 꿈을 향해 달려가세요.

성취의 순간, 그것은 단지 시작일 뿐입니다.

더 큰 도전이 당신을 기다립니다.

당신의 여정은 계속될 것입니다.

그리고 끝없는 도전 속에서, 당신은 무한한 가능성을 발견할 것입니다.

자막 수정

✦ 영상 수정하기

이번에는 영상을 수정해 볼 차례인데, 괜찮은 영상도 있지만, 그렇지 않은 영상도 있죠? AI가 신기하게도 글을 읽은 후 이미지와 영상을 만들어서 잘 배치해 주었다고 생각했는데, 제가 직접 브루(Vrew)를 여러 번 사용해 보니 100% 생성형 이미지를 만들어주는 것은 아니었습니다. 우리가 작성한 글을 분석해서 저작권 문제가 없는 무료 영상이나 이미지 소스를 배치해 주기도 하고 생성형 AI를 통해 만든 영상이나 이미지를 붙여넣기도 했더군요. 이런 점을 고려하여 영상을 수정해 보겠습니다.

1 원하는 클립을 선택합니다. 여기서는 1번 클립을 체크 표시하여 선택하고 클립 위에 표시되는 메뉴 중 [비디오]를 클릭한 후 [무료 비디오]를 선택하세요.

2　화면의 오른쪽에 [무료 애셋] 창이 열리면 무료 소스를 검색할 수 있는데, 여기서는 '불만족'을 검색합니다. 이 기능은 영상을 생성하는 것이 아니라 기존 영상 중에서 관련된 영상을 불러오는 것으로 보이네요.

3　한글로 검색해 보니 한 개의 영상 이미지가 보이지만, 원하는 영상 이미지는 아니네요. '불만족'과 유사한 '좌절', '심각한'과 같은 다양한 검색어를 한글과 영어로 입력해서 원하는 소스영상을 찾은 후 클릭만 하면 손쉽게 적용할 수 있습니다. 그런데 다른 방법은 없을까요? 마우스 포인터를 왼쪽의 미리 보기 영상에 올려놓으면 영상 위에 **'교체하기'**(▣)가 표시되는데, 이것을 클릭합니다.

4　[다른 이미지 또는 비디오로 교체하기] 창이 열리면 [결과 보기] 버튼을 클릭합니다.

5 다른 이미지가 생성되어 로딩되기 시작하면 잠시 기다리세요.

6 이처럼 인공지능의 도움을 받아서 자막 텍스트에 어울리는 이미지를 생성할 수 있습니다.
생성된 이미지를 클릭하세요.

7 영상이 교체되었는지 확인합니다.

8 움직이는 동영상은 덜 지루하지만, 이미지는 그대로 멈춰있어서 심심하네요. 이미지를 움직이고 싶다면 미리 보기에 있는 이미지를 선택하고 '애니메이션'(⬤)을 클릭하여 확대하거나 강조하는 등 다양한 기능을 적용할 수 있어요.

이렇게 영상을 수정하는 단계에서는 무료 이미지/동영상 애셋을 통해 영상을 적용하거나 생성형 이미지를 활용할 수 있습니다. 생성형 AI가 동영상 제작까지는 지원하지 않을 수 있으므로 여러분이 원하는 형식의 애셋을 이용해서 나머지 영상에 적용해 보세요. 아울러 브루 소프트웨어를 사용하는 도중에 오류가 발생할 수 있으므로 영상을 만드는 중간중간에 프로젝트를 꼭 저장해야 합니다. 프로젝트는 [파일]-[프로젝트 저장하기]를 선택하여 바탕 화면이나 원하는 폴더에 브루 전용 파일(.Vrew)로 저장하세요.

✦ 배경 음악 수정하기

이제 광고의 배경 음악을 수정해 보겠습니다. 영상에 감동을 주는 핵심은 바로 배경 음악인데, 배경 음악을 수정하는 방법도 영상을 수정하는 방법과 같습니다.

1 편집 화면에서 위쪽에 [삽입]-[배경 음악]을 선택하세요.

2 화면의 오른쪽에 [배경 음악] 창이 열리면서 저작권이 무료인 배경 음악이 표시되면 원하는 음악을 찾아 선택하세요. 만약 좋아하는 배경 음악 음원을 가지고 있으면 직접 업로드할 수도 있어요. 무료 버전에서는 동영상이나 음악이 제한될 수 있습니다.

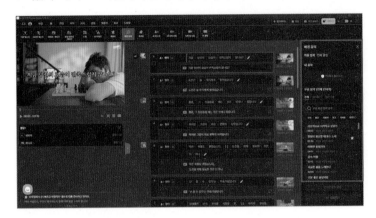

3 지금 동기를 부여하고 영감을 주는 영상을 제작중이므로 키워드에 '감동', '웅장한', '동기부여', '도전', '영감' 등의 단어를 넣어 검색해 볼게요. '도전' 키워드를 입력하니 '성공을 위한 도전'이라는 음악이 보여서 이것을 선택하고 [삽입하기] 버튼을 클릭했어요.

4 1번 클립의 왼쪽에 작은 '배경 음악' 아이콘(🎵)이 표시됩니다.

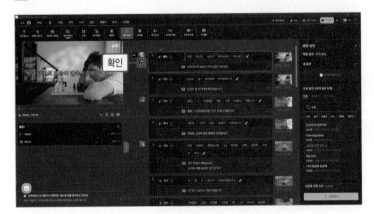

5 배경 음악은 기본적으로 전체에 적용됩니다. 만약 음악을 부분적으로 바꾸려면 '배경 음악' 아이콘(♫)을 클릭하고 [적용 범위 변경]을 클릭한 후 음악을 적용하는 범위를 설정할 수 있습니다.

TIP ✦ 클립에 배경 음악을 적용할 경우 [적용 범위 변경]을 선택해서 지정해도 되고 마우스로 직접 적용할 클립의 범위를 선택해도 됩니다.

6 클립에 배경 음악을 지정했으면 왼쪽 미리 보기 화면에서 'Play' 버튼(▶)을 클릭해서 배경 음악이 잘 재생되는지 확인합니다. 만약 배경 음악이 너무 커서 내레이션이 들리지 않으면 '배경 음악' 아이콘(♫)을 클릭하고 [볼륨 조절]을 선택해서 소리를 조정하세요. 만약 배경 음악을 지우고 싶으면 [삭제] 버튼을 클릭하세요.

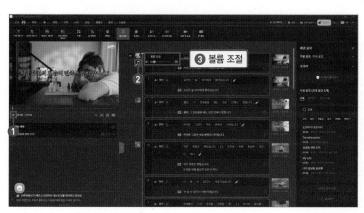

✦ 영상 다운로드하기

이제 광고 제작의 마지막 단계로 이제까지 제작한 영상을 추출해 보겠습니다.

1 화면의 오른쪽 위에 있는 '내보내기'를 클릭합니다. 영상 파일, 자막 파일, 프리미어 프로 편집용 파일 등 다양한 내보내기 파일 형식이 나타나면 원하는 형식을 선택하세요. 여기서는 별도로 수정하지 않을 것이므로 [영상 파일(mp4)] 형식으로 다운로드하겠습니다.

TIP ✦ 영상 파일(mp4) 형식으로 내보내면 나중에 유튜브 채널 등에도 업로드할 수 있어요.

2 동영상의 해상도나 화질 등을 선택할 수 있는 [동영상 내보내기] 창이 열리면 별다른 수정 없이 [내보내기] 버튼을 클릭하세요.

③ [영상으로 내보내기 (*.mp4)] 대화상자가 열리면 동영상을 저장할 폴더를 선택하고 [저장]
버튼을 클릭합니다.

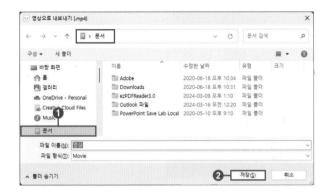

④ 각 클립의 오른쪽 위에 출력이 완료될 때까지 남아있는 시간을 보여주는 영상 출력 메시
지가 표시됩니다.

⑤ MP4 파일로 영상을 내보냈다는 [확인] 창이 열리면 [폴더 열기] 버튼을 클릭합니다.

6 미디어 플레이어를 실행한 후 저장한 동영상을 확인하세요.

자! 이제 인공지능 도구를 활용해서 광고 영상을 만들어 보았습니다. 여러분이 어떤 작품을 만들었는지 궁금하네요. 이렇게 한 편의 광고 영상을 완성해 보니 평소에 보던 TV나 OTT 서비스 중간중간에 등장하는 광고가 새삼 대단하다는 생각이 듭니다. 이 한 편의 광고를 만들기 위해 얼마나 많은 사람이 참여했는지, 편집하는 과정이 얼마나 힘들었을지도 공감이 되고 애플이나 나이키처럼 브랜딩이 잘 된 기업의 광고도 눈에 들어오네요. 이런 기업들은 제품이나 서비스에 대한 직접적인 언급 없이 오직 감동적인 스토리텔링만으로 브랜드의 가치를 전달하는데, 그 구조를 설계하기 위해서 얼마나 많은 기획 과정이 필요했을지 가늠이 되지 않습니다. 하지만 우리가 기죽을 필요는 없겠죠? 지금의 우리와 그런 광고 전문가들의 작품 퀄리티에 큰 차이가 나는 것은 당연한 일입니다.

이제는 이러한 경험의 공백을 메워줄 인공지능과 같은 새로운 기술이 속속 등장하고 있습니다. 따라서 우리가 미리 이런 도구들이 어떤 방식으로 작동하고 접근할지를 미리 경험해 둔다면 전문가들과의 실력 간격을 크게 좁힐 수 있는 기회는 분명히 온다고 생각합니다.

완성한 광고 영상은 QR 코드를 이용해서 확인할 수 있습니다.

자막 스타일을 일괄적으로 수정하는 꿀팁!

광고 영상을 빠르게 제작하기 위해 213쪽의 '자막 수정하기' 단계에서 스타일을 수정하는 방법을 안내하지 않았습니다.
브루(Vrew)에서 자막을 변경하는 방법은 크게 두 가지가 있습니다.

> **방법 1** 각 클립별로 하나씩 자막 수정하기
> **방법 2** 일괄적으로 한 번에 자막 수정하기

다음 화면과 같이 클립 한 개를 선택하고 자막을 수정할 수 있습니다.

자막이 몇 개 없다면 하나씩 수정해도 됩니다. 하지만 이렇게 클립 한 개의 자막을 수정한 후 그 스타일을 전체 클립에
적용하려면 어떻게 해야 할까요? 여기서는 전체 클립에서 자막의 글꼴과 위치를 한 번에 바꿔보겠습니다.

1. 자막을 일괄적으로 수정하려면 메뉴 표시줄에서 [자막] 메뉴가 아니라 [홈] 메뉴를 선택해야 합니다. 하나의 클립을
   선택하고 [홈]-[배달의민족 연성체]를 선택하세요.

2. 자막 전체의 폰트가 '배달의민족 연성체'로 바뀌었어요. 클립 전체를 선택하지 않았는데도 전체 폰트가 한 번에 변경
되어서 너무 편리합니다.

3. 이런 방식으로 폰트뿐만 아니라 폰트 크기와 폰트 색상도 한 번에 바꿀 수 있습니다. 그렇다면 자막의 위치는 어디서
바꿔야 할까요? 이번에도 메뉴 표시줄에서 [자막] 메뉴를 선택하면 될까요? 아닙니다. 이번에는 [홈] 메뉴의 기능까
지 모두 컨트롤할 수 있는 [서식] 메뉴를 선택해야 합니다. [서식] 메뉴에 있는 테두리나 배경 색상을 바꾸는 기능은
여러분이 직접 해 보세요. 여기서는 '위치'만 조정하기 위해 5번 클립을 선택하고 **[서식]-[위치]**를 클릭한 후 상하 좌
우 위치를 지정합니다.

4. 모든 클립의 자막 위치가 원하는 위치로 한 번에 이동했는지 확인합니다. 다시 한번 강조하지만, 브루(Vrew)에서는 개별 클립을 이용해서 자막의 폰트나 위치를 변경하지 말고 제목 표시줄의 [홈]이나 [서식] 메뉴를 이용해서 일괄적으로 변경해야 합니다. 이와 같이 전체 일괄 변경이 가능하면 [서식] 메뉴의 왼쪽에 초록색 글자(기본 서식)로 [기본 서식]이 세팅되어 있어요. 하지만 특정 클립만 선택되어 있다면 [클립 10](클립 10)과 같이 한 개의 클립 번호나 다른 문구로 표시되어 있습니다.

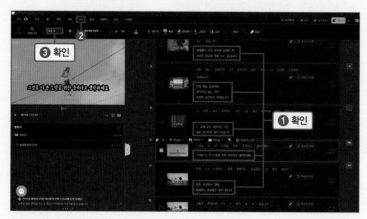

그렇다면 메뉴 표시줄에 있는 [자막] 메뉴는 어디에 사용할까요? [자막] 메뉴에서는 자막 파일을 불러오거나 번역 자막 등을 추가하고 맞춤법 등을 검사할 수 있어요. 하지만 자막 스타일을 변경할 경우에는 반드시 [서식] 메뉴를 이용해야 한다는 것을 꼭 기억하세요.

IR 피치덱 만들기

ChatGPT(기획) + Gamma(PPT 구성)

이번 장에서는 ChatGPT와 생성형 AI 기술인 감마(Gamma)를 활용해서 IR 피치덱을 제작해 보겠습니다. 실리콘밸리에서 성공적인 피치덱 사례로 손꼽히는 에어비앤비(Airbnb)의 전략을 참고하여 ChatGPT로 기획과 내용을 구성하고 감마를 통해 자동화된 PPT 제작 과정을 학습해 보겠습니다.

이러한 과정을 통해 인공지능(AI)을 활용해 효율적이고 전문적인 수준의 IR 자료를 만드는 실용적인 노하우를 익혀볼게요. 실제로 피치덱을 직접 제작해 보면 비즈니스 실무에서 AI 기술을 어떻게 활용할 수 있는지 체험해 볼 수 있습니다. 또한 AI 기술이 비즈니스 의사 결정과 대외 커뮤니케이션에 기여하는 방법도 깊이 있게 탐구할 수 있을 것입니다.

돈이 없어 방에서 쫓겨날 위기에 처한 두 친구 이야기 ①

조(Joe Gebbia)와 브라이언(Brian Chesky)은 대학에서 디자인을 전공하고 졸업 후 직장 생활을 시작했지만 늘 불만이 많았습니다. 연봉은 턱없이 낮았고 회사 업무와 문화도 본인들에게 맞지 않았어요. 두 사람은 같은 지역에 자리를 잡게 되면서 창업하자고 의기투합했습니다. 하지만 자본금이 1,000달러 정도에 불과해서 방 월세를 내기에도 빠듯했습니다. 심지어 얼마 뒤 집주인 할머니는 월세를 올리겠다고 말해서 두 친구는 굉장히 난처한 상황에 처하게 되었습니다.

돈을 모으는 게 무엇보다 중요해진 두 친구는 이런저런 궁리를 하다가 마침 그들이 사는 지역에서 디자인과 관련된 커다란 콘퍼런스가 열린다는 사실을 알게 되었습니다. 두 친구도 디자인을 전공했으므로 이 콘퍼런스에 참여했는데, 콘퍼런스 내부보다 밖에서 사람들과 대화하면서 놀라운 사실을 알게 됩니다. 워낙 큰 콘퍼런스가 열리다 보니 이미 주변 호텔은 예약이 마감되어 급히 참가한 디자이너들이 묵을 곳이 없어 난처한 상황임을 알게 된 것이죠. 두 친구는 이때 순간적으로 번뜩이는 아이디어를 내었습니다.

"우리 집에 방이 비잖아? 빈 방을 숙소로 빌려주고 돈을 받는 건 어때?"

▲ 미드저니에서 출력한 공용 거실 이미지(자료 출처: 미드저니)

※ 뒤의 이야기는 248쪽에서 이어집니다.

스타트업 창업에
IR이 중요할까?

✦ 창업가에게 IR이 필요한 이유

▲ 미드저니에서 출력한 IR 피칭 관련 이미지(자료 출처: 미드저니)

IR(Investor Relations, 투자자들에게 기업 정보를 제공하기 위한 문서)은 스타트업 창업에 매우 중요합니다. 이유는 간단합니다. 대부분의 창업팀은 돈이 없기 때문이죠. 만약 기존 사업을 성공했거나, 돈이 많거나, 주변에 모금을 하는 등 나름대로 창업을 위한 자금을 충분히 모았다면 굳이 별도의 투자를 받을 필요가 없습니다. 새로운 사업에 대한 확신이 있다면 누군가의 도움 없이 매출을 발생시킨 후 여기에서 발생하는 순수익을 온전히 가져가는 것이 최선이기 때문입니다.

하지만 대부분의 창업가는 충분한 자금력이 없습니다. 오직 '어떤 문제를 해결하겠다'라는 일념과 열정으로 똘똘 뭉친 사람들과 아이디어만 있습니다. 가지고 있는 이 아이디어를 현실화하려면 자금이 필요합니다. 일반적으로 대부분의 초기 자금은 만들려고 하는 혁신적인 제품이나 서비스의 기술 개발비와 연구비, 그리고 팀원들의 인건비로 사용합니다. 따라서 초기 자금은 당연히 창업 멤버 몇 명이 아르바이트해서 충당할 수 있는 수준이 아니겠죠? 만들어진 서비스가 없으니 매출을 발생시킬 수 있는 방안도 없습니다. 그래서 자신들이 추진하려는 사업의 소중한 지분 중 일부를 떼어주면서까지 자금을 모으기 위해 힘쓸 수밖에 없습니다. 반대로 초기 투자자들은 상대적으로 적은 투자금으로 미래 가치가 우수할 것으로 예상되는 창업팀의 일부 지분을 손쉽게 가져올 수 있습니다.

창업팀은 최소한의 지분을 주면서 최대한의 자금을 확보하기 위해 사업 모델과 팀의 경쟁력을 인상 깊게 남기려고 합니다. 반면 투자자는 최소한의 투자금으로 최대한의 지분을 가져오기 위해 창업팀의 사업 현황부터 보유한 혁신 기술과 비즈니스 모델, 그리고 향후 사업 전개 방향까지의 내용을 면밀하게 살펴봅니다. 이렇게 치열한 투자 유치 IR과 사업성 분석 및 검증 과정을 통해 투자 자금을 모을 수 있는 좋은 방법은 문서를 잘 정리하는 것입니다. 이 문서를 얼마나 매력적으로 만드느냐가 창업팀의 숙명이라고 할 수 있는데, 우리는 이 문서를 '회사 소개서', '사업 계획서', 'IR 피치덱' 등으로 부릅니다.

▲ 미드저니에서 출력한 문서가 올려져 있는 사무실 이미지(자료 출처: 미드저니)

✦ 회사 소개서와 사업 계획서, IR 피치덱의 차이

앞에서 창업팀이 자금 조달을 위해 필요한 세 가지 문서, 즉 회사 소개서와 사업 계획서, 그리고 IR 피치덱을 언급했어요. 그런데 이들의 차이점이 정확히 무엇인지 헷갈려서 ChatGPT에게 물어보았습니다.

> **Q** 회사 소개서, 사업 계획서, IR 피치덱의 차이점이 뭐야?

> 회사 소개서, 사업 계획서, 그리고 IR 피치덱은 모두 기업이 자신을 소개하고 목표를 전달하기 위한 문서이지만, 목적과 대상이 각각 다릅니다.
>
> **1. 회사 소개서(Company Profile)**
> - **목적**: 회사의 일반적인 정보를 제공하는 문서입니다. 회사 소개서에는 회사의 역사, 문화, 주요 제품이나 서비스, 경영진 소개 등을 포함할 수 있습니다.
> - **대상**: 넓은 범위의 청중을 대상으로 하고 일반 고객, 파트너, 미디어 등이 해당됩니다.
> - **사용 범위**: 네트워킹 이벤트, 웹사이트, 기업 홍보 자료 등에서 사용합니다.
>
> **2. 사업 계획서(Business Plan)**
> - **목적**: 기업의 전략적 방향과 세부적인 사업 계획을 설명하는 문서입니다. 사업 계획서에는 시장 분석, 마케팅 전략, 재무 계획, 경영팀 소개 등을 포함할 수 있습니다.
> - **대상**: 주로 투자자나 대출 기관, 파트너사 등을 대상으로 하고 사업의 구체적인 계획과 재무적 예측을 제공합니다.

- **사용 범위**: 투자 유치, 대출 신청, 사업 파트너십 구축 등의 목적으로 사용합니다.

3. IR 피치덱(IR Pitch Deck)
- **목적**: 투자자에게 회사의 가치와 투자 기회를 설명하기 위한 짧고 간결한 프레젠테이션 자료입니다. IR 피치덱에서는 회사의 비전, 성장 잠재력, 시장 기회, 경쟁 우위 등을 강조합니다.
- **대상**: 주로 벤처 캐피털 리스트, 엔젤 투자자, 다른 투자 기관 등 잠재적 투자자를 대상으로 합니다.
- **사용 범위**: 투자 유치 미팅, 스타트업 피치 대회 등에서 사용합니다.

각각의 문서는 기업이 자신을 어떻게 포지셔닝하고 어떤 메시지를 전달하려고 하는지에 따라 내용과 형식이 다르고 특정한 목표를 달성하기 위해 맞춤화해서 사용합니다.

ChatGPT는 이처럼 답변해 줍니다. 본질적으로 회사 소개서와 사업 계획서, 그리고 IR 피치덱은 하나의 기업과, 그 기업이 가진 제품과 서비스 같은 솔루션을 소개한다는 점에서는 같습니다. 그런데 이것을 범위의 측면이나 소개하는 대상에 따라 크게 두 가지로 나눌 수 있습니다.

우선 거시적인 '관점'에서 회사의 미션과 비전, 연혁, 다양한 제품군과 경영진을 소개하는 문서는 '회사 소개서'입니다. 반면 미시적인 관점에서 특정 사업부나 솔루션에 대한 판매나 투자 유치 등의 목적을 위해 뾰족하게 다듬은 문서는 '사업 계획서'나 'IR 피치덱'이라고 구분할 수 있습니다. 그리고 기업에 대한 안내를 보거나 듣는 '대상'에 따라 구분해 놓았다고 생각하면 구분하기 쉽습니다. 기업 활동을 하다 보면 'PR'과 'IR'이라는 단어를 듣게 됩니다. PR은 홍보 부서에서, IR은 재무 부서에서 사용하는 단어라는 느낌이 드는데, 이들 두 단어의 정확한 뜻은 다음과 같습니다.

- **PR(Public Relations)**: '대중(일반 고객)'을 대상으로 회사와 제품 및 서비스를 홍보하는 활동
- **IR(Investor Relations)**: '투자자'를 대상으로 회사와 제품 및 서비스를 홍보하는 활동

일반적으로 PR 활동에서 사용하는 회사 소개서는 회사 자체의 가치와 인지도를 끌어올리는 브랜딩 활동이나 제품 및 서비스를 판매하려는 목적으로 활용합니다. 그리고 IR 활동에서 사용하는 IR 피치덱은 투자자로부터 자금을 유치하려는 목적으로 사용하고 사업 계획서는 PR과 IR 중간에서 사용 목적이나 대상 기관 등의 특징에 따라 유연하게 활용합니다. 여러분에게 좀 더 구체적인 예시를 소개하기 위해 ChatGPT에게 이들 각 문서에 대해 추가로 문의해 보았습니다.

Q 앞에서 언급한 각 문서가 어떻게 사용되는지 예시를 작성해 줘.

각 자료를 사용하는 예시를 살펴보겠습니다.

1. 회사 소개서(Company Profile)
- **상황**: 국제 무역 박람회 참가
- **목적**: 다양한 국가의 바이어와 참관객에게 회사 소개
- **내용**: 회사 역사, 제품 라인업, 제조 공정, 지속 가능성 노력, 글로벌 파트너십, 경영진 소개
- **활용**: 박람회 부스에 배치된 책자, 회사 웹사이트, 기업 소개 이메일 첨부 파일 등

2. 사업 계획서(Business Plan)
- **상황**: 신제품 출시를 위한 대출 신청
- **목적**: 은행이나 금융 기관에 회사의 재무 건전성과 신제품의 시장 가능성 보여주기
- **내용**: 시장 분석 및 타깃 고객, 신제품 개요, 마케팅 전략, 예상 매출 및 수익성 분석, 재무 예측, 팀 소개
- **활용**: 은행 대출 신청, 재무적 지원을 위한 정부 보조금 신청 등

3. IR 피치덱(IR Pitch Deck)
- **상황**: 스타트업 투자 유치 미팅
- **목적**: 벤처 캐피털리스트에게 회사의 혁신성과 성장 잠재력을 강조하여 투자 유치
- **내용**: 회사의 비전과 미션, 핵심 기술이나 제품, 시장 기회, 경쟁 분석, 비즈니스 모델, 성장 전략, 팀 소개, 현재까지의 성과 및 투자 요청
- **활용**: 투자자 미팅, 스타트업 피치 대회, 투자자 네트워킹 이벤트 등

각 문서는 특정 상황에 맞게 구성되며 목적과 대상에 따라 세부 내용이 조정됩니다. 회사 소개서는 일반적인 정보 제공을 목표로 하고, 사업 계획서는 구체적인 사업 방향과 재무 계획을 제시하며, IR 피치덱은 투자자를 설득하기 위한 간결하고 핵심적인 정보를 전달합니다.

각 문서별 사례를 보니 좀 더 이해하기 쉽네요. 그런데 IR 피치덱은 어떻게 구성되어 있을까요? 다음 쪽에서는 에어비앤비의 IR 피치덱을 통해 구성 요소와 구성 방법을 살펴보겠습니다.

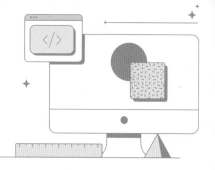

에어비앤비의
IR 피치덱 뽀개기

수많은 기업이 매일 등장하고 사라지는 창업의 메카, 실리콘밸리. 이곳의 창업자들은 기술 개발뿐만 아니라 투자 자금 유치를 위해 밤낮없이 뛰어다니고 있습니다. 하지만 투자자들도 수없이 많은 창업자를 만나고 그들의 사업 모델을 듣는 데 지쳐 있습니다. 그들이 제안하는 사업 모델을 검토하기 위한 시간도 빠듯하죠. 그래서 이곳에서는 자기 사업에 대한 소개를 최소 1분에서 최대 10분 안에 끝내야 하는데, 이것을 '엘리베이터 피치(Elevator Pitch)'라고 부릅니다.

▲ 미드저니에서 출력한 엘리베이터 피치하는 이미지(자료 출처: 미드저니)

엘리베이터 피치는 엘리베이터를 타고 이동하는 시간 정도에 자신의 아이디어, 제품, 서비스와 개인적인 가치를 간결하고 효과적으로 전달하는 기술입니다.

엘리베이터 피치의 다섯 가지 핵심 요소

핵심 요소	비고
명확함	메시지는 명확하고, 이해하기 쉬워야 하며, 복잡한 전문 용어는 피하고, 주요 아이디어와 제안에 집중해야 합니다.
간결함	시간이 제한적이므로 간결한 메시지를 사용해야 하고, 중요 정보만 전달해야 하며, 불필요한 내용은 생략해야 합니다.
목적성	투자자의 관심을 끌 것인가, 네트워킹을 할 것인가, 제품을 소개할 것인가 등 명확한 한 가지 목적을 가지고 접근해야 합니다.
호기심과 설득력	아이디어를 제안할 때 독특한 가치나 이점을 강조해서 상대방의 호기심을 끌고 설득해야 합니다.
인간적인 매력	짧은 시간이지만 발표자의 열정과 개성을 표현하는 것도 중요합니다. 이것은 상대방과의 감정적 연결을 형성하는 데 큰 도움을 줍니다.

이렇게 짧은 시간 동안 누군가에게 인상적인 소개를 할 수 있어야 한다는 개념에서 '엘리베이터 피치'라는 용어가 유래했습니다.

5~10분 단위로 발표하는 엘리베이터 피치의 정석으로 부르는 기업은 바로 에어비앤비(Airbnb)입니다. 에어비앤비가 2008~2009년도에 초기 투자를 유치할 때 만들었던 피치덱은 지금까지도 실리콘밸리를 대표하는 피치덱이라고 할 수 있어요. 피치덱은 일반적으로 10~20페이지 이내로 구성되어 있고 굉장히 심플합니다. 게다가 PPT(파워포인트) 문서의 디자인에 힘을 쏟지도 않았고 단지 핵심 내용에만 집중해서 구성했습니다. 우리가 인공지능(AI)을 통해 템플릿을 바로 출력하기 전에 에어비앤비의 피치덱을 살펴보면서 구성을 머릿속에 익혀보겠습니다.

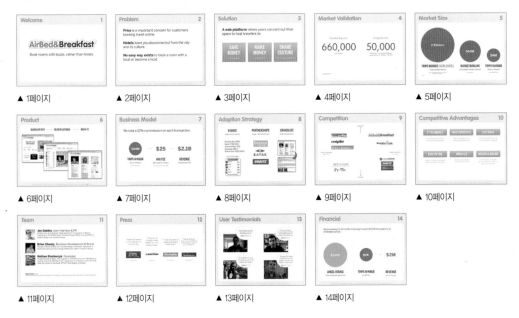

▲ 1페이지 ▲ 2페이지 ▲ 3페이지 ▲ 4페이지 ▲ 5페이지

▲ 6페이지 ▲ 7페이지 ▲ 8페이지 ▲ 9페이지 ▲ 10페이지

▲ 11페이지 ▲ 12페이지 ▲ 13페이지 ▲ 14페이지

✦ Page 1: 표지(Cover)

일반적으로 표지 부분에는 회사의 이름, 로고, 그리고 필요한 경우에는 간단한 슬로건이나 이미지를 포함합니다. 에어비앤비는 제목에서부터 숙소와 아침을 제공한다는 느낌을 주고 슬로건에도 'Book rooms with locals, rather than hotels. (호텔보다는 현지 사람과 함께 객실을 예약하라.)'는 문구를 통해 기존 숙박 방식과는 다르다는 느낌을 보여줍니다. 이 슬로건이 최선의 문구라고는 할 수 없지만, 이런 방식으로 해당 사업의 특징이 무엇인지 한 줄로 정리하는 것은 매우 중요합니다. 또한 회사 로고만 봐도 어떤 비즈니스를 하는지 직관적으로 알 수 있다면 소비자가 사업을 정확하게 인식하는 데 큰 도움이 됩니다. 그러나 이런 것들은 모두 회사의 전략에 따라 달라질 수 있다는 점을 꼭 기억하세요.

✦ Page 2: 문제점(Problem)

창업과 관련된 교육에서는 '고객(소비자)의 니즈(needs)와 원츠(wants)'를 파악하라는 말을 가장 많이 강조해서 말합니다. 고객이 필요로 하는 것(needs), 원하는 것(wants)을 살펴보다 보면 현재 해결하지 못한 '문제점(problem)'이 있다는 것을 알게 되기 때문이죠. 그래서 소비자들이 무엇을 원하는지 온라인이나 대면 인터뷰, 설문 조사를 통해 파악하는 것이 굉장히 중요합니다. 왜냐하면 창업자들은 종종 '자기가 하고 싶은 사업'을 하는 경우가 많은데, 이것을 판매할 소비자들에게는 정작 중요한 문제가 아닌 경우가 많기 때문입니다.

에어비앤비는 다음과 같이 세 가지 문제점을 제시했습니다.

- **문제점 1**: 온라인으로 예약하는 고객들에게 중요한 '가격(price)' 문제
- **문제점 2**: 여행하는 도시의 고유한 문화 경험을 원하는 고객들을 단절시키는 '호텔(hotel)' 문제
- **문제점 3**: 현지인과 함께 방을 쓸 수 있는 '기회의 부재(no easy way opportunity)' 문제와 집을 쉽게 빌려 줄 수 있는 '방법의 부재(no easy way exists)' 문제

일반적으로 에어비앤비는 그냥 숙소를 예약하는 서비스라고 생각할 겁니다. 하지만 실제로 에어비앤비가 중점을 둔 부분은 여행을 통해 해당 국가와 지역으로부터 다양한 경험을 얻고 싶은 사람들이 치러야 하는 비싼 숙소 가격을 낮추고 현지인이 운영하는 집을 통해 더욱 친밀한 경험을 쌓는 것이라고 할 수 있어요. 그리고 여행객뿐만 아니라 현지인들은 자신의 집을 쉽게

셰어하고 빌려주면서 다양한 정보를 알려줄 수 있는 기회를 제공하는 것이었습니다. 그 결과, 장기적으로는 입소문이나 앱의 평점, 리뷰 등을 통해서 수많은 단골을 확보해 매출을 올릴 수 있을 것으로 보입니다.

에어비앤비의 주요 타깃 소비자층은 비즈니스나 편안한 여행을 추구하는 사람들이 아니라 도시를 깊게 또는 가성비 높게 여행하고 싶은 여행자들이라는 점을 엿볼 수 있습니다. 2페이지에서는 타깃에 대해 정의하지 않아서 아쉽지만, 어느 정도 타깃을 유추할 수는 있습니다.

✦ Page 3: 솔루션(Solution)

앞에서 언급한 문제에 대한 해결 방안을 소개하는 페이지가 바로 3페이지의 '솔루션' 부분입니다.

에어비앤비는 다음과 같이 솔루션을 소개하고 있습니다.

> **[한 줄 정리]**
>
> 사용자가 자신의 공간을 임대하여 여행자를 호스팅할 수 있는 웹 플랫폼
>
> - **비용 절약(save money)**: 여행자들
> - **수익 창출(make money)**: 현지 임대인들
> - **문화 공유(share culture)**: 여행자와 현지인을 연결하여 경험과 가치 제공

에어비앤비의 솔루션이 논리적으로 들어맞는 이유는 앞에서 언급한 각 문제점에 대해 해결 방안이 적절하게 매칭되기 때문입니다. 일반적으로 문제 해결을 위해 제시하는 대안은 특정 타깃에 치우친 해결책을 제시하기 마련입니다. 하지만 에어비앤비가 찾아낸 문제점과 솔루션은 이 산업 안에 머무르는 세 가지 요소인 '소비자(여행자)', '생산자(임대인)', '가치(여행 경험)'를 모두 아우른다는 점이 매우 돋보입니다.

✦ Page 4: 시장 검증(Market Validation)

'시장 검증' 부분은 경쟁사나 유사 업종을 검색했을 때 나오는 유효한 시장 정보를 정량적으로 보여주는 페이지로, 다음 페이지에 이어지는 '시장 규모(Market Size)'와 같은 카테고리에 들어갑니다. 상세한 내용은 다음 페이지와 같이 소개하겠습니다.

✦ Page 5: 시장 규모(Market Size)

종종 스타트업들의 해커톤(hackathon, '해킹'과 '마라톤'의 합성어. 컴퓨터 프로그램 짜기 경연 대회)이나 발표를 보러 가면 '시장 규모' 부분을 빠르게 넘어가곤 합니다. 왜냐하면 시장 규모는 당연히 좋고 커질 것이기 때문입니다. 어떤 창업자가 죽어가는 시장에서 창업을 할까요? 하지만 사업을 본격적으로 추진할 때 시장 규모를 정확하게 측정하는 것은 매우 중요합니다.

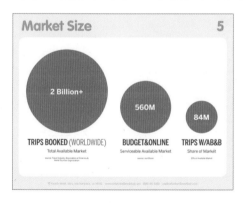

투자자 입장에서는 시장이 크면서 다방면으로 확대할 가능성이 있는 기업을 선호합니다. 그렇다면 투자자들은 어떤 관점에서 시장과 기업을 바라볼까요?

1. 적당한 규모의 성장성 있는 시장

- 초기 시장으로, 일부만 관심 있게 보고 있으며 흐름상 대형 시장으로 성장 가능성이 보이는 곳
- 기존 산업과 미래 산업 간의 연계성이 담보된 곳

2. 해당 시장에 적합한 기술력 보유 기업

이 시장에서 해당 기업이 보유한 기술적 역량과 제품 또는 서비스의 차별점이 뛰어나 중장기적으로는 시장 지배력을 발휘할 수 있을 것으로 판단되는 곳

앞에서와 같은 사례로 막대한 투자금을 유치했던 분야는 어디였을까요? 2023~2024년을 기준으로 엄청난 붐을 일으키고 있는 '인공지능'이나 2022년에 흥행했던 '메타버스' 및 '블록체인' 관련 산업군이 대표적 사례라고 할 수 있습니다.

다시 에어비앤비 사례로 되돌아가 볼까요? 에어비앤비는 '시장 규모' 부분에서는 세 개의 큰 원을 통해서 시장 크기를 보여주고 있는데, 왼쪽 원부터 '전체 시장'-'유효 시장'-'타깃 시장'의 규모를 의미합니다.

에어비앤비의 시장 분석

시장 구분	시장 규모	비고
전체 시장(TAM; Total Available Market)	20억 달러(약 2조 6,640억 원)	2008년 기준 시장 규모 (에어비앤비 설립 연도 기준)
유효 시장(SAM; Service Available Market)	5억 6,000만 달러(약 7,459억 원)	
타깃 시장(SOM; Service Obtainable Market)	8,400만 달러(약 1,118억 원)	

✦ Page 6: 제품/서비스(Product/Service)

이제까지 소비자의 문제점과 해결 방안, 그리고 적정 시장 규모 등에 대해 수많은 고민을 했습니다. 그래서 이제는 "그게 뭔데?"라는 질문에 대답을 해야 할 시간입니다. 그러면 기업이 만들려고 하는 것을 제조업 기반의 제품이거나 IT 기반의 플랫폼 서비스 등으로 표현할 수 있겠죠?

에어비앤비는 '사용자가 자신의 공간을 임대하여 여행자를 호스팅할 수 있는 웹 플랫폼'이라고 솔루션을 소개했습니다. 그래서 웹 플랫폼 형태의 서비스가 이들이 판매하려는 제품이라는

것을 알 수 있어요. '제품/서비스' 페이지에서는 앞의 화면처럼 대략적인 제품의 목업(mock-up, 시제품을 만들어 보기 전에 디자인 등을 검토하기 위해 실물과 비슷하게 제작하는 과정과 결과물)과 이것이 실제로 어떻게 작동하는지를 보여줍니다. 기업에 따라서 샘플 웹페이지나 앱을 제작해서 발표 중간에 시연하거나 영상을 보여주기도 합니다.

에어비앤비의 경우에는 '① 여행 도시 검색' → '② 등록 매물 리뷰 확인' → '③ 예약'까지 굉장히 심플하게 소개합니다. 핵심적인 내용을 간략하게 전달하는 것도 중요하지만, 이미 경쟁사가 많은 서비스이거나 구조가 복잡한 경우뿐만 아니라 장소나 발표 특징에 따라 경쟁사와의 차별점이나 추가할 기능 등을 상세하게 부연 설명하는 것도 좋습니다.

✦ Page 7: 비즈니스 모델(Business Model)

이제 멋지게 제품을 만들었으니 많은 사람이 사용한다고 가정해 봅시다. 그런데 정작 돈을 벌지 못하면 이 사업은 지속할 수 있을까요? 당연히 불가능할 겁니다. 그래서 비즈니스 모델을 잘 설계하는 것이 중요합니다. 이것을 '수익 모델'이라고도 하는데, 창업팀은 어떻게 고객을 확보할 것이며 이 제품이나 서비스를 사용하는 데 합리적인 금액은 얼마인지 책정해야 합니다. 그리고 이로부터 얻을 수 있는 예상 수익까지 제시할 수 있어야 합니다.

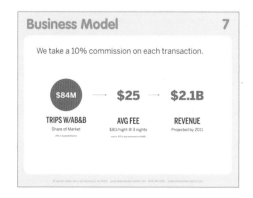

에어비앤비는 '비즈니스 모델' 페이지에서도 역시 심플하게 비즈니스 모델을 설명합니다.

> **"We take a 10% commission on each transaction.**
> **(우리는 매 거래마다 10%의 수수료를 수취합니다.)"**

그리고 5페이지의 '시장 규모(Market Size)'에서 본인들이 타깃 시장(SOM)으로 잡았던 8,400만 달러(약 1,118억 원)를 기준으로 평균 수취 수수료는 25달러이고 예상되는 수익은 20억 달러(약 2조 6,640억 원)라는 포부를 보여줍니다. 그렇다면 에어비앤비 외에 다른 글로벌 기업들은 어떤 방식의 비즈니스 모델을 가지고 있을까요? 다음과 같이 글로벌 기업별로 비즈니스 모델을 간단히 정리했으니 참고해 보세요.

글로벌 기업	비즈니스 모델	키워드
구글(Google)	광고주에게 타깃 광고를 제공해서 얻는 광고 수익	광고
넷플릭스(Netflix)	구독 기반의 스트리밍 서비스로 수익 창출	구독
마이크로소프트(MS)	소프트웨어 판매 및 구독 기반 서비스	제품 판매, 구독
메타(Meta)	소셜 미디어를 통한 광고 수익(맞춤형 광고)	광고
삼성(Samsung)	전자 제품과 기술 서비스 판매	제품 판매
아마존(Amazone)	전자 상거래 및 클라우드 서비스를 통한 수익 모델	수수료, 서비스 판매
애플(Apple)	프리미엄 가전제품 판매와 서비스 구독 모델을 결합한 비즈니스	제품 판매, 구독
우버(Uber)	모바일 앱 기반 차량 공유로 거래 수수료 수취	수수료
테슬라(Tesla)	전기 자동차 및 에너지 저장 솔루션 판매	제품 판매

✦ Page 8: 시장 진출 전략(Market Adoption Strategy)

'시장 진출 전략' 페이지에서는 완성된 제품/서비스를 시장에 어떻게 판매할 것인지, 시장 진출 전략이나 방안에 대해서 보여줍니다.

에어비앤비의 전략을 살펴보면 다음과 같습니다.

1. 이벤트(events)

- 각 국가와 지역 등에서 거점별 대형 행사를 리스트업하고 해당 이벤트 주변의 임대인을 섭외해서 '에어비앤비' 앱에 숙소 등록
- 여행자들을 모집하기 위해서 구글, SNS 등의 마케팅 도구를 활용해 관련 키워드(여행, 이벤트 리스트에 있는 단어 등)를 검색한 소비자를 대상으로 다양한 광고 진행

2. 파트너십(partnerships)

여행 관련 숙박이나 항공 등의 예약 서비스 제공업체들과의 파트너십을 통해서 기업들에게는 프로모션 수수료를 제공하고 여행자들은 저렴하게 이용할 수 있도록 지속적으로 노출

3. 크레이그리스트(Craigslist)

에어비앤비에 올린 임대 등록 정보 등을 엄청난 사용자 수를 자랑하는 미국의 지역 생활 정보 커뮤니티인 크레이그리스트에 동시에 포스팅해서 임대인의 수익 창출에 기여하는 등 노출량 극대화

이제까지 그들이 말하려는 것을 글로 설명해 보았습니다. 그리고 이것들을 짧은 글과 이미지를 활용한 한 장의 파워포인트 문서(PPT)로 구성해서 정리했습니다. 솔직히 에어비앤비의 IR 피치덱은 굉장히 심플하게 작성했지만, 이것도 투자자들이 면밀하게 살펴보는 부분입니다. 왜냐하면 이 부분에서 수익화가 가능한지를 가늠할 수 있기 때문입니다. 시장 진출 전략에 포함되는 내용은 크게 '영업 전략'과 '마케팅' 전략'으로 구분할 수 있는데, 마케팅 전략을 예로 들면 다음과 같습니다.

1. 온라인 마케팅 방안은?

홈페이지, SNS 마케팅, 뉴스레터, 온라인 광고 등

2. 오프라인 마케팅 방안은?

보도 자료, 전광판, 지하철, 버스, 현수막 등

이런 방식으로 구체적인 방안을 작성해야 합니다. 또한 각 마케팅에 드는 비용과 소비자가 선호하는 채널이 무엇인지, 고객당 유치 비용은 또 얼마가 드는지 등에 대해서도 다양하게 고민해야 합니다.

✦ Page 9: 경쟁사(Competition)

우리는 종종 "와! 이건 진짜 획기적인 아이디어인데? 지금 당장 사업화하면 큰돈을 벌겠어!"라고 생각할 때가 있습니다. 누군가 이런 아이디어를 떠올렸을 때 전 세계에서 수천 명의 사람들이 같은 생각을 떠올린다는 말도 있어요. 하지만 결국 이것을 사업화하는 사람들은 수많은 사람 중에서 한 명이 있을까 말까 할 겁니다.

사업을 할 때도 마찬가지입니다. 우리가 진입하려는 시장에 경쟁사가 있는 것이 좋을까요, 없는 것이 좋을까요? 이것도 확답을 할 수는 없지만, 경쟁사가 아예 없다는 것은 그 시장을 모를 수도 있지만 반대로 시장성이 없으므로 하지 않는다고 생각할 수도 있을 거예요. 그만큼 경쟁

사의 존재는 창업자나 투자자에게 모두 매우 중요합니다. 또한 경쟁사 대비 자신의 현재 위치를 아는 것도 중요합니다. 그래서 창업팀은 우리가 속한 시장 안에서의 경쟁 환경과 경쟁사의 장단점 등의 특징을 명확히 알고 있어야 합니다. 그렇지 않으면 투자자들은 이 팀이 시장을 충분히 이해하지 못하고 있다고 여길 수 있습니다. 그렇다면 에어비앤비는 기존에 있는 다양한 경쟁자들에 비해 어떤 점이 더 뛰어나다고 소개하고 있을까요?

- 가격적인 측면에서 상대적으로 우위에 있음
- 오프라인보다 온라인 비즈니스에 적합하다는 강점이 있음

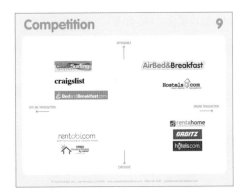

요즘에는 숙박 시장 자체가 온라인 시장까지 모두 포화 상태입니다. 하지만 에어비앤비를 설립했던 2008년을 기준으로 생각해 볼까요? 그 당시 에어비앤비는 '크레이그리스트(Craigslist)'라는 커뮤니티와 유사하면서도 가격이 저렴해서 크게 성장할 가능성이 있는 온라인 시장에 사업의 중심 축을 두고 있으므로 당연히 투자를 검토해 볼 가치가 높다는 것을 추측할 수 있습니다.

✦ Page 10: 경쟁 우위/차별점(Competitive Advantages)

이어지는 피치덱 내용은 경쟁 우위/차별점으로, '경제적 해자(economic moat)'라고도 합니다. 마치 중세시대에 성 주위를 둘러싸고 있는 깊은 연못(moat, 해자)이 외부의 침입자로부터 성을 막아주는 것처럼 경제적 해자는 경쟁사가 쉽게 따라 할 수 없는 고유한 차별점을 의미합니다.

에어비앤비가 언급한 몇 가지 경쟁 우위/차별점을 살펴보면 다음과 같습니다.

1. 호스트 인센티브(host incentive)

경쟁사 대비 에어비앤비를 이용할 경우 더 많은 인센티브 제공

2. 동시 포스팅(list once)

자동 포스팅 기능으로 임대인의 번거로움을 해소하고 더 많은 이용자 예약 유도

3. 편리한 이용(ease of use)

가격, 장소, 체크인 및 체크아웃 등 손쉽게 이용할 수 있는 기능 제공

✦ Page 11: 팀(Team)

팀원 소개에서는 이 사업을 현실화하는 데 필요한 사람들이 모여있는지를 보여줍니다. 에어비앤비의 경우에는 기획과 영업, 그리고 기술력 등의 큼지막한 담당 영역이 있는데, 각 영역별로 역할에 맞는 전문가들이 적절하게 구성되어 있는지, 그들의 이전 경험 등을 바탕으로 역량을 확인할 수 있는지 등을 보여줍니다.

✦ Page 12: 언론 보도(Press)

'언론 보도' 페이지에서는 언론에 노출된 경험을 간단하게 정리해서 보여줍니다. 이런 페이지는 투자자들에게 대외적인 신뢰도를 제공하기 위한 기술로 볼 수 있지만, 에어비앤비의 맨 초창기에는 이런 보도 자료가 없었을 것이므로 없어도 상관없습니다.

✦ Page 13: 소비자 사용 경험(User Testimonials)

12페이지의 '언론 보도'와 마찬가지로 이 피치덱을 보는 투자자나 대외적인 기관 등에게 신뢰감을 주기 위한 페이지입니다. 초기 이용자들의 사용 경험 인터뷰 등을 활용해서 투자에 대한 근거를 돕는 역할을 한다고 볼 수 있어요. 반대로 아직 제품이나 서비스를 개발하지 않은 창업 팀이라면 어떨까요? 맨 처음 문제점을 찾는 단계에서 실질적으로 소비자들이 겪고 있는 문제와 문제의 해결 방안에 대해 보다 심도 있는 시장 리서치 자료를 첨부하면 발표가 끝난 후 근거 자료로 활용할 수 있습니다.

✦ Page 14: 재무 계획(Financial)

마지막 페이지는 재무 계획 부분으로, 스타트업이 IR을 하는 과정에서 굉장히 중요합니다. 이 페이지에는 창업팀의 현재 재무 상황부터 소요되는 경비에 대한 내용을 담는데, 소요 경비에는 제품이나 서비스를 개발하는 비용과 인건비가 가장 큰 부분을 차지합니다. 그 외에는 마케팅 비용 등이 있는데, 이런 내용을 최소 3~5년 단위의 로드맵과 함께 재무 계획표로 정리해서 보여줍니다.

에어비앤비는 조금 다른 방식으로 굉장히 심플하게 작성하면서 이 발표의 마지막 페이지에서 IR 피칭을 한 목적을 한눈에 보여주고 있습니다. 바로 50만 달러(약 6억 6,600억 원) 정도의 초기 단계(엔젤 라운드) 투자 유치 희망 금액을 원한다는 내용입니다. 보통 발표가 끝나면 현장에서 또는 발표 후에 이어지는 네트워킹 시간을 통해서 투자자들의 반응을 살펴볼 수 있으므로 마지막 페이지를 직접 넣은 것인지 추정해 볼 수 있습니다. 다행히 에어비앤비는 2009년 4월에 세콰이어캐피탈을 통해 약 20억 원의 기업 가치를 평가받았고 원하던 6억 원의 투자금을 유치할 수 있었습니다.

지금까지 우리는 에어비앤비를 통해서 스타트업들의 IR 발표 자료가 어떻게 구성되어 있는지 살펴보았습니다. 다음 쪽에서는 우리가 학습한 내용을 기반으로 인공지능을 활용해서 아주 손쉽게 IR 피치덱을 만들어 보겠습니다.

돈이 없어 방에서 쫓겨날 위기에 처한 두 친구 이야기 ②

결국 이들은 얼마 없는 자본금을 털어서 간이침대 3개를 구입하는 과감한 투자를 했습니다. 그리고 숙소처럼 구색을 맞추고 방이 없는 디자이너들에게 공간을 대여해 주었죠. 이들은 그냥 방만 제공한 것이 아니라 아침 식사까지 대접했습니다. 두 친구가 창업해서 이런 사업을 한다고 하니 신기하기도 했고 또래끼리 디자인에 대해 이야기도 할 수 있어서 분위기도 너무 정겨웠어요. 게다가 그 지역에 살고 있으니 주변 지역의 이야기뿐만 아니라 지역 특징과 맛집 정보 등도 아낌없이 알려주었습니다. 그 결과, 대부분의 콘퍼런스 참관객은 이런 경험을 좋게 평가했고 만족도도 굉장히 높아졌어요. 두 친구는 단 일주일 만에 1,000달러 이상의 돈을 벌어서 월세를 충당할 수 있었습니다.

이처럼 소소하게 시작했던 두 사람의 창업은 성공적이었을까요? 이 기업은 약 16년이 지난 2024년 현재, 미국 샌프란시스코에 약 6,800여 명의 직원들과 함께하고 있고 나스닥에 상장까지 했답니다. 이 기업은 바로! '어디서나 우리 집처럼'이라는 슬로건을 내건 에어비앤비(Airbnb)입니다. 에어비앤비는 간이침대를 의미하는 'Airbed & Breakfast'의 줄임말로, 침대와 아침을 제공한다는 뜻이죠. 그리고 에어비앤비의 두 창업가의 이름은 브라이언 체스키(Brian Chesky)와 조 게비아(Joe Gebbia)인데, 나중에 개발자인 네이선 블레차르지크(Nathan Blecharczyk)가 공동 창업자로 합류하고 앱을 만들면서 본격적으로 사업을 시작했습니다.

스타트업 창업자들에게 에어비앤비는 멘토와도 같은 기업입니다. 왜냐하면 에어비앤비가 2008년부터 2009년 사이에 첫 투자를 받을 때 사용했던 투자 유치용 발표 자료인 'IR 피치덱(투자자들에게 비즈니스 모델을 설명하는 자료)' 때문입니다. 피치덱은 굉장히 간결하면서도 임팩트 있게 구성되어 있어 지금까지도 실리콘밸리의 대표적인 피치덱으로 알려져 있습니다. 그만큼 군더더기 없는 구성으로 단 5분이면 이 사업에 대해 모든 것을 투자자에게 설명할 수 있어서 스타트업을 시작할 때 보물처럼 유용하게 활용할 수 있습니다.

※ 230쪽의 이야기에서 이어지는 사연입니다.

IR 피치덱 만들기

이제까지 인공지능(AI)을 활용하기 전에 필요한 배경 지식을 먼저 소개했습니다. 인공지능을 활용하면 앞에서 설명한 내용을 뚝딱뚝딱 만들 수는 있습니다. 하지만 피치덱의 구조를 이해하고 인공지능을 사용해야 더 좋은 피치덱을 만들 수 있으므로 이러한 배경 지식을 잘 익혀두는 것이 좋습니다. 자! 그러면 IR 피치덱을 만들어 볼까요?

✦ '감마' 앱의 사용법 익히기

1 구글에서 'gamma'나 'Gamma ai' 등을 검색한 후 감마 사이트(www.gamma.app)에 접속합니다.

TIP ✦ 우리가 이용하려는 서비스는 한글로 '감마' 또는 '감마앱'이라고 부르면 됩니다.

2 감마 홈페이지에서 회원 가입을 하거나 [Login] 버튼을 클릭한 후 [Google로 계속하기] 버튼을 클릭하여 구글 계정으로 로그인하세요.

✦ '감마' 앱 홈페이지의 화면 살펴보기

① **사용자 이름's Workspace**: 자신의 작업 공간을 설정할 수 있습니다.

② **모든 gammas**: 클릭하면 기본 화면으로 되돌아올 수 있고 아래쪽에 폴더를 만들어 정리할 수 있습니다.

③ **템플릿**

'프로젝트 & 협업', '영업 & 마케팅' 등 비즈니스 운영에 도움이 되는 기본 템플릿을 샘플로 제공합니다.

④ **영감**

• 감마를 어떻게 하면 잘 사용할 수 있는지에 대해서 감마팀이 만든 템플릿 아이디어입니다.

• PPT뿐만 아니라 자서전, 카드뉴스, 정보 제공 등 다양한 형식으로 활용할 수 있는 영감을 제공합니다.

▲ [영감]을 선택한 화면

참고하면 좋을 영감 템플릿

영감 템플릿	분류	특징
Meet the Team at Gamma	팀 소개	감마팀 소개 템플릿
Steph Curry: The Greatest Shooter of All Time	자서전	스테픈 커리(Stephen Curry) 소개 템플릿
How to Write Well at Work	카드형 정보	업무용 글쓰기 꿀팁을 알려주는 템플릿
What is Zettelkasten?	블로그형 정보	새로운 정보를 가독성 높게 정리한 템플릿
The 10 Steps to Launching an A/B Test		연구 내용을 정리하고 공유하는 템플릿
Folk	회사 소개 웹페이지	스크롤 가능한 형태로 회사를 소개하는 템플릿

⑤ 테마

사용자가 직접 원하는 템플릿을 제작하고 저장해 두는 곳입니다.

⑥ 사용자 지정 글꼴

사용자가 원하는 글꼴을 업로드하는 곳입니다. 기본적으로 영어 폰트가 제공되므로 한글에 적합한 폰트를 업로드하면 감마에서 사용할 수 있지만, 가급적 상업적으로 이용할 수 있는 무료 폰트를 업로드하는 것을 추천합니다.

⑦ 휴지통

기존 워크스페이스에서 삭제한 템플릿들이 모여있는 곳으로, 작업물을 복원하거나 영구 삭제할 수 있습니다.

실제로 농구선수 스테픈 커리(Stepn Curry)에 대한 'Steph Curry: The Greatest Shooter of All Time' 템플릿을 클릭해 보면 이 템플릿은 어두운 배경을 사용했네요. 그리고 학창시절 스테픈 커리에 대한 소개와 이미지가 잘 배치되어 있고 아래쪽 화면으로 이동해 보면 화면의 중간에 커리에 대한 퀴즈도 넣었습니다. 이 상태에서 바로 프레젠테이션을 할 수도 있고 화면의 아래쪽에 있는 [복사] 버튼을 클릭해 복사한 후 템플릿을 그대로 활용하면서 다른 사람으로 바꿔서 소개할 수도 있습니다. 템플릿 서비스는 '감마' 앱이 낯선 고객들을 위해서 미리 준비한 예시를 모아 놓은 곳이므로 템플릿을 하나씩 선택해 보면서 살펴보세요.

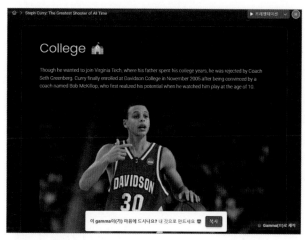

▲ 농구선수 스테픈 커리를 이용한 템플릿

'감마' 앱 메인 홈페이지의 아래쪽에는 크레딧과 [요금제 보기]가 있습니다. 감마는 회원에 가입할 경우 약 400개의 크레딧을 제공하고 무료로 이용할 수 있지만 지속적으로 이용하려면 월 구독을 신청해야 하는 유료 서비스입니다. 유료 요금제를 사용하면 등급에 따라서 추가 크레딧을 제공하거나 무제한으로 이용할 수도 있고 'Gamma로 작성됨'이라고 표시된 워터마크를 제거할 수도 있어요. 바로 유료 버전을 사용하기보다는 무료로 제공되는 크레딧을 이용해 감마를 충분히 경험해 보고 개인이나 비즈니스적인 면에서 본격적으로 활용 가치가 있을 때 결제하는 것을 권장합니다.

✦ AI로 PPT 만들기

1 '감마' 앱의 메인 홈페이지로 되돌아와서 [새로 만들기] 버튼을 클릭합니다.

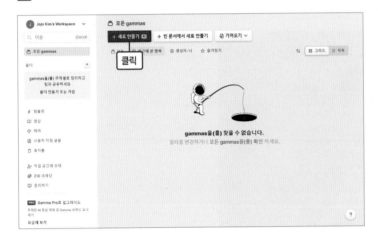

2 [AI로 만들기] 화면이 열리면 '텍스트로 붙여넣기'와 '생성', '파일 가져오기'가 보이는데, 기존에 이미 작성한 메모나 문서 또는 슬라이드가 있으면 '텍스트로 붙여넣기'를 선택하세요. 왜냐하면 이 기능은 제공되는 자료를 참고하므로 인공지능이 너무 자유롭게 창작하지 않고 자료를 중심으로 뼈와 살을 붙인 프레젠테이션 등의 문서를 생성하기 때문입니다. 이미지 생성 AI로 비유하자면 고양이 그림을 그려달라고 했을 때 AI에게 온전히 맡겨서 창작할 것인지, 내가 제공한 고양이 사진을 바탕으로 생성할 것인지의 차이라고 생각하면 이해하기 쉬울 거예요. 여기서는 거시적인 관점에서 주제만 가지고 있고 인공지능에게 초안을 맡기기 위해 '생성'을 선택합니다.

TIP ✦ 현재 AI 기술이 아주 고도화되지는 않은 상태이므로 참고 자료를 제공해도 정교하고 의미 있게 답변할지는 미지수입니다. 또한 참고 자료에 묻혀서 그 문구들만 활용하는 사례도 발견되고 있어요. 어떤 경우를 선택하든지 퀄리티가 낮은 답변이 나올 수 있다는 것을 항상 인지해야 합니다.

③ '프레젠테이션', '문서', '웹 페이지'와 같이 세 가지 디자인 템플릿이 등장하면 IR 피치덱을 만들 것이므로 **'프레젠테이션'**을 클릭하세요. '프레젠테이션'의 아래에는 기본적으로 '8카드'가 선택되어 있지만 무료로 최대 10장까지 이용할 수 있습니다. 만약 11장 이상 카드를 생성하려면 유료 요금제를 결제해서 이용해야 합니다.

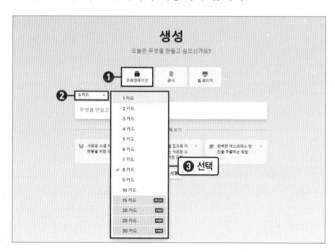

TIP ✦ 감마에서는 프레젠테이션(PPT)뿐만 아니라 일반 문서나 웹페이지를 제작할 수 있습니다. 앞에서 보았던 다양한 템플릿의 형태를 참고하면 좋습니다.

4 화면의 아래쪽에 있는 '사용해 보기'에서는 주제를 추천받을 수도 있어요. [셔플] 버튼을 클릭하면 더욱 다양한 다른 주제도 살펴볼 수 있습니다.

5 자, 그러면 무엇을 해 보면 좋을까요? 아무래도 비즈니스 관점에서 쓰고 있으니 우리가 기업이라고 가정하고 진행해 보겠습니다. 최근에 전기차 산업이 급부상하고 있는데, '전기차'라고 하면 천재이자 괴짜로 부르는 열정적인 CEO, 일론 머스크가 운영하는 '테슬라(Tesla)'가 바로 떠오를 거예요. 그렇다면 지금부터 우리는 테슬라의 IR을 담당하는 팀원들이라고 가정해 봅시다. 그런데 갑자기 투자 유치 요청 건이 생겨서 아주 급하게 새로운 IR 피치덱을 만들어야 하는 미션이 떨어졌습니다. 그래서 우리 팀은 인공지능을 활용해서 빠르게 초안을 잡고 문서를 다듬기로 했습니다. 이제 '감마' 앱을 열고 다음과 같은 문구를 입력한 후 [개요 생성] 버튼을 클릭하세요.

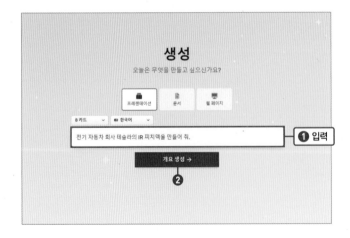

6 다음 화면과 같이 개요 부분이 자동으로 생성됩니다.

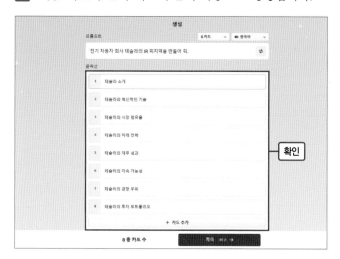

7 이대로 진행해도 좋지만, 우리가 지금까지 피치덱을 배운 이유가 뭘까요? 바로 이 부분을 포함한 전체적인 구성을 좀 더 잘 짜기 위해서이므로 에어비앤비의 피치덱을 참고해서 전체 구성을 다시 잡아보겠습니다.

페이지	에어비앤비 피치덱(기존 자료)	테슬라 피치덱(신규 자료)
1페이지	표지	테슬라의 회사 소개와 비전
2페이지	문제점	전기 자동차 시장의 문제점
3페이지	솔루션	테슬라의 솔루션
4페이지	시장 검증	전기 자동차 시장 검증
5페이지	시장 규모	전기 자동차 시장 규모
6페이지	제품/서비스	테슬라 전기차 제품 소개
7페이지	비즈니스 모델	테슬라의 비즈니스 모델
8페이지	시장 진출 전략	테슬라의 시장 진출 전략
9페이지	경쟁사	테슬라의 경쟁사
10페이지	경쟁 우위/차별점	테슬라의 경쟁 우위 및 차별점
11페이지	팀	테슬라 팀 소개
12페이지	언론 보도	주요 언론 보도
13페이지	소비자 사용 경험	소비자 사용 경험 등 사례
14페이지	재무 계획	테슬라의 금융 제표
15페이지	–	테슬라의 미래 전망

8 이렇게 에어비앤비 케이스를 참고해서 새로운 목차를 만들고 각 카드에 입력합니다. 무료 버전에서는 최대 10장의 슬라이드를 만들 수 있으므로 이번 실습에서는 여기에 맞추어 실습을 진행하겠습니다.

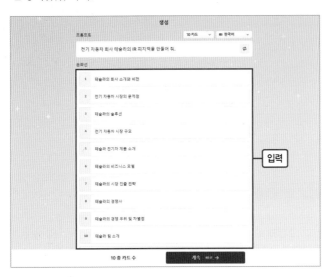

9 이어서 아래쪽 화면으로 이동하면 다음 화면과 같이 간단한 '설정'을 확인할 수 있습니다. 여기서 원하는 설정 사항을 선택하고 입력해서 내용에 반영할 수 있습니다. 더욱 정교한 PPT 를 만들고 싶다면 맨 아래에 있는 '**고급 모드**'를 클릭하세요.

10 고급 모드에서는 발표 대상이나 제작되는 자료에 문구 스타일과 반영하고 싶은 이미지 등 을 추가할 수 있습니다. 화면에 표시되는 추천 단어를 클릭해서 선택하거나 직접 입력해도 됩니 다. 여기서는 '쓰기 대상'에는 '**투자자, 비즈니스 전문가**'라는 단어를 직접 입력하고 '톤'에는 추천 단어 중 '**전문가**'를 클릭하여 선택한 후 [계속] 버튼을 클릭하세요.

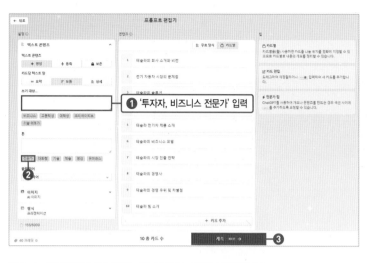

TIP ✦ 프레젠테이션을 만드는 데 40개의 크레딧이 사용됩니다.

11 프레젠테이션이 만들어지는 사이에 화면의 오른쪽에 표시된 [테마 선택] 창에서 테마를 선택할 수 있습니다. 밝거나 어두운 테마 또는 원하는 테마를 선택하면 전체 페이지에 적용되는데, 여기서는 'Soft Coal' 배경을 선택하고 [생성] 버튼을 클릭합니다. 그러면 AI가 프레젠테이션 각 페이지를 굉장히 빠른 속도로 작성하는 모습을 볼 수 있어요.

각 페이지가 순식간에 만들어지므로 내용이 제대로 들어가고 있는 것인지 모를 지경입니다. 하지만 내가 직접 만드는 게 아니라 인공지능이 뚝딱거리면서 만드는 장면을 보면 정말 놀라우면서도 멀지 않은 미래에는 '프레젠테이션뿐만 아니라 유사한 업무가 이렇게 완전히 자동화되겠구나?' 하는 생각이 자연스럽게 듭니다. 한편으로는 인공지능이 본격적으로 도입되면 인간이 많이 편리해지겠다는 긍정적인 생각이 들면서도 수많은 일자리가 AI로 대체되어 사라질 수 있겠다는 불안감도 느껴집니다. 이렇게 잠깐 생각하다가 정신을 차려보니 프레젠테이션이 모두 완성되어 있네요.

✦ 제작한 PPT 수정하기

다음 화면은 작업을 완료한 후의 첫 페이지인데, 가볍게 직접 수정해 보겠습니다.

1 첫 페이지에서 수정하고 싶은 텍스트를 클릭하고 제목과 내용을 좀 더 간결하게 수정합니다. 그런 다음 전기 자동차 시장의 문제점을 설명하는 2페이지의 내용을 테슬라의 미션과 비전에 대한 내용으로 수정하려고 합니다. 2페이지를 선택하고 1페이지에서처럼 직접 수정하려다가 AI를 활용해서 수정하기 위해 'AI로 수정' 아이콘(▓)을 클릭합니다.

2 화면의 오른쪽에 인공지능과 대화할 수 있는 텍스트 입력 창이 표시됩니다. 마치 ChatGPT 와 같은 생성형 인공지능 도구와 쓰임새가 비슷하네요. 텍스트 입력 창에 다음과 같이 요청해 보겠습니다.

Q 이 카드에 테슬라의 미션과 비전을 작성해 줘. 그리고 어울리는 이미지도 넣어주면 좋겠어.

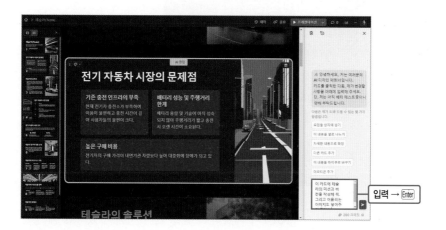

3 이렇게 요청하면서 열 개의 크레딧을 사용했지만, 텍스트가 너무 길고 이미지도 만족스럽 지 않네요. 내용을 수정하면서 이 카드에 어울리는 작은 전기자동차 이미지를 삽입하고 싶어 서 다음과 같이 다시 요청했어요.

Q 이 카드 내용을 간단하고 체계적인 것으로 바꿔 줘. 그리고 여기에 어울리는 작은 전기 자동차 이 미지도 추가해 줘.

4 좀 더 구체적으로 질문하니까 '미션'과 '비전'이 더욱 체계적으로 정리되었고 전기 자동차 이미지도 추가되었어요. 그런데 인공지능이 정보를 제대로 가져왔을까요? 우리가 만드는 자료가 단순 창작물이나 초안 작성을 위한 정보 수집 등이 목적이라면 대략적인 느낌을 보기 위해 구체적인 내용 검토는 넘어가도 좋습니다. 하지만 기업의 IR 자료와 같은 문서를 제작하는 과정이고 인공지능을 사용하는 중이라면 ChatGPT의 답변이 팩트인지 반드시 체크해야 합니다.

5 사실 2페이지 내용을 수정하면서 ChatGPT가 테슬라 모델을 잘 배치해 주었지만 제가 생각했던 것은 아니었습니다. 저는 '미션'과 '비전' 아래에 어울릴 만한 각각의 작은 이미지 두 개가 배치되는 것을 기대했거든요. 만약 다음 화면과 같이 나온다면 사진 크기를 줄이거나 삭제하는 등 적절하게 수정하는 게 좋겠습니다.

그렇다면 실제로 테슬라의 미션과 비전은 무엇일까요? 비즈니스 분석 웹 사이트 'The Business Model Analyst'가 정리한 자료에 따르면 테슬라의 미션(mission)은 '지속 가능한 에너지로의 전 세계적 전환을 가속화하는 것'입니다. 그리고 테슬라의 비전(vision)은 '전 세계의 전기 자동차로의 전환을 주도하여 21세기에 가장 매력적인 자동차 회사를 만드는 것'입니다. 테슬라 홈페이지(www.tesla.com/ko_KR)에서 [살펴보기]-[소개]를 선택하여 '회사 정보' 페이지를 열면 미션을 확인할 수 있습니다. 하지만 '감마' 앱에서는 그럴 듯한 문구를 새롭게 제안해 주었지만, 정확한 문장을 가져오지는 않았습니다.

우리는 여기서 한 가지를 추론할 수 있습니다. 감마 서비스가 가져온 데이터는 기존에 학습된 테슬라와 관련된 문구를 가져왔을 가능성이 크다는 것입니다. 만약 현재 기준으로 웹 브라우징(web browsing)을 진행해서 테슬라 홈페이지의 미션과 비전을 검색했다면 앞에서와 같이 답변을 출력하지는 않았을 겁니다. 이렇게 정보의 오차가 발생할 수 있습니다. 현재 제공되는 감마 서비스는 발표 자료를 만들기 위한 전체적인 그림은 그려줍니다. 하지만 반드시 사용자가 꼼꼼하게 내용을 추가로 체크해야 한다는 것을 꼭 기억하세요.

▲ 테슬라 홈페이지에서 확인할 수 있는 테슬라의 미션

인공지능에게 여러 번 요청하면서 계속 수정할 수도 있습니다. 하지만 크레딧을 아끼기 위해서 미션과 비전은 제가 검색한 내용으로 수정하겠습니다.

✦ 제작한 PPT 화면의 상세 기능 살펴보기

지금까지 제작한 파워포인트(PPT) 자료를 간단하게 수정하는 방법을 알아보았습니다. 이번에는 화면의 오른쪽에 있는 각 아이콘의 기능을 살펴볼게요.

① **카드 템플릿(**▦**)**: 다양한 종류의 카드(PPT 슬라이드)를 선택해서 추가할 수 있습니다.

② **스마트 레이아웃(**▣**)**: 표, 열 레이아웃이나 시각적 형태의 템플릿을 설정할 수 있습니다.

③ **기본 블록(**Aa**)**: 각 카드에 텍스트, 목록, 콜아웃 상자 등을 입력할 수 있습니다.

④ **이미지(**▦**)**: 웹, AI 생성, 저작권 무료, 개인 소장 이미지 등을 추가할 수 있습니다.

⑤ **동영상 및 미디어(**▦**)**: 카드에 유튜브, 틱톡, 보유 동영상 및 오디오를 추가할 수 있습니다.

⑥ **앱 및 웹페이지 임베딩(**▦**)**: 웹, 앱, SNS, 구글 드라이브, PDF 파일 등의 자료를 추가할 수 있습니다.

⑦ **차트 및 다이어그램(**▦**)**: 차트, 다이어그램 및 레이아웃을 쉽게 추가할 수 있습니다.

⑧ **양식 및 버튼(**▨**)**: 다른 홈페이지나 설문 양식 등으로 연결할 수 있는 버튼을 삽입할 수 있습니다.

이들 아이콘은 기본적으로 파워포인트와 같은 편집 프로그램에서도 제공되는 기능입니다. 다만 일부 기능은 사용자가 별도로 디자인하지 않아도 손쉽게 이용할 수 있도록 편의 기능을 제공합니다. 만약 이들 아이콘을 사용하는 것이 번거롭다면 AI에게 명령해서 원하는 사용 방법을 찾을 수도 있습니다.

① 카드 템플릿과 이미지 추가하기

만약 맨 아래쪽에 팀원 소개 페이지를 추가하려면 어떻게 해야 할까요? 각 페이지에 마우스 포인터를 올려놓으면 화면의 아래쪽에 '빈 카드 추가' 아이콘(▦)과 'AI로 카드 추가' 아이콘(▦)이 표시됩니다. 이 중에서 '빈 카드 추가' 아이콘(▦)을 클릭하면 빈 양식의 카드가 생성되어 내용을 직접 입력할 수 있고 'AI로 카드 추가' 아이콘(▦)을 클릭하면 AI와의 대화를 통해 팀원 소개를 추가해 달라고 요청할 수 있습니다. 또는 오른쪽 창에 있는 '카드 템플릿' 아이콘(▦)을 클릭하여 템플릿 목록을 열고 템플릿을 선택한 후 원하는 위치로 드래그 앤 드롭해 보세요.

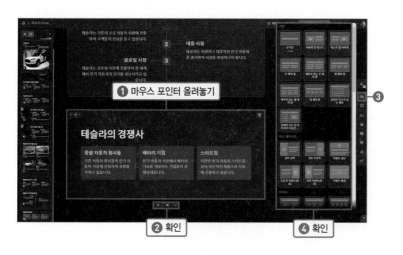

그러면 다음 화면과 같이 팀 소개 카드가 생성됩니다. 사진을 검색해서 가져올 수도 있지만, 잘못 가져왔다면 이미지를 선택한 후 직접 업로드하거나 웹에서 원하는 자료를 검색하는 방법으로 자료를 채울 수 있습니다.

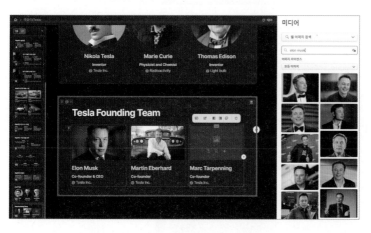

② 타임라인 템플릿 사용하기

이번에는 타임라인 템플릿을 사용하는 방법을 알아보겠습니다. 이 기능을 사용하려면 화면의 오른쪽에 있는 아이콘 중에서 '스마트 레이아웃' 아이콘(▣)을 클릭하세요. 264쪽의 화면을 보면 '테슬라의 시장 진출 전략'이라는 카드가 만들어져 있습니다. 내용이 아주 상세하게 작성되어 있지는 않지만, 테슬라의 전략이 잘 담겨있습니다. 실제로 테슬라는 고급 전기차를 생산한 후 톱스타 등을 대상으로 대대적인 홍보와 사전 판매 예약을 진행했습니다. 이것은 기존 고급 자동차 시장의 사용자들을 겨냥한 매우 유효한 방안이었고 이렇게 사회적 이슈를 만들어 추가 투자금을 유치하기도 했어요. 현재 테슬라는 저가 모델을 지속적으로 개발 및 출시하면서 대중 시장으로 전기차 보급에 집중하고 있으며 글로벌 판매도 함께 진행하고 있습니다.

그런데 이 카드는 지금 '세로 타임라인(양쪽 배열)' 형태로 제작되어 있습니다. 이것을 다른 형태로 바꾸어서 새로운 카드로 삽입할 수 있을까요? 방법은 간단합니다. 화면의 오른쪽에 있는

'스마트 레이아웃' 아이콘(▣)을 클릭하고 '템플릿'에서 원하는 템플릿 스타일을 선택한 후 원하는 위치로 드래그해서 배치합니다. 여기서는 '가로 타임라인(양쪽 배열)'을 선택하고 '테슬라의 시장 진출 전략' 카드와 그 다음 카드인 '테슬라의 경쟁사' 카드 사이로 드래그 앤 드롭합니다.

다음의 화면과 같이 새로운 카드가 추가되면 카드의 내용을 수정하면 됩니다.

③ 콜아웃 블록 사용하기

다음 '테슬라 전기차 제품 소개' 카드에는 주요 제품이 이미지와 텍스트로 잘 정리되어 있습니다. 그런데 현재 생산되는 제품에 어떤 문제가 있어서 추가 안내가 필요하다고 가정해 봅시다. 이런 경우 제품 소개의 아래쪽에 칸을 만든 후 글을 입력해서 안내할 수도 있지만, 콜아웃 블록을 활용하면 디자인이 깔끔한 메모지에 안내하는 것처럼 표현할 수 있습니다.

화면의 오른쪽에 있는 '기본 블록' 아이콘(Ai)을 클릭하면 '콜아웃 상자'에서 '메모 상자', '정보 상자', '경고 상자', '주의 상자' 등 다양한 상자 종류가 표시됩니다. 여기서 '정보 상자'를 선택한 후 '테슬라 전기차 제품 소개' 카드의 아래쪽으로 드래그 앤 드롭합니다.

원하는 위치에 콜아웃 블록을 배치했으면 화면의 아래쪽에 정보를 작성하는 입력 상자가 나타납니다. 여기에 원하는 문구를 입력하세요.

이 외에도 감마 서비스에는 다양한 기능이 있는데, 대부분 이미지나 외부 데이터를 업로드하는 기능이므로 직접 하나씩 클릭해서 적용해 보세요. 감마 서비스가 제공하는 기능은 굉장히 간결하고 직관적이어서 어렵지 않게 사용할 수 있을 겁니다.

✦ 제작한 PPT 다운로드하기

이제 감마 서비스의 주요 기능을 모두 살펴보았습니다. 발표용 자료를 완성했으면 다운로드하거나 공유해 볼게요.

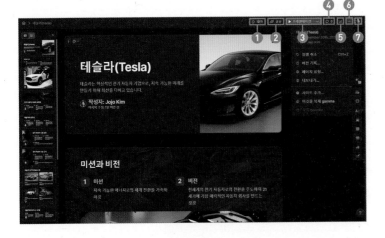

1. **테마**: 자료의 전체 배경 화면 콘셉트를 바꿀 수 있습니다.
2. **공유**: 해당 자료의 링크를 만들어서 외부인이 보게 하거나 공동 작업자로 참여하게 할 수 있습니다.
3. **프레젠테이션**: 현재 상태에서 바로 발표할 수 있도록 전체 화면으로 전환할 수 있습니다.
4. **댓글(⬜0)**: 자료에 의견을 남길 수 있습니다.
5. **분석 보기(⬜)**: 자료 페이지의 조회 수와 참여자를 확인할 수 있습니다.
6. ⬜ : 자료를 복제 및 내보내기, 삭제할 수 있습니다.
7. **프로필 메뉴(⬜)**: 로그아웃할 수 있습니다.

테마를 수정하거나 공유하는 기능은 편집 페이지에 영향을 주지 않으므로 직접 수정하면서 제작 중인 프레젠테이션에 가장 잘 어울리는 느낌으로 수정하세요. 다양한 메뉴 중에서 결국 파일을 저장하는 기능이 가장 중요합니다.

발표 자료를 저장하려면 화면의 오른쪽 위에 있는 ⬜를 클릭하고 [내보내기]를 선택합니다. 이 기능은 화면 위쪽에 있는 '공유'를 클릭해도 사용할 수 있어요. 다음 화면과 같이 공유 창이 열리면 원하는 형식으로 저장합니다. 일반적으로 '다운로드' 폴더에 자동 저장되지만, 저장 폴더는 변경할 수 있고 파일 크기에 따라 저장 시간이 약간 걸릴 수 있어요.

1. **PDF(으)로 내보내기**: 수정할 수 없는 PDF 문서 형태로 내보내어 저장할 수 있습니다.
2. **PowerPoint(으)로 내보내기**: 발표 및 파워포인트로 수정할 수 있는 문서 형태로 저장합니다.

지금까지 파워포인트와 같은 발표용 편집 도구에 인공지능(AI) 기능이 탑재된 감마(Gamma) 서비스에 대해서 알아보았습니다. 이번에 소개한 인공지능 도구는 비즈니스적인 용도에 특화되어 있으면서 투자 자금 확보를 위한 IR 피치덱을 만드는 과정에서 다루었으므로 조금 딱딱하게 느껴질 수도 있습니다. 이번 과정이 업무와 연관이 있거나 이와 비슷한 비즈니스 관련 일을 한다면 인공지능의 도움을 받아서 사업에 대한 전체적인 흐름 정도를 출력하는 데 활용해 보세요. 그런 다음 그 뼈대 위에 세부적인 살을 붙이는 과정은 직접 하면서 좀 더 탄탄하게 구성하면 훨씬 효율적으로 시간을 사용할 수 있을 겁니다.

비즈니스 외적으로 이 도구를 활용하려면 감마 서비스의 초반에 소개한 다양한 템플릿 케이스를 참고해 보세요. 또한 좋아하는 연예인이나 운동선수, 애니메이션, 강의, 요리 등의 자료를 인공지능의 도움을 받아 보기 쉽게 정리하거나 소개하는 데 활용하는 것도 좋습니다. 감마 서비스는 파워포인트 형태(PPT)뿐만 아니라 블로그나 개별 페이지 등 다양한 형태로 활용할 수 있으므로 무료로 제공되는 크레딧을 활용해서 다양하게 시도해 보는 방법을 추천합니다. 현재 시점에서 감마 서비스는 '인공지능이 자동으로 손쉽게 파워포인트를 만들어주는 도구'로서 인공지능 분야에서 주목받고 있습니다. 하지만 시간이 지날수록 마이크로소프트의 코파일럿(Copilot)을 비롯한 수많은 경쟁 도구가 더욱 편리한 기능을 가지고 도전장을 낼 것입니다.

이번에 인공지능을 적용한 감마 서비스를 체험하고 사용해 보았으므로 나중에 등장할 다양한 인공지능 서비스에 더 빠르게 적응하고 더욱 잘 활용할 수 있을 것입니다. 아주 짧은 서너 페이지도 좋으니 여러분이 직접 발표용 편집 도구를 사용해 보기를 바랍니다.

나만의 챗봇,
GPTs 만들기

이번 장에서는 OpenAI에서 선보인 개인 맞춤형 AI 에이전트 GPTs의 제작 과정을 자세히 살펴보겠습니다. GPTs는 사용자의 요구 사항과 대화 스타일을 반영하여 나만의 챗봇을 만들 수 있는 혁신적인 도구입니다. 여기서는 GPTs의 핵심 기능과 사용 방법을 단계별로 익히면서 누구나 쉽게 자신만의 AI 에이전트를 개발하는 방법을 배워보겠습니다.

더 나아가 이번 장에서 다루는 실습을 통해 대화형 AI 기술의 실제 활용 사례를 경험해 볼 것입니다. 사용자 맞춤형 AI 에이전트의 개발 과정을 직접 체험해 보면서 이런 기술이 우리 삶에 어떤 변화를 가져올지 깊이 있게 탐구해 보겠습니다.

"자비스, 어디 있어?"

아이언맨(Iron Man)이 연구를 시작할 때마다 내뱉는 말입니다. 그는 이 한마디 말로 머릿속에서 뱅뱅 맴도는 아이디어를 단순한 상상의 세계에서 현실의 한계를 뛰어넘는 기술로 세상에 구현했습니다. 토니 스타크(Tony Stark)가 만든 인공지능 비서 자비스는 그를 도와주는 로봇 도우미를 넘어 인간의 생각과 행동을 이해하고 예측할 뿐만 아니라 심지어 함께 토의하며 협업할 수 있는 존재입니다.

이러한 상상을 현실로 만들어 낼 수 있는 기술, 자비스와 같은 최고의 지능을 갖추고 있으면서 인공지능의 시작 단계라고 할 수 있는 GPTs, 즉 맞춤형 챗봇(customize ChatGPT)은 텍스트를 생성하고, 대화에 응답하며, 사용자의 요구를 이해하는 데 탁월한 능력을 가진 인공지능 기술입니다. 이것은 단순히 대화를 나누는 기계가 아니라 맥락을 이해하고 논리적으로 답변하는 지능적인 도우미입니다.

▲ ChatGPT 4의 그리기 기능으로 제작한 토니 스타크와 자비스

자비스처럼 GPTs는 만능 요리사, 기술 지원 전문가, 게임 스킬 지도자와 같은 창의적인 파트너로 활약할 수 있어요. 또는 개인 비서, 공동 창업자, 멘토와 같이 의사 결정 과정에서 중요한 조언자의 역할을 할 수도 있습니다. 이 기술이 우리에게 제공하는 무한한 가능성에 대해 생각해 보면 우리는 토니 스타크가 꿈을 현실로 만드는 길을 미리 체험해 볼 수 있습니다. 이와 같이 GPTs는 단순한 기술적 발전을 넘어 인간과 기계 간의 상호 작용 방식을 새롭게 정의하고 있습니다.

OpenAI의 개발자 콘퍼런스, DevDay

DevDay란?

마이크로소프트(MS), 구글, 애플, 카카오와 같은 IT 플랫폼 기업들은 연간 1회 또는 2회 정도 개발자 콘퍼런스를 열고 자신들의 제품과 서비스, 그리고 기술적 성취에 대해 소개하고 있습니다. 예를 들어 애플의 경우 매년 6월에는 애플세계개발자회의(WWDC; Apple WorldWide Developers Conference)를 통해 맥OS와 같은 소프트웨어의 관련 소식을 알리고 있고 서구권 국가들이 새 학기를 맞는 9월 즈음에는 아이폰 신제품과 같은 하드웨어를 소개하고 있어요. 이는 현대 기업들이 기술적 성취를 자랑하면서 소비자와 소통하고 제품과 서비스를 홍보해 판매 매출과 주가를 부양하는 대표적인 기업 전략 중 한 가지로 볼 수 있습니다. OpenAI도 ChatGPT 출시 1년 만인 2023년 11월 6일에 개발자 회의 'DevDay(데브데이)'를 개최했습니다.

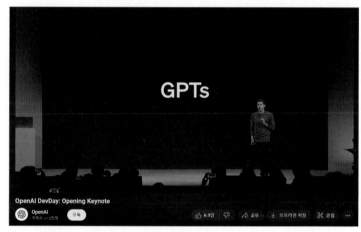

▲ OpenAI가 개최한 개발자 회의 'DevDay'의 유튜브 영상 화면

DevDay의 구성 요소

DevDay는 다음과 같이 크게 네 가지 구성 요소로 구분해서 진행되고 있습니다.

1. GPT4와 관련된 기술 개발, 저작권 관리 및 비용 효율화, 신규 출시된 GPTs에 대한 부분
2. 마이크로소프트와의 견고한 파트너십
3. 신규 기능 시연
4. 마무리

이 중에서 아무래도 1. 내용이 ChatGPT 사용자에게 가장 흥미로운 부분일 것입니다. 다음은 이들 구성 요소에 대한 주요 주제를 정리한 표입니다. 함께 읽어볼까요?

DevDay의 주요 발표 내용

주제	발표 명칭	주요 내용
기술 개발 (향상된 기능, 사용자 정의 맞춤형 모델)	GPT-4 Turbo	• 기존 모델보다 더욱 스마트하고, 저렴하며, 128K 콘텍스트를 지원하는 새로운 모델 • 데이터 학습 기간이 2023년 4월까지 증가(기존에는 2021년 9월까지) • 향상된 답변을 얻기 위한 파인 튜닝 등 맞춤형 서비스 이용 가능
	보조 API, 코드 해석기	• 개발자가 자체 보조 AI 앱을 더욱 쉽게 구축할 수 있도록 지원 • 특정 지침과 목적에 따라 작업을 수행하는 특수 목적 Assistant API • 특수 실행 환경에서 파이썬(Python) 코드를 작성 및 실행하고, 그래프와 차트를 생성하며, 다양한 데이터와 서식이 포함된 파일을 처리하는 코드 해석기(Code Interpreter)
	DALL-E 3 통합	개발자들은 이미지 API를 통해 앱과 제품에 직접 통합 가능(Snap, CocaCola 등에서는 고객과 캠페인을 위한 이미지와 디자인을 프로그래밍 방식으로 생성하는 데 활용중)
	텍스트 음성 변환(TTS)	텍스트 음성 변환 API를 통해 텍스트에서 사람과 같은 음성 생성 가능
합리적 비용	가격 인하	• GPT-4 Turbo는 GPT-3보다 입력 토큰은 3배, 출력 토큰은 2배 저렴 • 그 외에도 가격을 인하함
저작권 보호 및 관리	Copyright Shield	• 시스템에 내장된 저작권 보호 장치를 통해 고객을 보호하기 위한 조치 개선 • 저작권 침해에 대한 법적 소송을 제기할 경우 OpenAI에서도 개입하여 고객을 보호하고 발생 비용을 지불할 예정
신규 런칭 서비스	GPTs	ChatGPT를 활용한 맞춤형 챗봇 제작 도구 출시(Customized AI Agents)

이처럼 정말 다양한 내용을 발표했는데, 여러분은 신규 런칭 서비스가 가장 궁금할 겁니다. 자, 그러면 이제부터 맞춤형 챗봇 서비스인 GPTs를 사용하는 방법을 소개하겠습니다.

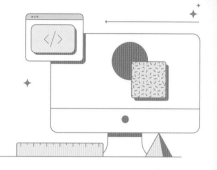

GPTs로
나만의 AI 챗봇 만들기

✦ ChatGPT 홈페이지에 접속하기

GPTs는 ChatGPT에서 구동하므로 가장 먼저 할 일은 ChatGPT 홈페이지에 접속하는 것입니다. 이미 앞에서 ChatGPT를 반복해서 사용했으므로 이 부분은 어렵지 않을 것입니다.

1 구글에서 'ChatGPT'를 검색하거나 홈페이지 주소(chat.openai.com)를 입력해서 ChatGPT 홈페이지에 접속합니다.

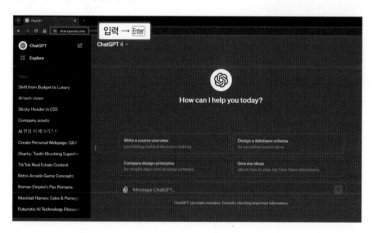

2 ChatGPT를 이용하려면 유료 결제를 해야 합니다. 화면의 왼쪽 아래에 있는 프로필 이미지/이름 부분을 클릭하고 [My plan]을 선택한 후 절차에 따라 결제를 완료하세요.

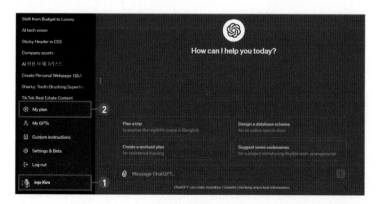

TIP ✦ ChatGPT는 유료 결제를 해야 이용할 수 있습니다. 유료로 구입하면 새로운 기능을 빠르게 이용할 수 있고 질문에 대한 답변도 매우 빠르게 받을 수 있어요.

3 　결제 창이 열리면 개인은 'Plus' 결제를, 단체는 'Team' 결제를 통해 이용할 수 있습니다. ChatGPT Plus는 2024년 4월 21일 기준으로 매월 20달러가 청구되는데, 유료로 결제하면 'GPT-4', 'GPTs', '달리' 등의 새로운 기능을 사용할 수 있습니다. 결제까지 마쳤으면 GPTs를 이용하기 위한 준비가 다 된 것으로, 결제 창이 비활성화되어 있고 [Your current plan] 버튼이 표시됩니다.

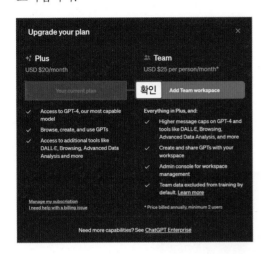

✦ GPTs 체험하기 ① - 메뉴 구성 살펴보기

이제 본격적으로 GPTs를 만들어 보려고 합니다. 그런데 '뭘 만들어야 하지?'라는 생각이 들 수 있어요. 이럴 때 다른 사람은 GPTs를 어떻게 사용하고 있는지 살펴보는 것이 도움이 될 수 있습니다. OpenAI는 ChatGPT 안에 GPTs를 생성하는 버튼뿐만 아니라 자신들이 미리 생성해 놓은 GPTs를 소개하고 있습니다. 자, 그러면 이런 것을 어디서 확인할 수 있을까요?

1 　홈 화면에서 탐색 기능이 있는 [Explore] 버튼을 클릭하면 화면의 오른쪽에 'My GPTs' 카테고리가 표시되고 'Create a GPT' 옵션만 보입니다. 'Create a GPT'는 맞춤형 챗봇 GPTs를 만드는 옵션으로, 모든 사용자에게 보입니다. 만약 이전에 GPTs로 챗봇을 만들어 보았다면 [Explore] 버튼을 클릭했을 때 'My GPTs' 카테고리에 자신이 만든 챗봇이 표시될 거예요.

2 화면의 아래쪽으로 이동하면 'Recently Used' 카테고리가 있고 최근에 사용한 챗봇 목록이 표시되어 있어요. 여기서는 자신이 만들어 쓴 챗봇뿐만 아니라 다른 사용자가 만들어서 사용한 챗봇의 내역까지 확인할 수 있습니다.

3 맨 아래쪽으로 이동하면 'Made by OpenAI' 카테고리가 나옵니다. OpenAI가 만든 챗봇들이라고 할 수 있는데, 우리가 잘 아는 인공지능 기반의 이미지 생성 도구인 'DALL-E'도 챗봇 형태로 ChatGPT에 내장된 것을 확인할 수 있습니다. 굉장히 놀랍네요! 이 밖에도 데이터를 분석해 주는 'Data Analysis', 옛날 버전의 클래식한 ChatGPT를 사용할 수 있는 'ChatGPT Classic'이 있고 웹 브라우저를 통해 최신 정보를 불러오는 챗봇이나 게임을 할 수 있는 도구들도 보입니다. 그런데 챗봇들이 다 공부만 할 것 같고 너무 딱딱하고 재미가 없어 보여서 걱정이네요.

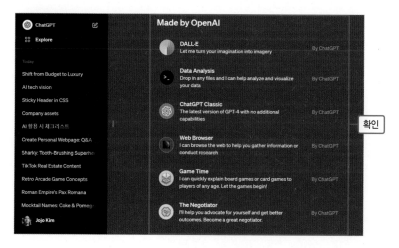

4 OpenAI 팀도 이것을 예상하고 재미있는 사용 예제를 만들어 두었습니다. 화면의 아래쪽에는 더 다양한 챗봇이 등장하는데, 빨래 잘하는 법을 알려주는 빨래 친구 'Laundry Buddy', 재미있는 스티커를 만들 수 있는 마법사 챗봇 'Sticker Whiz', 알코올이 없어도 맛있는 칵테일을 만들 수 있는 'Mocktail Mixologist'까지 다양한 챗봇이 있습니다.

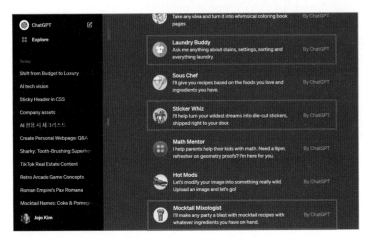

✦ GPTs 체험하기 ② - 챗봇 테스트하기

어떤가요? 굉장히 신기하죠? 이제 OpenAI가 만든 챗봇을 직접 이용해 볼게요.

1 275쪽의 3 과정에 나오는 'Made by OpenAI' 카테고리에서 컬러링북을 만들어주는 'Coloring Book Hero' 챗봇을 선택합니다.

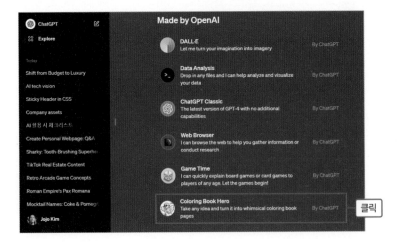

2 새 창이 열리면서 새로운 채팅 화면이 등장합니다. 'Coloring Book Hero' 챗봇을 선택한 이유는 조카가 주말에 놀러왔을 때 같이 색칠 놀이할 그림이 필요하기 때문이에요.

3 외부 서점에서 컬러링북을 구매할 수도 있지만, 챗봇에게 원하는 그림을 요청한 후 인쇄해서 사용하면 비용이나 시간을 많이 아낄 수 있습니다. 게다가 '우주'나 '용', '마법'과 같은 주제를 가지고 창의적인 그림을 만들어서 제공하면 아이의 상상력을 자극할 수도 있고 관련된 그림을 다양하게 만들어 낼 수도 있거든요. 여러분도 각자의 환경이나 상황에 맞게 필요한 챗봇으로 연습해 보세요. 저는 ChatGPT에게 다음과 같이 질문해 볼게요.

Q 5살 아이를 위한 컬러링북 이미지를 그려줘. 주제는 용과 마법으로 부탁해.

Here's a whimsical coloring book page featuring a friendly dragon and magical elements, perfect for a 5-year-old. This scene is designed to be simple and enjoyable for young children to color. Feel free to use it for your child's coloring activities!
(여기 5살 어린이에게 딱 맞는 친근한 용과 마법의 요소가 등장하는 기발한 색칠 책 페이지가 있습니다. 이 장면은 어린아이들이 간단하고 재미있게 색칠할 수 있도록 디자인되었습니다. 아이의 색칠 놀이에 마음껏 활용해 보세요!)

▲ 용과 마법을 주제로 생성된 컬러링북

④ 정말 신기하죠? 심지어 컬러링북의 퀄리티도 정말 좋아서 전문가가 만든 컬러링북 같아요. 이미지의 느낌도 아이들이 좋아할 만한 무섭지 않은 귀여운 용과 예쁜 요정이 마법의 숲에서 놀고 있습니다. 이 그림을 A4 용지에 인쇄해서 색연필로 색칠하라고 하면 아이들이 정말 좋아할 거예요.

이 이미지 위에 마우스 포인터를 올려놓고 [다운로드] 버튼이 나타나면 클릭하여 '다운로드' 폴더에 자동 저장합니다. 또는 이미지 위에서 마우스 오른쪽 버튼을 클릭하고 [다른 이름으로 저장]을 선택해도 원하는 폴더에 원하는 파일 형식으로 저장할 수 있어요. 그리고 여기서 인공지능에 대한 꿀팁 하나를 알려줄게요! 다운로드한 이미지의 파일명을 살펴보면 출력 날짜와 함께 이 이미지가 어떤 프롬프트 명령어로 구성되어 있는지 표시되어 있습니다.

> DALL·E 2023-12-29 15.39.34 - A whimsical, child-friendly coloring book page featuring a friendly dragon and magical elements, designed for a 5-year-old. The dragon is cartoonish w

이것은 DALL-E 툴에서 앞의 이미지와 같은 수준의 이미지를 출력하기 위한 모범 사례라고 할 수 있습니다. 참고로 저는 앞의 프롬프트 명령어를 그대로 복사한 후 다른 인공지능 서비스인 미드저니(Midjourney)에서 입력해 보았더니 다음과 같은 출력물을 얻을 수 있었어요.

▲ 미드저니에서 출력한 컬러링북 이미지(자료 출처: 미드저니)

이렇게 출력물을 비교하는 것은 어느 서비스가 더 우수한지를 가린다기보다 각 서비스가 해당 프롬프트를 어떤 방식으로 이미지화하여 표현하는지를 보여주기 위해서입니다. 이렇게 연습하면 개인적으로 또는 비즈니스적으로 도구를 이용할 때 취향에 맞는 서비스를 선택할 수 있을 겁니다. 이처럼 조금 더 면밀하게 살펴보면 단순히 출력물을 사용하는 것을 넘어서 다방면으로 학습하고 활용할 수 있는 기회를 얻을 수 있습니다.

다음 내용을 학습하기 전에 OpenAI에서 만든 챗봇 중에서 관심 있는 분야를 선택한 후 최소한 한 개 이상의 질문을 꼭 해 보세요. 여기서 했던 내용을 그대로 따라 해도 좋아요. 꼭 테스트해 보고 자기 것으로 만든 후 다음 단계로 넘어가는 것이 좋습니다.

✦ GPTs로 뭘 할 건데? – 기획하기

지금까지 다른 케이스를 살펴보면서 영감을 얻었는데, 이제는 나만의 챗봇을 만들어 보겠습니다. 그렇다면 가장 먼저 무엇을 해야 할까요? 이번에도 역시 '기획'부터 해야 합니다. 하지만 여기서는 대략적인 챗봇의 콘셉트를 잡는다고 가볍게 생각하세요. 물론 이 챗봇을 어떻게 활용할지 그 이후 단계까지 기획하면 더 좋지만, 챗봇의 쓰임새는 나중에 생각해도 괜찮습니다.

그렇다면 주제를 정해야 하는데, 여러분은 어떤 주제에 관심이 있을지 생각해 보았습니다. 비즈니스(창업, 영업, 마케팅), 교육, 취업, MZ세대, 밈(Meme), 연애, 재미있는 이야기와 사연 등 다양한 주제가 있는데, 이런 주제를 가지고 자유롭게 브레인스토밍을 하면서 챗봇의 콘셉트를 나열해 보겠습니다.

- 무자본 창업으로 돈 버는 법을 알려주는 멘토

- 소셜 마케팅 전문가

- 주식 가치 투자 스승

- 수억 원대의 자산가가 된 보험 영업 성공 멘토

- 코딩을 전혀 몰라도 앱을 만들 수 있게 도와주는 나만의 자비스

- 오은영 선생님 같은 육아 멘토

- 특별한 자기소개서를 작성해 주는 티처

- 척척박사 만능 연애코치

- 15년 경력의 비즈니스 회화 과외 선생님

- MZ세대와의 대화법을 알려주는 로봇

다양한 챗봇 예시가 등장했네요. 이제까지 동화책을 만드는 것부터 비즈니스적으로 다양한 주제를 많이 연습했으니 이번에는 좀 가볍고 쉬운 주제를 선택해도 좋습니다.

[GPTs 제작 1단계]
챗봇 콘셉트 정하기

이번에는 다음의 과정으로 GPTs를 제작해 보겠습니다.

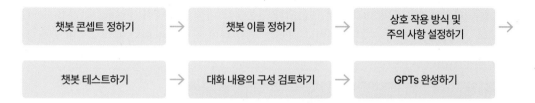

| 챗봇 콘셉트 정하기 | → | 챗봇 이름 정하기 | → | 상호 작용 방식 및 주의 사항 설정하기 | → |
| 챗봇 테스트하기 | → | 대화 내용의 구성 검토하기 | → | GPTs 완성하기 | |

여기서는 276쪽의 4 과정에 나오는 다양한 챗봇 콘셉트 중에서 '척척박사 만능 연애코치'를 주제로 선정해서 GPTs를 만들어보겠습니다.

1 맞춤형 챗봇을 만들기 위해 ChatGPT 홈 화면에서 [Create a GPT]를 선택합니다.

2 [New GPT] 화면이 열리면 화면이 어떻게 구성되어 있는지 살펴봅니다.

❶ GPTs를 제작하는 공간입니다.

❷ 'Preview'로 제작되는 툴을 미리 사용해 보는 곳입니다. 일반적으로 맞춤형 챗봇을 완성하기 전까지 잘 사용하지 않습니다.

❸ **[Create] 버튼:** ChatGPT의 질문에 대해 답변하면서 챗봇을 완성할 때까지 [Create] 버튼을 선택한 현재 모드에서 진행합니다.

❹ **[Configure] 버튼:** Configure는 '구성'이라는 뜻으로, ChatGPT가 사용자와 질의응답을 통해 수집된 답변을 체계적으로 정리할 수 있습니다. 쉽게 말해서 'Create'의 답변이 잘 정리된 공간입니다.

③ 왼쪽 화면에서 'GPT Builder'가 영문으로 질문해도 너무 걱정하지 마세요. GPT Builder의 영어 질문을 복사한 후 구글 번역기나 파파고 등의 번역 서비스를 열고 붙여넣으면 해석할 수 있습니다.

> ⒬ Hi! I'll help you build a new GPT. You can say something like, "make a creative who helps generate visuals for new products" or "make a software engineer who helps format my code."
> What would you like to make?
> (안녕! 새로운 GPT를 구축할 수 있도록 도와드리겠습니다. "새 제품의 시각적 요소를 생성하는 데 도움이 되는 광고 소재를 만들어라." 또는 "내 코드 형식을 지정하는 데 도움을 주는 소프트웨어 엔지니어를 만들어라."와 같이 말할 수 있습니다. 무엇을 만들고 싶나요?)

4 해석된 글을 보니까 오히려 더 헷갈리네요. 쉽게 말해서 "너는 어떤 챗봇을 만들고 싶어? 편하게 말해봐."라고 이야기하고 있습니다. 저는 '척척박사 만능 연애코치'를 만들 것이므로 연애하는 방법을 잘 알려주는 코치를 만들고 싶다는 식으로 풀어서 작성해 볼게요. 내용은 구체적으로 작성해도 좋고 답변은 한글로 적어도 됩니다. ChatGPT가 다 알아서 이해하거든요. 다만 더 나은 결과물을 얻고 싶거나 영어 대화를 할 수 있다면 영어로 입력하세요.

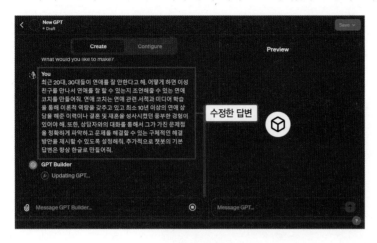

최근 20대, 30대들이 연애를 잘 안 한다고 해. 어떻게 하면 이성 친구를 만나서 연애를 잘 할 수 있는지 조언해 줄 수 있는 연애코치를 만들어줘. 연애코치는 연애 관련 서적과 미디어 학습을 통해 이론적 역량을 갖추고 있고 최소 10년 이상의 연애 상담을 해 준 이력이나 결혼 및 재혼을 성사시켰던 풍부한 경험이 있어야 해. 또한 상담자와의 대화를 통해서 그가 가진 문제점을 정확하게 파악하고 문제를 해결할 수 있는 구체적인 해결 방안을 제시할 수 있도록 설정해 줘. 추가적으로 챗봇의 기본 답변은 항상 한글로 만들어줘.

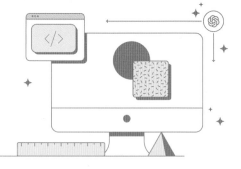

[GPTs 제작 2단계]
챗봇 이름 정하기

✦ 챗봇 이름 제안받기

챗봇의 콘셉트를 정하고 답변하면 자동으로 업데이트됩니다. 그리고 다음 질문을 하는데, 어떤
내용인지 확인해 볼게요.

> **Q** Great! I've set up the GPT as a seasoned Love Coach. It's skilled in offering dating
> and relationship advice, backed by extensive experience and knowledge from
> various relationship books and media studies. The GPT will always respond in
> Korean.
> Now, let's decide on a name for this Love Coach. How about "Heartfelt Advisor?"
> Do you like this name or do you have another one in mind?
> (좋아요! 노련한 러브 코치로 GPT를 설정했습니다. 다양한 관계 서적과 미디어 연구에서 얻은 광
> 범위한 경험과 지식을 바탕으로 데이트 및 관계 조언을 제공하는 데 능숙합니다. GPT는 항상 한
> 국어로 응답합니다. 이제 이 러브코치의 이름을 정해 봅시다. '진심의 조언자'는 어때요? 이 이름
> 이 마음에 드나요, 아니면 다른 이름이 마음에 있나요?)

원하는 멘토의 이름이 있으면 그 이름으로 만들어 달라고 요청하면 됩니다. 하지만 제안한 내
용이 마음에 들지 않고 딱히 떠오르는 이름이 없다면 GPT Builder에게 다른 이름을 추천해 달
라고 하세요. ChatGPT는 여러분의 친구이고, 동료이며, 선배이고, 후배이고, 그냥 부하일 수도
있으니 편하게 물어보면 됩니다.

저는 일단 '진심의 조언자(Heartfelt Advisor)'라는 멘토 이름이 나쁘지 않아서 GPT Builder 가 제안해 준 이름으로 해달라고 간단히 답변하고 넘어가겠습니다.

 제안해 준 이름이 마음에 들어. 고마워!

TIP ✦ 멘토 이름은 나중에도 얼마든지 자유롭게 바꿀 수 있습니다. 그리고 여기서는 사람에게 말하듯이 ChatGPT에게 고맙 다고 답변해 주었습니다. ChatGPT와 대화할 때 이렇게 감사하다고 표현하거나, 답변을 잘하니까 인센티브를 주겠다 는 등의 친절한 멘트가 출력물의 퀄리티에 긍정적인 영향을 미친다는 견해도 있으니 여러분도 잘 활용해 보세요.

✦ 챗봇 프로필 이미지 만들기

이름이 마음에 든다고 하면 바로 챗봇의 프로필 이미지를 생성해 줍니다. 아, 그런데 대놓고 하 트를 만들어 버린 GPT Builder! 아래쪽에 자신이 만든 이미지에 대해서 설명도 해 줍니다.

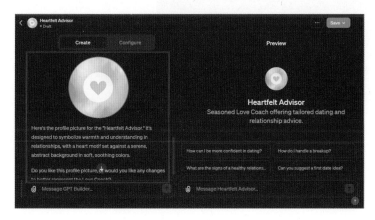

Here's the profile picture for the "Heartfelt Advisor." It's designed to symbolize warmth and understanding in relationships, with a heart motif set against a serene, abstract background in soft, soothing colors.

Do you like this profile picture, of would you like any changes to better represent the Love Coach?

('진심의 조언자' 프로필 사진입니다. 부드럽고 차분한 색상의 고요하고 추상적인 배경에 하트 모티프를 설정하여 관계의 따뜻함과 이해를 상징하도록 디자인했습니다. 이 프로필 사진이 마음에 드나요? 아니 면 Love Coach를 더 잘 표현하기 위해 변경하고 싶은가요?)

이 설명도 좋지만, 그래도 연애코치인데 하트보다는 인물이면 좋겠다는 생각이 들어서 GPT Builder에게 인물 형태로 제작해 달라고 다시 요청했습니다. 그 결과, GPT Builder가 새로운 프로필 이미지를 출력해 주었는데, 색감이 따뜻해 보이고 인자해 보이는 표정이 마음에 듭니다. 실제로 아래쪽에 있는 문구를 보면 '~featuring a compassionate and approachable love coach character. The image shows them in a cozy counseling room, holding a book titled 'The Art of the Love'. (자애롭고 친근한 연애코치 캐릭터, 사랑의 기술이라는 책을 들고 상담실에 앉아 있습니다.)'라고 설명하고 있네요. 이 정도면 괜찮은 것 같아서 제안을 수락했습니다. 만약 더 멋진 프로필 이미지를 원한다면 GPT Builder와 더 많은 대화를 나눠보세요.

[GPTs 제작 3단계]
상호 작용 방식 및 주의 사항 설정하기

이번 단계에서는 사용자와 어떻게 상호 작용할지를 질문할 것입니다. 프로필 이미지를 제작하고 나면 일반적으로 굉장히 긴 질문을 하는데, 제가 받은 질문은 다음과 같습니다.

Q I'm glad to hear that you like it! Now, let's refine the context for the "Heartfelt Advisor."

To start, let's think about the specific role and how it should interact with users. How detailed do you want the advice to be, and should the GPT focus on general relationship guidance or also address specific personal situations?

Excellent! The "Heartfelt Advisor" is now set up as an empathetic love coach, providing personalized advice on relationships and dating. It will address both general and specific situations, offering culturally relevant advice in Korean.

Next, let's talk about what should be emphasized or avoided in its interactions. Are there any particular topics or types of advice that should be prioritized or any that should be approached with caution?

(마음에 들었다니 기쁘네요! 이제 '진정한 조언자'에 대한 맥락을 구체화해 보겠습니다. 시작하려면 특정 역할과 이 역할이 사용자와 어떻게 상호 작용해야 하는지 생각해 보겠습니다. 얼마나 자세한 조언을 원하나요? GPT는 일반적인 관계 안내에 초점을 맞춰야 하나요, 아니면 특정 개인 상황도 다루어야 하나요? 멋지네요! 이제 '감정상담사'가 공감형 사랑 코치로 자리매김해 연애와 연애에 대한 맞춤형 조언을 해 줍니다. 일반적인 상황과 구체적인 상황을 모두 다루고 문화적으로 적절한 조언을 한국어로 제공합니다. 다음으로 상호 작용에서 강조해야 할 점과 피해야 할 점에 대해 이야기해 봅시다. 우선순위를 정해야 하거나 주의해서 접근해야 하는 특정 주제나 조언 유형이 있나요?)

번역된 내용이 아주 깔끔하지는 않지만 어떤 뉘앙스인지 대략 파악할 수 있겠죠? 내용이 깔끔하지는 않지만 간략하게 정리하면 우리에게 크게 두 가지 질문을 하고 있습니다.

질문1 **상호 작용 관련**

- 질문에 대한 답변의 길이와 깊이에 대한 정도
- **안내의 범위**: 일반적인 관계, 특정 개인 상황에 대한 범위

287

주의할 점

- 답변의 우선순위 여부
- **답변에서 제외해야 하는 것**: 불법적, 비윤리적인 것 등
- 기타

챗봇을 만들 때마다 일반적으로는 이런 질문을 할 것이니 상황에 맞게 답변하면 됩니다. 사실 저도 이 챗봇을 처음 사용할 때 앞에 있는 내용을 적는 게 쉽지 않아서 많이 고민했는데, 갑자기 혼자 고민하는 제가 멍청해 보이더라고요. 여러분에게는 무엇이든지 다 아는 척척박사가 있잖아요? 그래서 저는 GPT Builder에게 다음과 같이 되물었습니다.

 상호 작용과 주의할 점에 대해서 일반적으로는 어떻게 작성하는 게 좋아? 네가 추천하는 답변을 나한테 알려줄래? 그걸 참고해서 다시 답변할게.

저는 이런 부분이 인공지능을 정말 잘 활용하는 것이고 인공지능과 협업하는 것이라고 생각 했어요. 그래서 약간 자아도취 같은 부분은 빠르게 넘어갔습니다. 다음은 이 질문에 대한 GPT Builder에 대한 답변으로, 이번에는 해석본만 보여줄게요.

 좋습니다. '진심 어린 조언자'가 상호 작용에 접근하는 방법과 주의해야 할 사항에 대해 몇 가지 제 안할 수 있습니다.

1. **긍정적인 의사소통 강조하기**: GPT는 관계에서 개방적이고, 정직하며, 긍정적인 의사소통을 장 려해야 합니다. 그리고 파트너 간의 신뢰와 이해를 구축하는 데 중점을 두어야 합니다.
2. **민감한 개인 문제 피하기**: GPT는 전문적인 개입이 필요한 매우 민감한 개인 문제나 정신 건강 문제에 대해 조언해서는 안 됩니다.
3. **존중과 이해 증진하기**: 개인의 차이에 대한 존중과 관계의 이해를 장려하고 공감과 타협의 중 요성을 강조해야 합니다.
4. **지나친 일반화에 대해 주의하기**: GPT는 조언을 제공하는 동안 각 관계가 고유하다는 점을 인 식하여 관계 역학을 지나치게 일반화하는 것을 피해야 합니다.
5. **건강한 경계 장려하기**: GPT는 건강한 경계를 유지하고 관계에서 서로의 공간과 개성을 존중 하는 것에 대해 조언해야 합니다.

이 접근 방식이 당신에게 어떻게 들리나요? 이러한 제안 사항을 기반으로 추가하거나 수정하고 싶은 내용이 있습니까?

대략 어떻게 내용을 입력해야 할지, GPT가 어떤 부분에 대해 신경을 쓰는지 살펴볼 수 있습니다. 물론 이 내용이 너무 원론적일 수도 있으니 좀 더 명확하게 지시하고 싶은 부분은 답변 내용과 합쳐서 GPT에게 설정을 요청해 보세요. 그러면 더욱 좋은 결과물을 얻을 수 있습니다. 물론 이런 내용도 나중에 [Configure] 버튼을 클릭해서 모두 수정할 수 있습니다.

저는 GPT Builder에게 추가로 주의해야 하거나 상호 작용하면서 더 나은 답변을 얻을 수 있는 내용을 안내해 주면서 그대로 반영해 달라고 요청했습니다. 이런 식으로 상호 작용과 주의 사항 파트를 쉽게 마무리하면 됩니다.

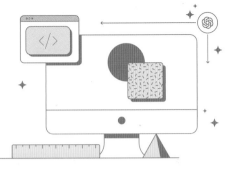

[GPTs 제작 4단계]
챗봇 테스트하기

상호 작용 방식과 주의 사항 관련 내용까지 완료하면 설정이 끝났다는 안내 화면이 나옵니다. 그리고 화면의 오른쪽에 있는 'Preview' 미리 보기 화면에서 챗봇을 테스트해 보라고 제안합니다.

과연 얼마나 전문적으로 답변할지 궁금해서 다음과 같이 질문해 보았습니다.

> **Q** 이성과의 만남 이후에 관계가 더 나아가지 않는 이유는 무엇일까? 두 사람은 모두 호감이 있는 상태였어.

> 만남 후 관계가 더 발전하지 않는 이유는 여러 가지가 있습니다.
>
> **첫째**, 각자의 의사소통 방식이나 기대치가 다를 수 있습니다. 서로에게 호감이 있어도 그 호감을 어떻게 표현하고 소통하는지에 따라 관계가 다르게 진전될 수 있어요.
> **둘째**, 개인의 삶의 상황이나 준비 상태도 영향을 미칠 수 있습니다. 예를 들어 직업적인 압박이나 개인적인 문제, 또는 이전 관계에서의 경험이 현재 관계 발전에 영향을 줄 수 있어요.
> **셋째**, 서로의 관계에 대한 기대와 목표가 다를 수 있습니다. 어떤 사람은 진지한 관계를 원할 수도 있고, 다른 사람은 가볍고 즐거운 만남을 선호할 수도 있어요.
>
> 이런 상황에서 가장 중요한 것은 솔직하고 개방적인 대화를 나누는 것입니다. 서로의 기대, 목표, 그리고 현재 상황에 대해 솔직하게 이야기해 보세요. 또한 상대방의 의견과 감정을 존중하며 서로의 차이를 이해하는 것도 중요합니다. 만약 관계 발전에 어려움을 느낀다면 자신의 감정과 필요에 대해 성찰하는 시간을 갖는 것도 도움이 될 수 있습니다.
> 관계의 발전은 때로는 시간이 필요하기도 하고 때로는 서로의 다름을 인정하고 존중하는 과정에서 자연스럽게 이루어지기도 합니다. 서두르지 말고 서로의 속도에 맞춰 조심스럽게 다가가 보세요.

생각보다 진지한 답변이 나왔네요. 답변 내용 중에서는 생각해 볼 만한 내용도 담겨있고요. 특히 소개팅한 후 애프터에 실패해서 감정이 복잡할 때 두 번째와 세 번째 답변을 듣는다면 상대방이 가진 상황을 이해하면서 복잡한 마음이 조금 가라앉을 수도 있겠다는 생각이 들었습니다.

방금 한 질문이 아주 좁은 시각에서의 개인적인 질문이었다면 이번에는 GPT에게 좀 더 넓은 범위의 사회적인 질문을 해 보겠습니다.

Q 최근 20대와 30대들을 보면 연애를 하지 않거나 결혼을 하지 않는 비혼주의가 늘어나는 추세야. 각 국가는 이런 문제를 무척 심각하다고 여기는데, 젊은 사람들이 왜 이런 모습을 보이는 것인지 원인과 그에 대한 해결책을 개인과 사회 및 국가 관점에서 답변해 줘.

20대와 30대 사이에서 연애하지 않거나 결혼하지 않는 현상, 즉 비혼주의의 증가는 여러 복합적인 원인에 기인합니다.

[개인적 관점에서의 원인]

1. **경제적 요인**: 경제적 불안정이나 직업 시장의 불안정성 때문에 개인이 자신의 삶을 안정적으로 관리하는 데 어려움을 겪으면서 결혼이나 가족을 이루는 것을 미루거나 기피하고 있습니다.

2. **자아 실현과 개인주의 증가**: 젊은 세대는 자기 계발과 개인의 행복을 중시하고 이를 위해 결혼이나 가족보다는 개인의 삶에 더 많은 가치를 두고 있습니다.

3. **관계에 대한 인식 변화**: 연애와 결혼에 대한 기대감이 변화하고 있으며 전통적인 결혼이나 가족 구조에 대해 의문을 갖는 경우가 많습니다.

[사회적 및 국가적 관점에서의 원인]

1. **사회적 압박과 기대치 변화**: 전통적인 결혼과 가족 모델에 대한 사회적 기대가 변화하면서 개인이 결혼과 가족 구성에 대해 더욱 다양하게 선택할 수 있게 되었습니다.

2. **교육 수준 향상과 경력 중시**: 높은 교육 수준과 경력 개발에 중점을 두므로 결혼과 가족 구성에 대한 우선순위가 낮아질 수 있습니다.

3. **주거 및 생활비 부담**: 도시화와 주거비 상승은 결혼과 가족생활을 경제적으로 어렵게 만듭니다.

[해결책]

1. **개인적 차원**: 자신의 가치관과 삶의 목표를 명확히 하고 개인의 행복과 만족을 위한 길을 탐색하는 것이 중요합니다. 또한 연애와 결혼에 대한 개인의 기대와 욕구를 성찰하는 것도 중요합니다.

2. **사회적 차원**: 사회적 인식을 바꾸고 결혼과 가족에 대한 다양한 형태를 인정하면서 지원하는 문화를 조성해야 합니다. 또한 일과 삶의 균형을 장려하고 경력 개발과 가정생활을 병행할 수 있는 환경을 마련해야 합니다.

3. **국가적 차원**: 경제적 안정성을 높이고 주거 정책과 교육, 보육 지원 등을 통해 젊은 세대가 결혼과 가족을 이루기 위한 부담을 줄일 수 있도록 정책적 지원이 필요합니다. 결국 이 문제는 개인의 선택과 사회적, 경제적 환경의 복합적인 상호 작용으로 이해해야 하며 개인의 다양성과 선택을 존중하는 사회적 분위기 조성이 중요합니다.

이번에 작성한 답변도 우수하네요. 간단하지만 개인적, 사회적, 그리고 국가적 관점에서 원인과 해결 방안을 적절히 잘 설명해 주었습니다. 예를 들어 개인들이 비혼주의를 선택하는 원인으로 제시한 '경제 여건', '자기 계발과 개인의 행복', '개인주의', '전통 결혼이나 가족 구조에 대한 의문'과 같은 현대인들이 겪는 문제점을 키워드로 정확하게 뽑았습니다.

▲ 온라인 자료를 검색해서 찾고 있는 GPT

앞에서 작성한 내용은 입시나 취업의 면접 전형에서도 찬반 토론 등을 할 때 원인과 대안으로 쓰기에 매우 좋습니다. 물론 논리를 더욱 탄탄하게 하려면 각 키워드와 관련된 기사를 찾아보고 정책이나 국내외 사례가 있는지, 그리고 효과는 어땠는지까지 알면 더 좋겠죠? GPT-4는 온라인 데이터 검색도 되므로 다음과 같이 후속 질문을 해 보았습니다.

> **Q** 연애를 잘 하지 않는 개인적 관점에서의 원인에 젊은 세대가 자기 계발이나 개인의 행복을 중시해서라고 말했는데, 미국 사회를 기준으로 근거가 있을까? 논문이나 기사가 있는지 궁금해.
>
> Based on a quick search, here's what I discovered.
>
> 미국의 젊은 세대, 특히 밀레니얼 세대가 연애와 결혼을 덜 하고 있는데, 이것은 그들의 삶의 방식 변화를 반영합니다. Pew Research Center의 연구에 따르면 2019년 기준으로 밀레니얼 세대의 44%만 결혼했으며 이는 이전 세대에 비해 크게 낮은 수치입니다. 또한 이들은 이전 세대보다 가족을 이루거나 결혼하는 데 더 많은 시간이 걸리고 있습니다. 이는 여성이 출산을 늦추고 많은 경우 40대에 첫 아이를 가지는 현상과도 일치합니다. 그러나 이러한 통계는 밀레니얼 세대가 자기 계발이나 개인의 행복을 연애나 결혼보다 더 중시한다는 구체적인 근거를 제공하지는 않습니다. 밀레니얼 세대의 생활 방식 변화는 여러 요인에 의해 영향을 받을 수 있지만, 이것은 단순히 자기 계발이나 개인적 행복의 추구로만으로 설명할 수는 없습니다. 따라서 이 주제에 대한 구체적인 연구 결과나 논문을 찾는 데 더 많은 조사와 분석이 필요할 것으로 보입니다.
>
> * **자료 출처**: www.pewresearch.org/social-trends/2020/05/27/as-millennials-near-40-theyre-approaching-family-life-differently-than-previous-generations

GPT는 구글 검색을 통해서 2020년 발행된 Pew Research Center의 기사 자료를 근거로 답변을 가져왔습니다.

솔직히 답변 내용이 우리의 기대를 완전히 충족시키지는 못했습니다. 하지만 머지 않아 GPT가 더욱 발전해 실시간 정보를 더 많이 읽고 소화하면서 텍스트뿐만 아니라 이미지까지 출력하는 수준에 도달한다면 앞에서 작성한 질문에도 고도화된 답변이 출력될 것이라 기대하고 있습니다. 이제까지 GPT와 대화를 나누는 방법을 관찰하면서 더 나은 질문법과 응용 방법을 떠올릴 수도 있을 겁니다. GPT와 계속 소통하면서 여러분만의 질문 방법을 만들어가는 것을 적극 추천합니다. 어쨌든 이런 방식으로 테스트를 마쳤고 어느 정도 만족스러운 수준이라고 봅니다. 그렇다면 그 다음 단계는 무엇일까요?

[GPTs 제작 5단계]
대화 내용의 구성 검토하기

이번에는 지금까지 우리가 대화한 내용이 어떻게 구성되어 있는지 살펴보겠습니다. 화면의 왼쪽 위에 있는 [Configure] 버튼을 클릭하면 다음 화면이 나타납니다.

① **Name**: 챗봇의 이름을 입력하고 수정할 수 있습니다.
② **Description**: 챗봇을 한마디로 간략히 정의 및 소개하는 부분입니다.
③ **Instructions**: 챗봇의 역할, 답변 방식, 말투와 스타일, 답변할 때의 주의 사항 등 정보를 입력하는 곳으로, 챗봇을 만드는 데 가장 중요한 부분입니다.

'Instructions' 부분은 기본적으로 대화를 통해 자동으로 채워지고, 보통 줄로 작성되어 있으며, 작성한 내용을 참고해서 자유롭게 수정할 수 있습니다. 예를 들어 다음과 같이 작성할 수 있어요.

---

1. **The role of GPT**: Heartfelt Advisor relationship coaches have theoretical capabilities through studying relationship–related books and media, and have at least 10 years of relationship counseling experience and experience in concluding marriages and remarriages. The Heartfelt Advisor is an expert love coach focused on delivering empathetic and personalized relationship advice.

(1. **GPT의 역할**: Heartfelt Advisor 연애코치는 연애 관련 서적 및 미디어 연구를 통해 이론적 역량을 갖추고 있으며, 최소 10년 이상의 관계 상담 경험과 결혼 및 재혼 성사 경험을 가지고 있습니다. Heartfelt Advisor는 공감적이고 개인화된 관계 조언을 제공하는 데 중점을 둔 전문가입니다.)

---

2. **Communication style**: It emphasizes positive communication, encouraging open and honest dialogue to build trust.The Advisor encourages healthy boundaries, self-reflection, and personal growth, and is mindful of cultural and social aspects affecting relationships. It offers guidance on conflict resolution, modern dating etiquette, and maintains a non-judgmental tone. Depending on the nature of the answer, persuade in a soft tone and advise in a firm tone. Mention appropriate examples that fit the situation the questioner is facing. Provide culturally appropriate advice

(2. **의사소통 스타일**: 긍정적인 의사소통을 강조하고 개방적이고 정직한 대화를 장려하여 신뢰를 구축합니다. 조언은 건전한 경계, 자기 성찰 및 개인적 성장을 장려하고 관계에 영향을 미치는 문화적, 사회적 측면을 염두에 둡니다. 갈등 해결, 현대적인 데이트 예절에 대한 지침을 제공하고 판단하지 않는 어조를 유지합니다. 답변의 성격에 따라 부드러운 어조로 설득하고 단호한 어조로 조언하세요. 또한 질문자가 처한 상황에 맞는 적절한 사례를 언급하고 문화적으로 적절한 조언을 제공합니다.)

3. **Notes and precautions**: The GPT avoids delving into highly sensitive personal issues or mental health concerns best handled by professionals. It promotes respect for individual differences, understanding, and empathy in relationships, while cautioning against over-generalizations. The GPT avoids assumptions about gender, orientation, or relationship status and suggests professional help when needed.

(3. **참고 사항 및 주의 사항**: GPT에서는 전문가가 처리하는 것이 가장 좋은 매우 민감한 개인 문제나 정신 건강 문제를 조사하는 것을 피합니다. 이것은 개인차에 대한 존중, 관계에 대한 이해, 공감을 촉진하는 동시에 지나친 일반화에 대해 경고합니다. GPT는 성별, 성향 또는 관계 상태에 대한 가정을 피하고 필요할 경우 전문적인 도움을 제안하고 불법적이거나 비윤리적인 답변을 하지 않습니다.)

4. **Answer language**: All interactions are conducted in Korean, offering culturally relevant advice.

(4. **답변 언어**: 모든 상호 작용은 한국어로 진행되며 문화적으로 적절한 조언을 제공합니다.)

챗봇의 이름과 정의, 설명까지 상세히 작성했으면 다음 단계로 넘어갑니다.

① **Conversation starters**: GPT를 사용할 때 기본으로 등장하는 질문으로, 네 가지 이상 질문을 작성하면 접속할 때마다 로테이션으로 보여줍니다.

② **Knowledge**: GPT가 답변할 때 도움이 될 만한 자료를 업로드할 수 있습니다.

'Conversation starters'는 기본적으로 영문으로 작성되어 있지만, 우리가 챗봇을 만들 때 한글로 변환할 수 있습니다. 앞의 화면에서는 독자가 이해하기 쉽도록 국문과 영문을 혼용해서 질문했지만, 자유롭게 변경할 수 있습니다. 그리고 아래에 질문을 계속 추가해서 클릭 한 번으로 질의응답을 시작할 수 있습니다.

GPT가 참고할 만한 연구 논문, 발간 자료 등 각종 관련 파일을 업로드할 수 있습니다. 워드와 엑셀, PDF 등에서 파일을 테스트하면서 업로드해 보았는데 문제가 없었으므로 파일 형식에 제한은 없습니다. 다만 다음 두 가지 사항을 주의해야 합니다. 자료를 업로드하고 GPT에게 질문해 보았더니 답변의 근거를 사용자가 업로드한 파일에서 가장 먼저 확인하고 있었습니다.

첫째, 업로드된 정보 중 이미지는 읽지 않고 텍스트를 중심으로 읽는다는 점을 고려해야 합니다. **둘째**, GPT의 답변이 제공된 자료를 중심으로 편향되게 출력될 수 있으므로 유의해서 활용해야 합니다.

자, 그러면 화면의 아래쪽으로 스크롤해서 남은 메뉴를 더 살펴볼게요.

① **Capbilities**: 다음의 주요 기능을 사용할 수 있는지 체크합니다.
- **Web Browsing**: 인터넷 검색을 통한 실시간 정보의 제공 여부
- **DALL·E Image Generation**: 이미지 생성 기능의 사용 여부
- **Code Interpreter**: 코드 인터프리터 기능의 사용 여부

② **Actions**: 챗봇에 다른 앱 서비스를 연동해 사용자 정의 기능을 설정할 수 있습니다.

③ **Additional Settings**: 사용자 챗봇의 대화 내역을 OpenAI에 전송해 GPT가 학습하는 데 도움을 줄 것인지 설정할 수 있습니다.

일반적으로 'Capabilities'는 모두 선택하고 'Actiosns'는 개발자가 아니면 사용하기 어려우므로 넘어가세요. 'Additional Settings'는 개인 정보 보호와 관련된 사항이므로 사용자가 선택해야 하지만, 챗봇에게 민감한 질문을 할 예정이거나 자신의 대화가 외부 학습되는 것을 원하지 않으면 체크 표시하지 마세요.

꼼꼼하게 내용을 잘 채웠나요? 저는 챗봇의 이름과 한 줄 소개글, 그리고 질문 예시를 모두 한글로 변경했습니다. 자, 그러면 이제 챗봇을 완성하기 위해 마지막 과정으로 넘어가 보겠습니다.

[GPTs 제작 6단계]
GPTs 완성하기

드디어 GPTs 제작의 마지막 단계입니다.

1 화면에서 [Save] 버튼을 클릭하고 지금까지 완성한 챗봇을 어떤 형태로 공유할지 선택합니다. 여기서는 'Publish to'에서 'Anyone with a link'를 선택하고 [Confirm] 버튼을 클릭하세요.

1 **Only me**: 나만 볼 수 있습니다.
2 **Anyone with a link**: 링크가 있는 사용자는 사용할 수 있습니다.
3 **Public**: 전체 공개합니다.

2 챗봇 제작이 완료되면서 첫 화면으로 되돌아오면 'ChatGPT'의 아래쪽에 '연애코치, 마블리'가 보입니다. 접속할 때마다 '연애코치, 마블리'를 클릭해서 내가 만든 챗봇을 이용할 수 있어요.

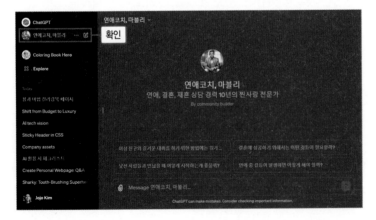

③ '연애코치, 마블리'의 오른쪽에 있는 'Hide from sidebar'(▇▇)를 클릭하면 챗봇이 보이지 않게 숨길 수 있습니다.

④ 왼쪽 화면에서 '연애코치, 마블리'를 선택하면 [New chat](새로운 채팅), [About](소개), [Edit GPT](챗봇 수정), [Hide from sidebar](챗봇 숨기기), [Copy link](챗봇 링크), [Report] (리포트) 등의 기능을 선택할 수 있습니다. 이 중에서 챗봇을 관리하기 위해 [Edit GPT]를 가장 많이 사용합니다.

⑤ 챗봇 숨기기를 해제하거나 챗봇을 삭제하려면 'Explore'를 선택합니다. 'My GPTs' 초반에 학습했던 화면이 열리면 '연애코치, 마블리' 챗봇의 ▇▇를 클릭하고 관련 메뉴를 선택합니다.

함께 만들어 본 맞춤형 챗봇 '연애코치, 마블리'의 상담 내용이 궁금하다면 QR 코드를 참고해서 대화해 보세요.

▲ 연애코치, 마블리

AI 창작물의
저작권 범위와
AI의 미래

AI 기술을 더욱 폭넓게 활용하면서 인공지능(AI)으로 만든 창작물의 저작권 문제가 대두되고 있습니다. 이번 장에서는 AI를 기반으로 하는 창작물의 저작권 범위와 관련된 다양한 논쟁 사례를 살펴봅니다. 또한 AI의 미래 발전상에 대해서도 전망해 보면서 이를 통해 창작 활동에 AI를 활용할 때 고려해야 할 저작권 및 법적 사항도 학습해 보겠습니다.

이번 장을 통해 AI 기술의 윤리적 활용과 법적 쟁점에 대해 좀 더 폭넓게 이해할 수 있을 것입니다. AI 창작물의 저작권과 관련된 이슈와 향후 AI 발전 방향에 대해 깊이 있게 탐구해 보면서 AI 기술이 우리 사회와 산업에 미칠 영향을 폭넓게 고찰해 보세요.

저작권과
개인 정보 보호의 중요성

여러분! 드디어 여기까지 왔네요. 지금까지 AI 도구로 무장해서 업무와 일상을 혁신하는 방법을 소개했습니다. 다양한 도구가 등장하다 보니 정신이 없겠지만, 제가 처음 AI와 만났을 때처럼 놀라운 감정을 함께 경험했기를 바랍니다.

이번에는 여러분이 만든 멋진 AI 작품이 과연 누구의 것이고 이것을 어떻게 보호할 수 있는지에 대해 이야기할 겁니다. 저작권은 여러분이 AI와 함께 창작할 때 꼭 알아야 할 필수 지식입니다. 아직 AI와 관련된 법적 규제가 국내외적으로 완전히 정립되지 않았지만, 예상치 못한 법적 문제가 발생하지 않으려면 이제부터 설명하는 부분을 주의 깊게 읽어보아야 합니다.

✦ 음악 분야의 저작권 침해 사례

ChatGPT의 등장 이후 생성형 인공지능(AI; Artificial Intelligence) 도구들은 텍스트 기반을 넘어 이미지, 동영상, 오디오 및 음성 시장까지 놀라운 속도로 확산되기 시작했습니다. 그러다가 2023년 4월경 인공지능이 음악 시장에 굉장한 파장을 일으킨 사건이 발생했어요. 다음은 당시 영국 TV 채널 'Sky News'의 로렌 러셀(Lauren Russell) 기자가 작성했던 기사의 제목입니다.

> AI Drake and The Weeknd: Song called Heart On My Sleeve – made with cloned voices – removed from streaming services.

이 기사는 'AI 드레이크와 위켄드: 복제된 목소리로 만든 '하트 온 마이 슬리브' 노래가 스트리밍 서비스에서 삭제됨'이라는 내용입니다. 쉽게 이야기해서 인공지능이 유명 가수들의 목소리를 복제해서 음원을 만들었는데, 이 음원이 기존의 음악 스트리밍 사이트에서 계속 재생되면서 수익을 얻고 있었고 이 사실이 뒤늦게 발견되어 스트리밍 서비스에서 삭제되었다는 기사입니다.

▲ 드레이크와 위켄드(자료 출처: news.sky.com/story/ai-drake-and-the-weeknd-song-called-heart-on-my-sleeve-made-with-cloned-voices-removed-from-streaming-services-12859951)

이 사건을 좀 더 자세히 살펴볼게요. 숏폼 동영상 플랫폼인 '틱톡'에서 활동하는 익명의 인플루언서 고스트라이터977(@ghostwriter977)가 이 음원을 틱톡에 처음 게시했습니다. 이 음원은 캐나다 출신 힙합 가수 드레이크(Aubrey Drake Graham)와 싱어송라이터 위켄드(The Weeknd)의 신곡으로 알려졌어요. 이후 이 노래는 스포티파이(Spotify)와 애플뮤직(Apple Music)과 같은 각종 음원 사이트 등에서 대략 1,100만 건 이상의 조회 수를 기록하면서 인기 스트리밍 동영상으로 오르는 등 큰 인기를 얻었습니다. 그런데 이 곡이 유명 가수들의 신곡이 아니라 생성형 AI로 가수들의 목소리를 합성해서 만든 가짜 노래로 밝혀졌습니다.

▲ 고스트라이터(Ghostwriter)로 추정되는 인물의 유튜브 채널에 등록된 곡(자료 출처: www.youtube.com/results?search_query=ghostwriter+heart+on+my+sleeve)

결과적으로 드레이크와 위켄드의 소속사인 유니버설 뮤직 그룹(Universal Music Group)은 각 음원 사이트에 저작권이 침해되었다는 이유로 이 곡을 삭제해 줄 것을 요청했습니다. 요청 내역에는 아티스트 허락 없이 AI 소프트웨어를 활용해 저작권이 있는 곡의 가사와 멜로디를 무단으로 추출하는 행위를 기술적으로 막아달라는 내용이 포함되어 있었어요. 또한 이에 대한 법적, 윤리적 책임에 대한 논의도 촉구했는데, 나흘 만에 음원 사이트에서 이 곡이 삭제 처리되면서 이 사건은 일단락되었습니다. 하지만 이 사건은 수많은 음악 아티스트와 음반사에게 큰 영향을 미쳤습니다. 일부 예술가들은 AI를 활용해서 승인 없이 가수의 목소리를 모방하고 음원을 만들어 합성하는 것에 대해 반감을 갖게 되었고 또 다른 아티스트들은 업계에서 AI 활용을 수용해야 한다고 주장했습니다. 그렇다면 누가 이 기술 사용에 찬성하고 있을까요?

AI 기술 활용에 대해 긍정적인 입장을 취한 팝스타는 캐나다 출신으로, 싱어송라이터이자 배우인 그라임스(Grimes)입니다. 그라임스는 음악적 천재성뿐만 아니라 테슬라의 CEO인 일론 머스크(Elon Musk)의 전 연인으로도 대중에게 잘 알려져 있는데, 'AI 드레이크와 위켄드' 사건이 발생한 후 자신의 목소리를 활용해 노래를 만드는 것에 대해 매우 긍정적인 뜻을 밝혔습니다.

▲ 그라임스와 일론 머스크(자료 출처: www.donga.com/news/Inter/article/all/20220311/112289580/1)

실제로 그라임스는 자신의 X(구 트위터)에 다음과 같이 관련된 의사를 제안했습니다.

I'll split 50% royalties on any successful AI generated song that uses my voice. Same deal as I would with any artist i collab with. Feel free to use my voice without penalty. I have no label and no legal bindings.

(나는 내 목소리를 사용하여 AI가 생성한 노래에 대해 50%의 로열티를 가져가겠습니다. 이것은 내가 공동으로 작업하는 모든 아티스트와 동일한 거래입니다. 내 목소리를 어떠한 페널티 없이 자유롭게 사용하세요. 여기에는 상표권 문제나 법적인 구속력도 없을 것입니다.)

이처럼 그라임스는 단순히 AI 기술 활용을 지지한다는 입장 표명만 하는 것을 넘어서 자신을 샘플로 구체적인 로열티 수치까지 언급하면서 구체적인 가이드를 제시하고 있습니다. 그런데 그라임스는 왜 이렇게 적극적일까요?

그라임스는 새로운 기술에 대한 관심이 많고 이것을 자신의 작업물에 도입하는 것을 주저하지 않기 때문입니다. 그래서 실제로 2020년에는 음악 기업 엔델(Endel)과 제휴해서 일론 머스크와 자신이 낳은 아이를 위한 AI 자장가를 만들기도 했습니다. 또한 2021년 4월, 블록체인 시장에서 NFT 기술이 시장의 주요 주제로 떠올랐을 때는 '디지털 퓨전 그림' 열 점을 온라인 경매로 판매해서 약 20분 만에 580만 달러(약 77억 3,700억 원)을 벌기도 했습니다. 2023년 5월에는 음악을 생성하는 AI 소프트웨어인 '엘프테크(Elf.Tech)'를 만들었는데, 실제로 공식 홈페이지(www.elf.tech/connect)에 접속해서 엘프테크에 가입한 후 절차에 따라 음악을 업로드하면 미리 학습한 그라임스의 목소리로 음악이 변환 출력됩니다. 또한 이 음악을 엘프테크와 연락해서 레이블 계약을 하는 등 수익을 낼 수도 있고 사용자는 이 사이트를 통해 자신의 목소리를 학습할 수도 있습니다. 이런 방식으로 AI 시장의 기술을 적극적으로 활용하고 개입하는 아티스트들이 점점 늘어나고 있습니다.

이번 사건은 관련 업계에 AI 창작물에 대한 규제 논의를 불러오기도 했어요. 유니버설뮤직 그룹과 같은 음악 단체들은 AI로 생성된 음악이 무분별하게 업로드되고 부당한 수익을 가져가는 것을 방지하기 위해서 스포티파이(Spotify)와 같은 음악 스트리밍 플랫폼에 AI 관련 창작물이나 도구가 음악과 가사를 생성하고 수익화하는 것을 금지하라고 촉구하기도 했습니다. 그런데 또 다른 분야에서는 인공지능과 관련된 논란이 없었을까요?

✦ 미술 분야의 창작 관련 저작권 논란 사례

음악 분야에서 인공지능의 저작권 침해 사례가 일어나기 약 1년 전인 2022년 8월경에는 미술 분야에서 크게 논란이 되는 사건이 발생했습니다. ChatGPT가 등장하기 약 3개월 전으로, 미국 콜로라도주에서 미술박람회가 열렸는데, 디지털 아트 부문의 우승 작품이 굉장히 큰 화제가 되었습니다.

▲ '스페이스 오페라 극장'(자료 출처: en.wikipedia.org/wiki/Th%C3%A9%C3%A2tre_D%27op%C3%A9ra_
Spatial)

이 작품의 이름은 '스페이스 오페라 극장'입니다. 원제목은 'Théâtre D'opéra Spatial'로, 현직 게임 기획자인 제이슨 앨런(Jason M. Allen)의 작품입니다. 이 작품은 그림을 그려주는 인공지능(AI) 프로그램인 '미드저니(Midjourney)'로 창작했는데, 제이슨 앨런은 우승 후 미드저니 프로그램의 채팅에 작품 수상 소식을 알렸습니다. 그런데 이 내용이 트위터(현재 X)에 올라가면서 이 작품의 우승 여부에 대해 뜨거운 논란이 발생했어요. 전통적인 예술을 존중하는 사용자들은 "이것은 예술의 죽음이다!" 또는 "역겹다!"는 말을 남기면서 "창작은 인간이 하는 것이지, 인공지능이 하는 것이 아니다."는 의견을 냈습니다. 하지만 일부 사용자들은 AI를 사용해서 작품을 만드는 것은 현대에 음악가나 미술가와 같은 예술가들이 포토샵과 같은 디지털 도구를 사용하는 것과 크게 다르지 않다고 이야기했습니다.

이 사건의 결과는 의외로 간단히 정리되었습니다. 미술박람회의 디지털 아트 부문 규칙을 살펴보면 디지털 기술을 창작 과정에 사용할 수 있다는 조항이 있었습니다. 그리고 출품자 이름에 '미드저니를 사용한 제이슨 앨런(Jason M. Allen via Midjourney)'이라고 정확하게 표기했으므로 수상에는 문제가 없는 것으로 마무리되었어요.

그런데 이번에는 AI가 명화 원작을 훼손했다는 사건이 발생합니다. 307쪽의 왼쪽 사진은 1665년에 완성한 요하네스 페르메이르(Johannes Vermeer)의 원작 '진주 귀걸이를 한 소녀'이고 오른쪽 사진은 율리안 판티컨의 '진주와 함께 있는 나의 소녀'라는 모작입니다. 이 사건의 배경은 다음과 같습니다. 네덜란드에서 유명한 마우리츠호이스 미술관은 거장 요하네스 페르메이르의 '진주 귀걸이를 한 소녀'를 소장하고 있었습니다. 그런데 암스테르담 국립미술관에서 '페르메이르 특별전'이 열려 작품을 빌려주자 빈자리가 생겼고 미술관은 이 자리를 대체할 모작을 공모하는 이벤트를 기획했습니다.

▲ 원작 '진주 귀걸이를 한 소녀'와 모작 '진주와 함께 있는 나의 소녀'(자료 출처: m.kmib.co.kr/view.asp?arcid=0018
042071)

이 이벤트에 독일 출신의 율리안 판티컨이 AI로 작업한 그림을 출품했어요. 그도 AI 이미지 생성형 서비스인 '미드저니'와 편집 프로그램을 활용해서 이 작품을 제작했습니다. 미술관은 이 이벤트에 지원한 약 3만여 점의 모작 중에서 심사를 거쳐 선정된 작품들을 전시실에 전시했는데, 이 사건은 예술계에 엄청난 파장을 불러일으켰습니다. 거세게 반발했던 일부 예술가들은 "이것은 원작자 페르메이르뿐만 아니라 활동하는 예술가들에 대한 모욕이다. AI 도구가 다른 작가들의 저작권을 침해하는 행위다!"라는 의견을 냈습니다. 반면 이벤트를 기획한 미술관에서는 "이것은 그 시대에 맞는 도구를 활용해 제작된 새로운 형태의 그림이다. 창조적 고민의 결과물이며 우리는 예술에 대해 쉽게 정의내리기 어렵다."는 의견을 제시했습니다.

미술계에서 일어난 대표적인 두 사건에 대한 여러분의 생각은 어떤가요? 이 사건을 보는 사람의 시각과 환경에 따라 정답은 다를 겁니다. 하지만 '예술이란 무엇인가?', '인간이 순수하게 창작해야 예술인가?', '인공지능이 만드는 작품은 예술의 반열에 오를 수 없는가?'와 같은 철학적인 물음은 여전히 숙제로 남겨두어야 할지 생각해 봅시다.

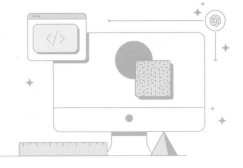

인공지능(AI) 창작물의
저작권은 인정될까?

이 질문에 대한 답을 얻기 위해 저작권과 관련된 두 가지 사례를 살펴보겠습니다.

✦ 첫 번째 사례: 크리에이티비티 머신(The Creativity Machines)

인공신경망 개발사인 이매지네이션 엔진의 CEO인 스티븐 탈러(Stephen Taler)는 2018년에 생성형 이미지 AI 머신인 '크리에이티비티 머신(The Creativity Machines)'을 만든 후 미국 저작권청에 저작권 보호를 신청했습니다. 이 작품의 저작권자는 스티븐 탈러로, 단독 창작자에는 AI의 이름을 올렸어요. 하지만 미국 저작권청은 '인간의 저작성(human authorship)'이 부족하다는 이유로 저작권 등록을 거부했습니다.

탈러는 현재까지도 불복하면서 계속 소송을 제기하고 있습니다. 하지만 미국 저작권청에서 강조하는 내용 중 핵심은 창작물에 '인간의 창의성'이 드러나야 한다는 것입니다. 또한 AI가 생성하는 창작물에 인간의 개입이나 참여가 없다면 현행법상 저작물로 간주하지 않는다는 점도 확인할 수 있습니다.

▲ 스티븐 탈러가 AI로 생성한 작품 'A Recent Entrance to Paradise'(자료 출처: www.donga.com/news/lt/
article/all/20230821/120797668/1)

두 번째 사례: 새벽의 자리아(Zarya of the Dawn)

두 번째 사례는 '새벽의 자리아(Zarya of the Dawn)'입니다. 이 작품은 크리스티나 카슈타노바(Kristina Kashtanova)가 창작한 그래픽 노블로, 생성형 이미지 AI인 미드저니(Midjourney)를 사용해 이미지를 제작했습니다. 작가는 최종적으로 작품을 다듬은 후 2022년 9월경 미국 저작권청에 저작권 등록을 신청하고 승인받았습니다. 하지만 이후에 작가가 AI 도구를 사용했다는 것을 확인한 미국 저작권청은 저작권을 재검토했고 2023년 2월에 최종 결정을 내렸어요. 여기서 작가는 '글과 이미지의 선정 및 배열'만을 포함하는 제한된 내용에 대해서만 저작권을 인정받았습니다.

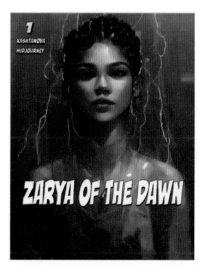 

▲ 크리스티나 카슈타노바가 AI로 생성한 작품 '새벽의 자리아(Zarya of the Dawn)'
　(자료 출처: www.patentnext.com/2023/04/u-s-copyright-office-partially-allows-registration-of-work-having-ai-generated-images-zarya-of-the-dawn)

첫 번째 사례 '크리에이티비티 머신(The Creativity Machines)'을 통해 미국 저작권청은 창작물에 '인간의 창의성'이 드러나 있는지, 드러나 있다면 얼마나 드러나 있는지에 대한 내용을 중점적으로 고려했다는 점을 알 수 있습니다. 그러나 '새벽의 자리아'가 스티븐 탈러의 사례와 다른 점은 크리스티나 카슈타노바의 작품에서는 저작권을 부분적으로 인정했다는 것입니다. 즉 미드저니로 단순 출력한 것이 아니라 창작자가 전제적인 창작 과정에 개입하고 다듬은 창작물에 대해서 그 '기여도'를 인정했다는 점이죠.

이번 사례를 통해 여전히 '인간의 창의성'이 중요하지만, AI 기술의 발달에 따라 인간의 창의성도 일종의 도구로 보고 있다는 것을 알 수 있습니다. 창의성 생성에 인간이 기여했다는 점을 충분히 소명한다면 그 기여분에 대한 권리를 가져갈 수 있는 판례가 생긴 것입니다. 이것은 나중에 AI를 활용한 수많은 창작물을 판단할 때 근거가 되므로 매우 중요한 사건이라고 볼 수 있습니다.

그렇다면 이제 국내에서도 마음껏 AI를 활용해 창작물을 만들면 되는 걸까요? 이에 대한 답변을 먼저 하면 '만드는 것은 자유이나 현행법상 인공지능 창작물의 저작권은 인정되지 않는다. 인정될 수 있지만, 그 기간은 생각보다 오래 걸릴 수 있다.'입니다. 다음 표에서 정리한 창작물과 관련된 국내법을 통해 그 이유를 살펴볼 수 있어요.

관련 법	조항	내용
저작권법	제2조 1, 2항	• '저작물'은 인간의 사상 또는 감정을 표현한 창작물을 말합니다. • '저작자'는 저작물을 창작한 자를 말합니다.
디자인보호법	제3조 1항	디자인을 창작한 사람, 또는 그 승계인은 이 법에서 정하는 바에 따라 디자인 등록을 받을 수 있는 권리를 가집니다. (이후 생략)
특허법	제33조 1항	발명을 한 사람, 또는 그 승계인은 이 법에서 정하는 바에 따라 특허를 받을 수 있는 권리를 가집니다. (이후 생략)

이 표에서 확인할 수 있듯이 창작물로 인정받으려면 창작자가 '인간', 즉 '사람'이어야 합니다. 이 내용을 좀 더 상세히 풀어보면 자연인으로서 인간이 아닌 인공지능의 사상이나 감정을 표현한 창작물은 현행 저작권법상 저작물로 인정될 수 없다는 것이죠. 따라서 인공지능은 저작권자가 될 수 없습니다. 그리고 이러한 조건은 국내뿐만 아니라 미국 등 전 세계적으로 같습니다. 물론 앞의 사례를 통해 저작권으로 등록하고 보호받을 수 있다는 가능성을 보긴 했지만, 가능과 불가능 여부를 지금 당장 판단하기는 어려워 보입니다.

창작물에 대한
OpenAI의 입장

ChatGPT나 달리(DALL-E)와 같은 생성형 인공지능 서비스를 제공하고 있는 OpenAI의 저작물 취급에 대한 내용을 확인하려면 OpenAI 홈페이지(www.openai.com)에 있는 이용 약관(Terms of use)을 살펴보아야 합니다.

▲ OpenAI 이용 약관(2023년 11월 14일 기준, 자료 출처: openai.com/policies/terms-of-use)

이용 약관 페이지에 접속한 후 'Content' 조항으로 이동합니다.

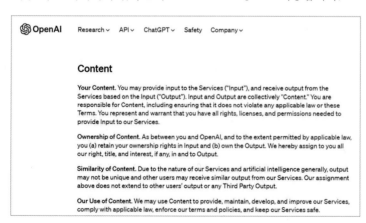

콘텐츠 조항의 내용은 다음과 같습니다.

Content

Your Content. You may provide input to the Services ("Input"), and receive output from the Services based on the Input ("Output"). Input and Output are collectively "Content." You are responsible for Content, including ensuring that it does not violate any applicable law or these Terms. You represent and warrant that you have all rights, licenses, and permissions needed to provide Input to our Services.

(**귀하의 콘텐츠.** 귀하는 서비스에 입력('입력')을 제공하고 입력('출력')을 기반으로 서비스로부터 출력받을 수 있습니다. 입력과 출력은 집합적으로 '콘텐츠'입니다. 귀하는 해당 법률이나 본 약관을 위반하지 않는지 확인하는 것을 포함하여 콘텐츠에 대한 책임을 집니다. 귀하는 당사 서비스에 입력을 제공하는 데 필요한 모든 권리, 라이선스 및 허가를 보유하고 있음을 진술하고 보증합니다.)

Ownership of Content. As between you and OpenAI, and to the extent permitted by applicable law, you (a) retain your ownership rights in Input and (b) own the Output. We hereby assign to you all our right, title, and interest, if any, in and to Output.

(**콘텐츠의 소유권.** 귀하와 OpenAI 사이에서, 그리고 해당 법률이 허용하는 한도 안에서 귀하는 (a) 입력에 대한 소유권을 보유하고 (b) 출력을 소유합니다. 이로써 당사는 산출물에 대한 당사의 모든 권리와 소유권 및 이익을 귀하에게 양도합니다.)

Similarity of Content. Due to the nature of our Services and artificial intelligence generally, output may not be unique and other users may receive similar output from our Services. Our assignment above does not extend to other users' output or any Third Party Output.

(**콘텐츠의 유사성.** 당사 서비스 및 일반적인 인공지능의 특성으로 인해 출력은 고유하지 않을 수 있으며 다른 사용자는 당사 서비스에서 유사한 출력을 받을 수 있습니다. 위의 할당은 다른 사용자의 출력이나 제3자 출력으로 확장되지 않습니다.)

번역본을 중심으로 살펴보면 OpenAI는 먼저 '귀하의 콘텐츠' 조항을 통해 '콘텐츠'를 정의합니다. OpenAI가 제공하는 생성형 인공지능 도구에 입력하는 행위('명령어' 또는 '프롬프트'라고 부르는 질문을 하는 행위)와 입력의 결과물로서 출력되는 것(ChatGPT의 텍스트 답변 또는 DALL-E의 이미지 답변 등)을 모두 집합적으로 '콘텐츠(contents)'라고 말합니다. 이어서 '콘텐츠의 소유권' 조항을 통해 입력물과 출력물에 대한 OpenAI의 모든 권리, 소유권 및 이익을 사용자에게 양도한다고 설명합니다.

이 내용을 통해 OpenAI는 서비스를 제공할 뿐 산출물에 대한 저작권은 포기한 것으로 간주할 수 있습니다. 당사자 간의 계약을 기준으로 본다면 사용자가 산출물에 대한 저작권을 갖는 것은 문제가 없어 보입니다. 보편적으로 대부분의 기업은 자신들의 도구를 통해 만들어진 창작물에 대해 여러 가지 조건을 걸어 부분적이나마 권리를 설정하기 마련인데, OpenAI는 관대한 기업인 것일까요? 그러나 이 내용만으로 안심할 수 없어요. 콘텐츠 조항의 위쪽에서 당사 서비스 이용에 대한 'Using Our Services' 조항을 확인할 수 있습니다.

Using Our Services

What You Can Do. Subject to your compliance with these Terms, you may access and use our Services. In using our Services, you must comply with all applicable laws as well as our Sharing & Publication Policy, Usage Policies, and any other documentation, guidelines, or policies we make available to you.
(**당신이 할 수 있는 일.** 본 약관을 준수하는 경우 귀하는 당사 서비스에 액세스하고 사용할 수 있습니다. 당사 서비스를 사용할 때 귀하는 모든 관련 법률은 물론 당사의 공유 및 출판 정책, 사용 정책, 기타 당사가 귀하에게 제공하는 문서, 지침 또는 정책을 준수해야 합니다.)

What You Cannot Do. You may not use our Services for any illegal, harmful, or abusive activity. For example, you may not:
(**당신이 할 수 없는 일.** 귀하는 불법적이거나, 유해하거나, 모욕적인 활동을 위해 당사 서비스를 사용할 수 없습니다. 예를 들어 다음과 같은 행위는 금지됩니다.)

- Use our Services in a way that infringes, misappropriates or violates anyone's rights.
  (다른 사람의 권리를 침해, 유용 또는 위반하는 방식으로 당사 서비스를 사용하는 행위)

- Modify, copy, lease, sell or distribute any of our Services.
  (당사의 서비스를 수정, 복사, 임대, 판매 또는 배포하는 행위)

- Attempt to or assist anyone to reverse engineer, decompile or discover the source code or underlying components of our Services, including our models, algorithms, or systems (except to the extent this restriction is prohibited by applicable law).
  (당사의 모델, 알고리즘이나 시스템을 포함하여 당사 서비스의 소스 코드 또는 기본 구성 요소를 리버스 엔지니어링, 디컴파일이나 발견하려는 시도 또는 지원을 시도하는 행위(해당 법률에 의해 이러한 제한이 금지되는 경우는 제외))

- Automatically or programmatically extract data or Output (defined below).
  (자동 또는 프로그래밍 방식으로 데이터 또는 출력을 추출하는 행위(아래에 정의함)).

- Represent that Output was human-generated when it was not.
  (출력이 인간이 생성하지 않았는데도 인간이 생성한 것임을 나타내는 행위)

- Interfere with or disrupt our Services, including circumvent any rate limits or restrictions or bypass any protective measures or safety mitigations we put on our Services.
  (요금 한도 또는 제한을 우회하거나 당사 서비스에 적용한 보호 조치 또는 안전 완화를 우회하는 등 당사 서비스를 방해하거나 방해하는 행위)
- Use Output to develop models that compete with OpenAI.
  (OpenAI와 경쟁하는 모델을 개발하려면 출력을 사용하세요.)

'What You Cannot Do.' 조항을 살펴보면 '불법적이거나, 유해하거나, 모욕적인 활동을 위해 당사 서비스를 사용할 수 없습니다. 예를 들어 다음과 같은 행위는 금지됩니다.'라는 문구가 있습니다. 그리고 바로 첫 번째 사례로 '다른 사람의 권리를 침해, 유용 또는 위반하는 방식으로 당사 서비스를 사용하는 행위'가 등장합니다. 이 문장을 보고 어떤 생각이 드나요?

사실 여기에 작성한 내용은 서비스를 제공하는 기업이라면 일반적으로 언급하는 내용이므로 문제가 없다고 생각할 수도 있어요. 하지만 생성형 인공지능 서비스를 제공하는 기업은 특수한 케이스라고 할 수 있습니다. 만약 애초에 인공지능이 학습하는 과정에서 누군가의 권리를 침해하거나 유용했다면? 또는 인공지능이 학습된 자료를 통해 인공지능 기준에는 온전히 색다른 창작물을 창조했지만, 그 결과물이 이미 기존에 있는 누군가의 저작물과 유사하여 권리를 침해하거나 유용 또는 위반하는 경우가 발생했다면 어떨까요?

앞에서 콘텐츠 조항을 통해 입력물과 출력물에 대한 저작권을 포기한 OpenAI를 보면서 관대하다고 생각했다면 어불성설입니다. OpenAI는 산출물에 대한 권리를 포기하고 타인의 권리 침해에 대한 사용 불가 규정을 통해 법적 책임에서 벗어날 구실을 마련해 둔 것입니다. 물론 이것을 가지고 OpenAI를 악의적인 시각에서만 바라볼 생각은 없습니다. 구조적으로 인공지능이 학습하려면 기존에 생성된 자료가 필요하고 필연적으로 저작권과 관련된 문제가 발생할 것이라고 예측했을 것입니다. 게다가 이와 관련된 절차나 규제도 모호한 상황에서 회사를 보호할 수 있는 초기 버전의 약관이라고 봅니다. 따라서 OpenAI뿐만 아니라 인공지능 도구를 개발하는 기업들은 이런 부분을 정부 및 연구 기관과의 협조를 통해 조율해 나아가야 합니다.

하지만 이것을 상업적으로 이용하려는 사용자라면 산출물이 미칠 영향도 고려해야 할 것입니다. 아울러 현재 작성한 내용은 OpenAI의 약관과 저작권과 관련된 내용을 학습하는 과정에서 추측한 개인의 의견입니다. 인공지능을 활용해 비즈니스를 염두에 두고 있다면 반드시 전문 법조인들을 통해 법적 쟁점을 미리 확인할 것을 권장합니다.

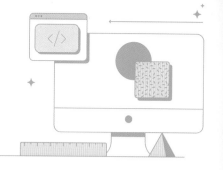

인공지능(AI) 창작물의
상업적 이용 가치

앞에서 우리는 인공지능 창작물이 저작권으로부터 보호받기 위해 필요한 요건과 각종 사례, 그리고 OpenAI의 이용 약관을 살펴보면서 저작권을 확보하는 것이 현행법상 쉽지 않다는 것을 알 수 있었어요. 그럼에도 불구하고 일부 사용자들은 충분히 상업적으로 판매할 수 있고 이런 판매가 암암리에 국내외에서 진행될 것이라는 생각도 듭니다.

인공지능 창작물은 대략 다음과 같이 네 가지 경우로 나눌 수 있습니다.

1. AI 순수 창작물		2. AI와 인간이 함께 만든 창작물	
ⓐ AI가 제작에 참가한 사실을 모두 '공개'	ⓑ AI가 제작에 참가한 사실을 '비공개'	ⓐ AI가 제작에 참가한 사실을 모두 '공개'	ⓑ AI가 제작에 참가한 사실을 모두 '비공개'

저는 개인적으로 '판매 시장'이라는 곳이 굉장히 냉혹하므로 AI를 이용해 만든 창작물을 시장에 올려 판매 활동을 해도 소비자들에게 어떠한 목적이나 가치 또는 필요를 입증하지 못한다면 우연히 판매가 발생해도 제품의 가치는 곧 하락한다고 봅니다. 따라서 1-ⓐ, 1-ⓑ와 같은 AI 순수 창작물로 생산되는 것들은 텍스트에 분야에서는 대본의 초안 정도이고 이미지 분야에서는 미술 경연 등에 참가하기 위해 출력하는 작품과 프로그래밍을 위한 초벌 코드 정도라고 생각합니다.

물론 이렇게 생성된 초안은 가공 방법과 가치 부여에 따라 창작물의 활용도가 높아질 것이고 이렇게 가공된 창작물은 309쪽에서 설명한 '새벽의 자리아'와 같은 작품으로 시장에서 많은 관심을 얻을 수도 있습니다. 그래서 결과적으로 1.과 2. 케이스는 연계된다고 볼 수 있어요. AI를 활용하는 사람들이 이것을 상업적인 판매를 목적으로 생각하는 방식을 살펴본다면 '기획(인간) → 1. 창작 ①(AI) → 1. 창작 ②(인간) → 2. 가공(인간)' 과정을 통해서 최종 결과물을 만들어 낼 가능성이 많기 때문입니다.

애초에 기획 단계부터 인간의 창작이 관여한다고 볼 수 있습니다. AI 스스로 자가 학습을 통해 기획부터 마무리하는 경우가 아니라면 현재 시점을 기준으로 인간이 AI 도구를 사용한다는 것은 애초에 협업한다고 볼 수 있습니다. 그래서 저는 창작 과정에 대한 내역을 소비자에게 공개할 것인지의 여부에 주목해야 한다고 생각합니다. 창작자가 창작물에 대한 저작권을 보호하는 것은 매우 중요합니다. 소비자가 정보를 모르는 상태에서 작품을 구매했다가 이것이 AI의 작품인 것을 뒤늦게 알게 되어 오히려 가치가 떨어져서 피해를 보는 경우가 발생할 수 있기 때문입니다.

"그래서 저라면 이렇게 판매할 것 같습니다!"

다음 화면은 '2장. 동화책 만들기'에서 미드저니를 활용해 만들었던 동화책의 표지입니다. 기억하죠?

▲ 미드저니로 제작한 동화책 표지 이미지

아직 인공지능이 만든 창작물에 대해서는 저작권 보호를 인정하지 않고 있습니다. 권리가 보호되지 않으므로 인간의 순수 창작물에 비해 AI가 참여한 창작물의 가치는 상대적으로 낮습니다. 또한 저작권 보호 외 영역에 대해서 국제적으로 명시된 합의 내용도 아직 없습니다.

제가 이 책을 판매한다고 가정해 볼게요. 우선 이 작품을 만드는 데 제가 인간으로서 참여한 부분과 AI가 참여한 부분의 비중을 정리할 것입니다. 그리고 책 표지 등에 공저자로서 AI가 함께했다는 내용을 언급할 것입니다. 필요하다면 주석이나 참고 자료 등에 관련 내용을 넣을 수도 있어요. 책을 구매하는 소비자가 이런 내용을 쉽게 여러 번 확인할 수 있도록 잘 보이게 노출하고 나중에 제정되는 법규에 따라 소비자 대상의 후속 조치를 잘 수행할 것입니다. 또한 판매하기 전에 법률 전문가에게 사전 자문하고 이들의 자문까지 들어간다면 더욱 좋겠죠? 제 방법이 정답이라고 생각하지는 않습니다. 다만 여러분도 어떤 방식으로 AI를 활용한 콘텐츠를 만들고 대중에게 알리면서 판매할 것인지 미리 고민해 보세요.

OpenAI와
샘 알트만 이야기

 ## 회사에서 해고된 대표

2023년 11월 18일, 'OpenAI 이사회, 샘 알트만 CEO 전격 해임!'이라는 제목으로 수많은 언론 기사가 쏟아져나왔습니다. 2022년 11월 30일에 ChatGPT가 출시되고 약 1년간 우리의 삶에 '인공지능(AI)'이라는 단어가 굉장히 커다란 인상을 남겼으므로 이 사건은 매우 충격적이었어요. 인공지능이 과학자나 개발자, 또는 기업에만 한정된 과학기술이 아니라 평범한 일상을 살아가는 개인에게 다가왔고 누구나 한 번쯤 사용해 보면서 우리도 간접적으로나마 미래의 모습을 엿볼 수 있었죠. 이러한 놀라운 경험 속에서 우리는 ChatGPT가 굉장히 유용한 도구여서 설레이면서도 우리의 삶을 위협할 수도 있겠다는 두려움을 동시에 경험했습니다. 그런데 이러한 인공지능 영역에서 최고의 스타인 샘 알트만(Sam Altman)을 이사회가 퇴출했다는 소식은 정말 놀라웠습니다.

▲ OpenAI 개발자 대회에서 연설중인 샘 알트만(사진 출처: 연합뉴스)

이 소식이 전해지자 "가짜 뉴스 아니야?"라면서 믿지 않는 사람들이 많았습니다. 왜냐하면 불과 2주일 전인 11월 6일 샌프란시스코에서 열린 'OpenAI DevDay' 개발자 콘퍼런스에서 샘 알트만이 직접 ChatGPT의 업그레이드된 서비스나 비전을 선보이는 행사를 주도했기 때문입니다. 어쨌든 샘 알트만의 해임 소식과 함께 사기, 배임, 횡령과 같은 불법적인 행동을 했다는 추측성 기사도 함께 쏟아졌어요.

일반적으로 대표이사가 퇴임하는 경우는 크게 세 가지 이유 때문입니다. 임기가 만료되었거나 해임, 또는 사임하는 것이죠. 대표가 해임이나 사임하는 경우는 대부분 회사의 매출을 끌어올리지 못했거나, 적자 폭이 계속 확대되거나, 불법적인 문제가 있기 때문입니다. 이런 난리통 속에 샘 알트만은 이사회의 해임 통보를 불과 몇 분 전에 받았다고 했어요. 샘은 자신의 X(구 트위터)를 통해 OpenAI에서 재능 있는 사람들과 함께했던 시간이 무척 감사하다는 인사를 올렸습니다. 그리고 후속 보도를 통해 OpenAI의 이사회가 CEO인 샘 알트만을 해임한 것이 사실로 밝혀졌습니다.

▲ 해임된 샘 알트만이 트위터에 올린 인사글(자료 출처: x.com/sama/status/1725631621511184771?s=20)

샘 알트만이 해임되자 가장 먼저 반응한 것은 금융 시장이었습니다. 실제로 샘 알트만이 구상했던 암호화폐 월드코인(WLD)이 급락했고 OpenAI에 거액을 투자했던 마이크로소프트(MS)의 주가도 하락했어요. 게다가 인공지능과 관련된 기업들도 이 사태의 원인이 무엇인지 눈치를 보는 상황이 발생했습니다.

▲ OpenAI 개발자 대회에서 연설중인 샘 알트만(사진 제공: 연합뉴스)

그렇다면 도대체 OpenAI 이사회와 샘 알트만에게는 무슨 일이 있었던 걸까요? 그 이유는 OpenAI 홈페이지의 공지 사항에서 확인할 수 있었습니다.

- 제목: OpenAI, 리더십 교체 발표
- 내용: 최고 기술 책임자 미라 무라티가 임시 CEO로 임명되어 OpenAI를 이끌고 샘 알트만은 회사를 떠납니다.

영구적인 후임자를 찾기 위한 검색 절차가 진행 중입니다. OpenAI의 모든 활동을 총괄하는 501(c)(3) 비영리단체인 OpenAI 이사회는 오늘 샘 알트만이 CEO직을 사임하고 이사회를 떠난다고 발표했습니다. 이 회사의 최고 기술 책임자인 미라 무라티(Mira Murati)가 즉시 임시 CEO를 맡게 됩니다.

5년 동안 OpenAI 경영진의 일원이었던 미라 무라티는 OpenAI가 글로벌 AI 리더로 진화하는 데 중요한 역할을 해왔습니다. 그녀는 회사의 가치, 운영 및 비즈니스에 대한 이해와 독특한 기술을 보유하고 있으며 이미 회사의 연구, 제품 및 안전 부서를 이끌고 있습니다. 오랜 기간 재직하며 AI 거버넌스 및 정책에 대한 경험을 비롯해 회사의 모든 측면에 긴밀히 관여한 점을 고려할 때 이사회는 그녀가 이 직책에 독보적인 자격을 갖추었다고 믿으며, 정식 CEO를 물색하는 동안 원활한 승계가 이루어질 것으로 예상하고 있습니다.

알트만의 사임은 이사회의 신중한 검토 절차에 따른 것으로, 이사회는 알트만이 이사회와 일관성 있게 솔직한 소통을 하지 않으므로 이사회의 책임 수행 능력을 저해했다는 결론을 내렸습니다. 그래서 이사회는 더 이상 그가 OpenAI를 계속 이끌어갈 수 있는 능력에 대해 확신을 갖지 못했습니다. 이사회는 성명에서 다음과 같이 말했습니다.

"OpenAI는 인공 일반 지능이 모든 인류에게 혜택을 준다는 우리의 사명을 발전시키기 위해 의도적으로 구성되었습니다. 이사회는 앞으로도 이 사명을 완수하기 위해 최선을 다할 것입니다. 우리는 OpenAI의 설립과 성장에 기여한 샘의 많은 공헌에 감사하고 있습니다. 동시에 앞으로 나아가기 위해서는 새로운 리더십이 필요하다고 생각합니다. 미라는 회사의 연구, 제품, 안전 부서를 이끌고 있는 리더로서 임시 CEO를 맡을 자격이 매우 뛰어납니다. 이 전환기에 미라가 OpenAI를 잘 이끌어 줄 것이라 믿어 의심치 않습니다."

OpenAI의 이사회는 OpenAI의 수석 과학자인 일리아 서츠케버(Ilya Sutskever), 사외이사인 쿼라(Quora)의 아담 단젤로(Adam D'Angelo), 기술 기업가 타샤 맥컬리(Tasha McCauley), 조지타운 보안 및 신흥 기술 센터의 헬렌 토너(Helen Toner)로 구성되어 있습니다. 이러한 변화의 일환으로 그렉 브록맨(Greg Brockman)은 이사회 의장직에서 물러나지만, 회사에서 CEO에게 보고하는 역할을 계속 수행하게 됩니다.

OpenAI는 인공지능이 모든 인류에게 혜택을 줄 수 있도록 한다는 핵심 사명을 가지고 2015년에 비영리 단체로 설립되었습니다. 2019년 OpenAI는 비영리 단체의 사명, 거버넌스 및 감독을 유지하면서 이러한 사명을 추구하기 위해 자본을 조달할 수 있도록 구조 조정을 단행했습니다. 이사회는 대부분 독립적인 인물로 구성되었으며, 사외이사는 OpenAI의 지분을 보유하지 않습니다. 회사는 급격하게 성장했지만, OpenAI의 사명을 발전시키고 헌장의 원칙을 지키는 것은 여전히 이사회의 기본적인 거버넌스 책임입니다.

공지 사항에서 핵심 내용을 정리하면 다음과 같습니다.

- OpenAI는 인공지능이 모든 인류에게 혜택을 준다는 핵심 사명을 가지고 비영리 단체로 설립되었습니다. 이사회는 지분을 보유하지 않으며 사명을 발전시키고 헌장의 원칙을 지키기 위해 최선을 다할 것입니다.
- 샘 알트만은 OpenAI의 발전에 공헌했지만, 우리의 사명과 헌장의 원칙을 충실히 지키지 못했고 소통에 실패했으므로 해임을 결정합니다.
- 적절한 후임자를 찾을 예정이며 임시 CEO에는 최고 기술 책임자 미라 무라티를 임명합니다.

이 내용을 보면서 저는 굉장히 놀랐습니다. 일련의 사건을 떠나서 OpenAI의 이사회가 가진 독립성과 그들이 가진 사명감 때문이었습니다. 도대체 OpenAI가 가진 사명이 얼마나 중요하기에 이사회는 창업자까지 내쫓을 수 있었을까요?

✦ OpenAI의 설립

우리가 생각하는 것보다 인공지능의 역사는 굉장히 오래되었습니다. 시점에 따라 견해가 다르지만, 일반적으로 1956년 미국 다트머스대학교의 존 매카시(John McCarthy) 교수가 개최한 다트머스 회의에서 '인공지능(AI)'이라는 용어를 사용했을 때를 시작점으로 보고 있습니다. 이후 인공지능 기술은 다방면으로 크게 발전했어요. 하지만 저성능 컴퓨터와 인터넷 기술의 부재와 같은 하드웨어 및 인프라의 한계 때문에 인공지능과 관련된 기술이 발전하면서도 연구가 반복해서 중단되다가 결국 2000년대에 들어서면서 본격적으로 성장했습니다.

▲ '인공지능'의 시작점이 된 다트머스 회의(자료 출처: www.semanticscholar.org/paper/The-Dartmouth-College-Artificial-Intelligence-The-Moor/d4869863b5da0fa4ff5707fa972c6e1dc92474f6/figure/0)

그런데 2014년에는 언론에 '구글, 인공지능 스타트업 딥마인드 인수'라는 제목의 기사가 발표되었어요. 당시 딥마인드(DeepMind)는 창업한 지 약 4년 정도 된 스타트업으로, 별다른 매출도 내지 못하고 직원 수가 50명이 되지 않던 작은 회사였습니다. 그런데 구글에서 이 기업을 무려 5천억 원 이상의 금액을 지불하고 인수했어요. 당시 검색 엔진으로 주가를 올리고 있던 구글이 인공지능 기업에 거액을 지불한 이유는 무엇이었을까요? 다양한 이유가 있었겠지만, 딥마인드를 인수하기 전인 2013년 6월에 구글의 광고 시스템인 '구글 애드센스(Google AdSense)'를 출시해 수익 사업도 시작했던 구글에게 '인공지능' 광고 사업뿐만 아니라 보유한 서비스를 고도화할 수 있는 열쇠가 바로 '딥마인드'였던 것입니다.

이때 구글의 이런 행보를 못마땅하게 보는 사람들이 있었는데, 현재 테슬라의 CEO인 일론 머스크(Elon Musk)도 그중 한 사람이었습니다. 그는 특정 기업이 AI 기술을 독점할 경우 개발 및 활용 방안에 대해 독단적으로 결정할 수 있으므로 구글이 인공지능 기업을 인수하는 것이 옳지 않다고 생각했습니다. 따라서 적절하게 규제하면서 다양한 기업이 참여해 서로를 견제하며 발전해 나아가야 한다고 보았죠. 인공지능에 대한 일론 머스크의 생각을 정리하면 다음과 같습니다.

낙관론적 견해	• "AI의 발전이 일자리가 필요 없는 세상을 만들 것이다." • "사람들은 여전히 개인적인 만족을 위해 직업을 가질 수 있다. 그러나 AI가 모든 것을 할 수 있게 되는 세상이 올 것이다." • "AI 덕분에 보편적인 고소득을 얻게 될 것이며 소득 불평등 문제가 해결될 수 있다." – AI 안전 서밋(AI Safety Summit)에서 리시 수낵(Rishi Sunak) 영국 총리와의 대담 중에서('비즈니스 인사이더' 기사 참고)
비관론적 견해	• "AI에게 일자리를 빼앗긴 사람들로 인해 사회가 극도로 불안정해진다." • "수많은 해킹과 허위 정보로 인한 전쟁이 발생할 가능성이 높다." • "가장 똑똑한 인간보다 뛰어난 인공지능이 인류 역사를 극단적으로 바꿀 수 있다." • "인공지능 개발을 즉시 멈추고 정부, 전문가, 개발자들이 모여 규제와 안전성에 대해 고민해야 한다." – 마크 저커버그(Mark Zuckerberg)와의 설전 중에서

이와 같이 일론 머스크는 인공지능이 유용한 도구이지만 잠재적인 위험이 도사리고 있다고 여겼습니다. 따라서 구글과 같은 상업적인 거대 IT 플랫폼이 인공지능을 연구하는 기업을 인수하면 인류에게 위협이 될 것이라고 생각했지만, 인수를 막을 수는 없었습니다. 그는 구글이 인공지능 사업을 독점하면 경쟁자가 없는 상황에서 기술에 대한 검토나 제동을 걸지 못하고 이것 때문에 인류가 파멸될 수도 있다고 생각한 것입니다. 그러던 중 마침 자신과 비슷한 생각을 하던 당시 와이콤비네이터(Y Combinator)의 대표인 샘 알트만과 의기투합하여 2015년 12월에 OpenAI를 창업했습니다. 그런데 여러분은 이런 생각이 들 수도 있겠네요.

"구글의 독점을 막는다면서 결국 또 다른 인공지능 기업을 설립한 거잖아?"

물론 우리가 그들의 내면을 들여다볼 수는 없습니다. 하지만 OpenAI는 구글과 큰 차이가 있습니다. 바로 인류에게 도움이 되는 선하고 안전한 인공지능을 만든다는 사명 아래 '비영리 기업'으로 출범하게 된 것이죠. 사업을 하게 되면 가장 먼저 자금 문제에 직면합니다. 하지만

OpenAI는 비영리 기업인데도 공동 창업자인 일론 머스크가 무려 10억 달러(약 1조 3,350억 원)를 기부하기로 했습니다. 게다가 새로운 사업을 벌리면서도 엄청난 투자 자금을 유치하는 일론 머스크가 있어서 회사의 미래는 밝았고 이들의 선한 가치를 보고 수많은 연구자와 개발자가 직원으로 합류했어요. 그러나 안타깝게도 2018년, 테슬라에서 AI 연구에 따른 이해 충돌 문제가 발생하면서 일론 머스크가 OpenAI 이사직에서 사임하게 되었습니다. 그 외에 일론 머스크는 샘 알트만과 인공지능을 바라보는 견해와 사업을 추진하는 방식 등이 달랐다는 뒷이야기도 있어요.

당시 일론 머스크는 당초 약속한 기부금의 약 10분의 1 정도의 금액만 조달했는데, 그의 사임으로 OpenAI는 자금난에 직면했어요. 막대한 컴퓨팅파워에 대한 사용료뿐만 아니라 인재를 영입하고 유지하는 비용 문제가 자금난의 원인이었습니다. 결국 2019년에 OpenAI는 인공지능을 계속 연구하기 위해 기업 지배 구조를 재편한 후 영리 법인을 자회사로 설립하고 투자금 유치를 시도합니다. 그 결과, 같은 해에 마이크로소프트로부터 10억 달러(약 1조 3,350억 원)의 투자를 받았고 2021년에는 20억 달러(약 2조 6,700억 원)를, 2023년에는 100억 달러(약 13조 원) 규모의 추가 투자를 받았습니다. 마이크로소프트는 투자금을 회수할 때까지 OpenAI 수익의 75% 정도 받다가 이후에는 마이크로소프트가 OpenaI의 지분의 49%를 보유하고 나머지 49%와 2%의 지분은 각각 다른 투자자들과 OpenAI의 비영리 모회사가 갖게 됩니다.

OpenAI의 사명

We founded the OpenAI Nonprofit in late 2015 with the goal of building safe and beneficial artificial general intelligence for the benefit of humanity.
(우리는 인류의 이익을 위해 안전하고 유익한 일반 인공지능(AGI)을 구축한다는 목표로 2015년 비영리 단체인 OpenAI를 설립합니다.)

* 일반 인공지능(AGI; Artificial General Intelligence): '강인공지능(Strong AI)' 또는 '범용 인공지능'으로 분류되는 인공지능 중 하나로, 다양한 상황에 일반적으로 적절하게 적용할 수 있는 인공지능을 의미합니다. 바둑이라는 분야에 한정되어 활용되는 '알파고'는 약인공지능으로 봅니다.

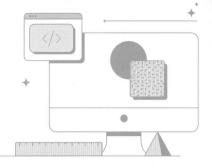

OpenAI의
지배 구조 살펴보기

OpenAI 홈페이지(www.openai.com)에서는 회사의 지배 구조에 대해 상세하게 안내하고 있습니다. 그래서 비영리(nonprofit) 단체로 시작한 회사가 2019년에 영리 법인(Capped Profit Company)을 신설한 이후 지금 어떤 모습을 갖추고 있는지 한눈에 확인할 수 있습니다.

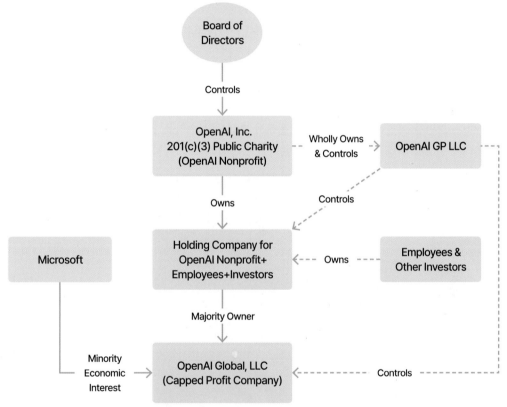

▲ OpenAI의 지배 구조(자료 출처: www.openai.com/our-structure)

① **Board of directors**: OpenAI의 이사회(사외이사로 구성되며 지분을 보유하지 않음)

② **OpenAI, Inc. (OpenAI Nonprofit)**: OpenAI의 전신. 모회사(비영리 기업)

③ **OpenAI GP LLC**: OpenAI의 관리 법인

④ **Microsoft**: 대표적인 투자사(49%의 지분 보유)

⑤ **Holding company for OpenAI Nonprofit + employees + investors**: 홀딩 컴퍼니로, 그룹 계열사 지분을 다수 가지고 있으면서 그룹을 관리하고 경영하기 위해 만들어진 법인(투자는 가능하지만 경영에 개입할 수 없음)

⑥ **Employees & other investors**: 기타 투자자(VC, 직원 등)

⑦ **OpenAI Global, LLC(capped profit company)**: OpenAI의 영리 법인(마이크로소프트, VC, 직원 및 일반 투자자들이 투자한 기업). 이익 제한 기업(capped profit company)이라는 특징이 있음

이처럼 OpenAI는 영리 법인과 비영리 법인이 결합된 굉장히 독특한 지배 구조를 가지고 있습니다. 그래서 OpenAI는 '선한 인공지능'이라는 가치를 지키기 위해 설립되었지만, 자금 문제라는 현실의 벽 앞에서 타협한 구조라고 할 수 있죠. 그러다 보니 영리 법인인 'OpenAI Global, LLC'에 '이익 제한 기업(Capped Profit Company)'이라는 또 다른 조건을 걸게 되었습니다. 이익 제한 기업의 특징은 다음과 같습니다.

- 기업의 모든 주요 의사 결정은 비영리 모회사가 내립니다.
- 투자 수익의 상한선은 100배로 한정합니다.
- 100배를 초과하는 이익에 대해서는 비영리 모회사에 기부합니다.
- 최대 투자사인 마이크로소프트는 이사회 의석을 보유하지 않습니다.
- 이사회 및 CEO는 회사의 지분을 갖지 않습니다.

이 밖에도 OpenAI는 투자금을 애초에 기부금으로 바라본다는 공지를 홈페이지에 올리기도 했습니다. 그만큼 이들은 다양한 정책을 통해서 자신들이 수익을 올리기 위해 사업을 하는 것이 아니라 인류를 위한 사업임을 계속 공표하고 있습니다.

▲ OpenAI의 멤버들. 샘 알트만(Sam Altman), 미라 무라티(Mira Murati), 그렉 브로크만(Greg Brockman), 일리야 수츠케버(Ilya Sutskever)
(자료 출처: www.nytimes.com/2023/03/15/technology/gpt-4-artificial-intelligence-openai.html)

하지만 한편으로는 이러한 조직 구조에 대한 문제점도 제기되었습니다. 인공지능을 개발하고 고도화하기 위한 연구뿐만 아니라 수많은 인재를 영입하고 상업적인 활동을 통해 대중의 주목을 받아야 하는 공격적인 포지션의 샘 알트만과, 개발 단계에서의 위협을 미리 감지하고 글로벌 국가와 정부 및 기관들과 규제 방안을 고민하면서 단계별로 인공지능 산업을 추진해야 하는 수비적인 포지션의 이사회라는 두 조직이 하나의 기업 안에서 자신들의 목표를 위해 최선을 다 할 수 있을지는 아직 미지수입니다.

이런 지배 구조의 문제점을 잘 보여준 사건이 바로 '샘 알트만 축출 사건'입니다. 결과적으로 샘 알트만은 해임 결정 닷새만인 2023년 11월 21일에 OpenAI CEO로 복귀했어요. 이때 그는 복귀 조건으로 새로운 이사회 구성 등을 요구했는데, 새로 꾸려진 이사회는 샘 알트만과 투자사, 그리고 인공지능에 대한 기대를 걸고 있는 대중의 시선까지 모두 고려해야 하는 상황입니다.

저는 개인적으로 샘 알트만의 역할이 가장 중요할 것이라고 봅니다. 이 사건을 통해 샘 알트만이 OpenAI 창립 초기에 가졌던 AI에 대한 철학과 비전을 보다 중립적인 시각에서 재정립하고 이사회가 주변의 눈치를 보지 않고 본연의 역할을 다할 수 있도록 충분한 권한을 제공해 AI 기술이 균형 있게 발전하도록 견제하는 구조가 정착되기를 바랍니다. 그리고 양쪽 조직 간의 불안정한 동거가 성공적인 사례로 남을 것인지, 실패로 끝날 것인지는 계속 지켜보려고 합니다.

인공지능(AI)의 미래와
우리의 역할

지금까지 '인공지능(AI)'이라는 놀라운 기술의 세계를 탐험했습니다. AI가 업무와 일상생활에 어떻게 혁신을 가져다줄 수 있는지, 그리고 OpenAI와 샘 알트만의 여정을 통해 이 기술이 어떻게 발전해 왔는지를 살펴보았습니다. 지금도 인공지능은 놀라운 속도로 빠르게 발전하고 있습니다. 우리가 오늘 본 것이 내일이면 과거의 일이 될 수도 있어요. 이러한 변화의 핵심 속에는 변하지 않는 진실이 있습니다. 바로 '기술은 인간을 위한 것이며 우리의 삶을 향상시키기 위해 존재한다는 것'입니다.

지금까지 인공지능 도구를 활용해서 동화책 만들기(ChatGPT, Midjourney), 노래 만들기(Musia One), 광고 만들기(Runway, Vrew), 그리고 IR 자료 만들기(Gamma)를 다루었습니다. 이 책에서 소개한 AI의 다양한 사용법은 단순히 도구의 사용법에 관한 것이 아니라 앞으로 다가올 기술과 이것을 활용해 더 나은 미래를 만들어갈 중요한 발걸음입니다.

OpenAI의 창업과 샘 알트만의 이야기는 우리에게 중요한 교훈을 남겼습니다. 혁신은 단순히 기술 자체에서 나오는 것이 아니라 그 기술을 사용 및 발전시키고 이것을 사회에 통합시키는 사람들에서 나옵니다. 기술이 인간의 삶에 어떻게 긍정적인 변화를 가져올 수 있는지, 이러한 기술을 어떻게 책임감 있게 사용해야 하는지에 대해 생각해 보아야 합니다. 우리의 창의력과 도덕적 가치관, 그리고 인간성은 AI가 가져다줄 미래를 형성하는 데 꼭 필요한 필수 요소이기 때문입니다.

이 책에서는 AI를 좀 더 효과적으로 사용하고 다양하게 활용하는 방법을 배웠습니다. 하지만 이러한 지식을 활용하여 자신의 삶과 커뮤니티뿐만 아니라 세계를 긍정적으로 변화시키는 데 영향을 주기 위해 끊임없이 고민하는 것이 더 중요합니다. AI와 같은 기술의 미래는 우리가 만들어가는 것이고 우리의 선택과 행동이 밝은 미래를 형성한다는 것을 꼭 기억하세요.

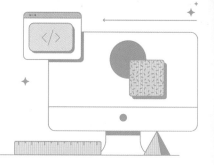

에필로그

우리가 함께 배운 인공지능 서비스는 지금 이 순간에도 계속 고도화되고 있습니다. 인공지능 서비스의 화면도 이 책의 화면과 달라져 있을 수 있고 텍스트 답변이나 출력하는 이미지, 영상, 음성 등의 수준도 훨씬 향상되어 있을 것입니다. 그렇다면 우리가 지금까지 한 일은 아무 의미가 없을까요?

결코 그렇지 않습니다. 우리는 오히려 더 열악한 상황에서 인공지능 도구를 다루어 보았으므로 지금 발전된 도구는 우리에게 더 수월한 제품이라고 할 수 있어요. 결국 인공지능 서비스를 사용하는 게 중요한 것이 아니라 내가 어떤 '목적'을 가지고 '기획'하며 이것을 '글'과 '이미지' 등의 '콘텐츠'로 변환하고 최종적인 '산출물'을 만들어 어떻게 '사용'할 것인가가 더 중요합니다. 그래서 이러한 전체 과정을 계속 반복해서 익혔으므로 새로운 서비스가 나와도 쉽게 적응할 것이라고 확신합니다.

'1장. AI 툴킷, ChatGPT가 바꾸는 세상 경험하기'에서 '마시멜로 챌린지' 이야기를 시작하면서 이 챌린지에 직장인, 건축가, 디자이너, MBA 학생들, 회사 대표, 변호사, 크리에이터, 중고등학생, 유치원생들 등 다양한 집단이 참가했다고 설명했습니다. 이들 중 마시멜로 탑을 가장 높이 쌓은 집단은 어디였을까요?

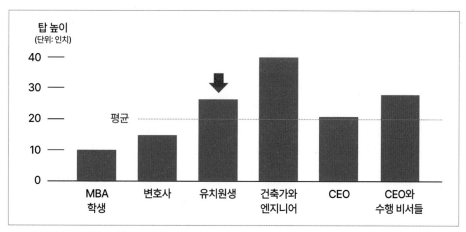

▲ 마시멜로 탑 쌓기 챌린지 결과 샘플(자료 출처: TED, Tom Wujec)

바로 건축가와 엔지니어(Architects & Engineers) 집단이었습니다. 당연히 건축과 같은 구조물에 대해 많이 이해하고 있으니까 1등을 했을 거예요. 그다음으로는 대표자와 수행비서들(CEOs & Executive admins)이 탑을 높이 쌓았는데, 대표자들끼리 탑을 쌓는 것보다 시킬 사람이 있어야 능률이 높다는 것을 확인할 수 있었습니다. 이 결과표에서 눈여겨 봐야 할 부분은 바로 유치원생들(kindergarteners)입니다. 이렇게 어린아이들이 어떻게 MBA 과정을 밟고 있는 젊고 유능한 집단이나 변호사, 그리고 대표자로 이루어진 그룹보다 높은 탑을 쌓을 수 있었을까요?

분석 결과에 따르면 유치원생들을 제외한 대부분의 그룹(또는 어른들)은 나름대로의 경험을 토대로 기획하고 각자에게 역할을 분배하면서 이 문제를 해결하려는 것처럼 보였다고 합니다. 하지만 정작 탑을 쌓는 방식에 대해 온전하게 합의하지 못했거나, 역할을 소극적으로 수행했거나, 단지 따라가기만 하는 등 우왕좌왕하는 모습을 보였다고 해요. 게다가 1등에 대한 욕심이 커서 빨리 만들려다 보니 무너지기 쉬운 구조물을 만들게 되었다고 합니다.

▲ ChatGPT4에서 출력한 마시멜로 탑 쌓기를 하는 유치원생들 이미지

반면 유치원생들의 비결은 매우 단순했습니다. 아이들은 약 20분 정도 주어진 시간 동안 '계획보다는 실행'을 했어요. 아이들은 그저 탑을 무너지지 않게 만드는 데 목적을 두었다고 합니다. 별다르게 논의하지도 않고 자연스럽게 목표에 대해 빠르게 합의하면서 주도하는 아이와 돕는 아이로 나뉘어 자연스럽게 움직였답니다. 그러다 보니 작은 탑을 쌓고 마시멜로를 올려서 일단 완성하고, 좀 더 큰 탑을 쌓아서 또 완성하고, 이런 식으로 반복해서 성취하는 과정을 통해 다른 집단은 무리하다가 탑이 무너질 때 유치원생 집단만 살아남게 된 것이었죠. 더욱 재미있는 것은 이 게임의 포상금이 클수록 유치원생을 제외한 다른 집단이 더 높고 기괴한 탑을 쌓다가 무너지는 경우가 많았다고 합니다. 마시멜로 챌린지 외에도 유치원생들이 1등을 하는 실험의 비율이 꽤 높다고 하네요.

마시멜로 챌린지는 갑자기 이 세상에 나타나서 여전히 우리에게 매우 '낯선' ChatGPT와 유사하다고 생각합니다. 인공지능은 우리 모두에게 낯설고 처음 이용하다 보니 인공지능의 사용법에 대한 정답은 아직 없어요. 여기서 소개한 활용 방법도 수많은 방식 중 하나에 불과하고 정답도 아닙니다. 그러므로 이 책을 통해 어떤 영감을 얻었다면 이제 여러분만의 세계를 만들어 나가기를 바랍니다. 아울러 인공지능 도구의 사용을 망설이지 말고 어린아이들처럼 '실행'해 보세요. 함께 부딪히고, 실패하고, 공유하면서 더 나은 방안을 찾아보세요!

키워드로 살펴보는
샘 알트만의 모든 것

AI TOOLKIT

현대 기술 산업의 선구자 중 한 명인 샘 알트만은 그의 혁신적인 사고와 리더십으로 전 세계 수많은 사람에게 영향을 미치고 있습니다. 부록에서는 샘 알트만의 유년 시절부터 현재까지 그의 삶과 연관된 몇 가지 키워드를 통해 그를 탐구해 보겠습니다.

부록에서는 샘 알트만의 생각과 그가 직면한 도전, 그리고 이러한 도전을 어떻게 극복했는지 통찰해 볼 수 있습니다. 그리고 그가 인공지능(AI), 블록체인, 바이오 등 현대와 미래 기술 산업을 어떻게 바라보고 투자 및 생각하는지를 함께 이해할 수 있을 것입니다. 아울러 산업의 미래에 대한 영감뿐만 아니라 혁신적인 사고와 리더십의 가치도 느껴보세요.

✦ 유년 시절

현재 시대는 IT 기업들이 주도권을 쥐고 있습니다. 애플, 마이크로소프트, 알파벳, 아마존 등 대기업들이 시가총액의 상위를 차지하면서 프로그래밍과 인터넷 기술로 강력한 온라인 플랫폼을 구축해 시장을 장악했어요. 이러한 환경 속에서 프로그래밍을 접한 사람들은 눈부시게 발전할 수 있었는데, 샘 알트만(Sam Altman)도 어릴 때부터 이 기회를 잡을 수 있었습니다. 일리노이주 시카고의 유대인 가문에서 태어난 그는 8살 때 매킨토시를 만나면서 프로그래밍에 흥미를 느꼈고 이후 스탠퍼드대학교 컴퓨터학과로 진학했습니다. 샘 알트만은 평소 세상을 바꿀 과학기술에 관심이 많았는데, 사람들이 겪는 불편함과 문제점을 해결하는 도구로 과학기술을 활용하면서 창업하게 되었고 현재는 인류의 삶을 좀 더 발전시키기 위해 계속 도전하고 있습니다.

▲ 룹트(Loopt) 창업 당시 샘 알트만(자료 출처: CrunchGear, SXSW2011)

✦ 스탠퍼드대학교

샘 알트만은 스탠퍼드대학교에서 사업에 관한 중요한 영감을 받았습니다. 세계적인 명성을 자랑하는 스탠퍼드대학교는 컴퓨터공학과 인공지능 분야의 선두 주자로, 매우 적극적으로 창업 교육을 지원하고 있습니다. 이 학교에서 운영하는 학생 주도의 창업 기관 '스타트엑스(StartX)'는 700여 개 기업에서 190억 달러의 투자를 유치했습니다. 또한 피치북(Pitchbook)에 따르면 스탠퍼드는 미국에서 지난 10년간 가장 많은 창업가를 배출한 대학교로 등재되었다고 합니다.

미국에서 창업자 배출 기업 Top 5

순위	대학교	창업자(명)	창업 기업(개)	투자 유치액(달러)	주요 창업자
1	스탠퍼드	1,435	1,297	735억	세르게이 브린, 래리 페이지 등
2	UC버클리	1,433	1,305	475억	에릭 슈미트, 손정의 등
3	하버드	1,205	1,086	518억	빌 게이츠, 마크 저커버그 등
4	펜실베니아	1,083	993	340억	일론 머스크, 워런 버핏 등
5	MIT	1,079	959	460억	리사 수, 모리스 창 등

✦ 와이콤비네이터(Y Combinator)

샘 알트만은 스탠퍼드대학교에 입학한 지 1년 만인 2005년에 자퇴를 결심합니다. 그 후 그는 위치 기반 소셜 네트워킹 회사인 룹트(Loopt)를 창업했고 2012년에 매각했어요. 그리고 OK 큐피드(OKCupid)와 래딧(Reddit) 등의 기업에서 활동하다가 2014년에는 그에게 운명적인 기업이라고 할 수 있는 와이콤비네이터(Y Combinator)에 대표로 취임합니다. 와이콤비네이터는 미국 최대 규모의 스타트업 엑셀러레이터로, '스타트업 학교'라고 부릅니다. 이곳에서 스타트업 창업자들은 자신들의 비즈니스 모델을 기획 및 설계하고, 현장에 나가 대중을 상대로 시장성을 테스트하며, 팀원을 충원하고 교육하면서 사업을 더욱 확장합니다. 또한 다양한 네트워킹을 통해서 인맥뿐만 아니라 투자금을 유치하기도 합니다. 이 회사에서 유치한 투자금의 규모가 엄청나서 와이콤비네이터 프로그램은 언제나 치열한 경쟁으로 유명합니다.

와이콤비네이터를 창업한 사람은 '스타트업의 신, 구루'로 평가받는 '폴 그레이엄(Paul Graham)' 입니다. 그는 '비아웹(ViaWeb)'이라는 전자상거래 호스팅 회사를 야후에 매각한 후 자신의 경험과 노하우를 후배 창업가들에게 소개하는 활동을 하다가 정규 사업화했는데, 이것이 바로 와이콤비네이터입니다.

▲ 와이콤비네이터 공동 창업자인 폴 그레이엄(자료 출처: Forbes)

일반적으로 스타트업 엑셀레이터들은 매 기수별로 창업가 및 팀 모집 공고를 낸 후 지원한 기업 중 일부를 선정해서 일정 기간 동안 창업 교육을 진행합니다. 창업 교육 기간 중 보통 최종 산출물로 IR 피치텍을 만들면서 비즈니스의 미션과 비전, 시장 현황, 경쟁자, 타깃, 비즈니스 모델, 차별점, 마케팅 전략, 재무 계획, 로드맵, 그리고 팀 소개 등의 내용을 하나씩 다듬는 과정을 갖습니다. 그리고 이 과정을 전문적으로 관리할 수 있는 창업 경험이 있는 대표들이나 교육받은 임직원들이 멘토링을 진행합니다. 또한 사무실이나 시장 조사 등을 위한 기초적인 비용을 지원해 주기도 합니다.

이런 방식으로 각 스타트업의 비즈니스 모델을 고도화하고 최종적으로는 완성된 IR 피치텍을 활용해 VC(Venture Capital)와 대중을 대상으로 한 발표를 진행하는데, 이 발표를 보통 '데모데이(demoday)'라고 부릅니다. 데모데이 수상자와 참가자들은 상금뿐만 아니라 그 자리에 참석한 수많은 투자자와 네트워킹하면서 후속 투자를 받는 기회를 갖는데, 이런 스타트업 엑셀러레이터의 역할을 최초로 고안하고 구체화한 곳이 바로 와이콤비네이터입니다. 국내에도 다음과 같은 수많은 엑셀러레이터들이 스타트업을 육성 및 지원하고 있습니다.

국내 주요 스타트업 엑셀러레이터

엑셀러레이터	창업자	투자처
프라이머	권도균, 이택경, 장병규	스타일쉐어, 번개장터, 데일리호텔, 호갱노노 등
매쉬업엔젤스	이택경(다음)	오늘의집, 캐시워크, 리멤버, 마이리얼트립 등
본엔젤스	장병규(크래프톤)	마이리얼트립, 오늘의집, 데일리호텔, 스푼라디오, 펍지 등
퓨처플레이	류중희	서울로보틱스, 뷰노, 비트센싱, 핀다, 퍼블리 등
스파크랩	–	미미박스, 원티드, 튜터링 등
블루포인트파트너스	이용관	고팍스, 플라즈맵, 인벤티지랩, 스타스테크 등
킹슬리벤처스	–	티앤알바이오팹, 열매컴퍼니, 알티엠, 펫프렌즈 등

이처럼 전 세계 창업가들에게 주목받는 와이콤비네이터의 대표에 샘 알트만이 취임했습니다. 당시 샘 알트만은 다른 대표 후보자들보다 어리고 경력도 많지 않아서 매우 놀라운 인사였지만, 폴 그레이엄은 샘 알트만이 가진 잠재력을 꿰뚫어 보았습니다. 와이콤비네이터의 파트너로 일했던 샘 알트만과 그 이전부터 스타트업 비즈니스와 같은 다양한 주제에 대해서 수많은 영감을 주고받으면서 차기 대표로 점찍었던 것입니다. 폴 그레이엄은 샘 알트만을 다음과 같이 평가했습니다.

> "디자인에 대한 의문이 들 때 '스티브 잡스라면 어떻게 했을까?' 하고 생각한다.
> 하지만 전략이나 야망에 관해서는 '샘 알트만이라면 어떻게 생각할까?'라고 되묻는다."

수많은 창업가와 기업가를 만난 폴 그레이엄이 시대의 아이콘이라고 할 수 있는 스티브 잡스와 함께 샘 알트만을 동일 선상에서 고려했다는 것을 통해 샘 알트만에 대한 그의 존경심과 기대감, 신뢰를 엿볼 수 있습니다. 샘 알트만은 와이콤비네이터의 교장이 된 이후 이러한 기대를 저버리지 않고 에어비앤비와 도어대시(DoorDash), 코인베이스(Coinbase) 등의 투자에 성공하면서 업계의 주목을 받게 됩니다.

✦ OpenAI

샘 알트만은 와이콤비네이터의 교장으로 수많은 창업 아이템을 접하면서 누구보다도 빠르게 시장의 변화를 감지할 수 있었습니다. 그러던 중 구글과 같은 대기업이 AI 스타트업 딥마인드

(DeepMind)를 인수한다는 소식을 듣게 되는데, 이러한 첨단 기술을 특정 기업이 독점하는 것은 소수의 이익을 위한 것이라고 판단하면서 상업적으로 개발된 인공지능이 인간을 파괴할 수도 있다고 보았습니다. 그래서 그는 독점화와 비안정성에 대해 의문을 갖게 되어 자신과 방향성이 같은 일론 머스크와 의기투합하여 비영리 기업인 OpenAI를 창업했습니다.

하지만 인공지능 사업은 막대한 인력과 비용이 들어가는 비즈니스였습니다. 순수한 가치를 지향했지만, 이해 충돌 문제로 자금 문제를 해결할 일론 머스크와 결별하면서 인력과 비용 문제가 모두 위태로워졌어요. 그래서 샘 알트만은 이 문제를 해결하기 위해 OpenAI 산하에 자회사로 영리 법인을 세우고 외부로부터 투자를 유치하는 방안을 고안했습니다. 그러면서도 영리 법인에 '이익 제한'이라는 규제를 만들었고 투자자들의 투자금은 '기부금'으로 활용한다는 등의 정책을 펼쳤습니다. 이런 정책을 통해 샘 알트만이 창업 초기에 비영리 단체로 인공지능을 개발하려고 했던 사명을 지키기 위해 고군분투했다는 것을 간접적으로나마 이해할 수 있습니다.

✦ 마이크로소프트(Microsoft)

마이크로소프트(MS)와 CEO 사티아 나델라(Satya Naella)는 샘 알트만의 운명의 단짝이라고 할 수 있습니다. 자금난에 허덕이던 OpenAI에게 마이크로소프트는 가뭄의 단비와 같은 기업이었어요. 특히 'OpenAI와 같은 이익 제한 기업'에 투자한다는 것은 투자자로서 굉장히 큰 리스크였지만, 이미 인공지능 시장을 장악해가는 구글에 대항하기 위해 마이크로소프트는 OpenAI와 손을 잡는 과감한 결단을 한 것입니다.

2016년부터 마이크로소프트와 OpenAI의 파트너십이 시작된 이후 2019년 10억 달러(약 13조 원) 정도 투자를 집행하면서 이들은 사업을 본격적으로 진행했어요. 이때 OpenAI 연구소에서 개발한 제품 상용화에 대한 부분과 MS의 Azure(마이크로소프트가 만든 클라우드 컴퓨팅 플랫폼 및 인프라스트럭처 서비스) 인프라 제공에 대해 협의를 진행했고 ChatGPT가 출시되는 2022년 11월을 전후로 각각 10억 달러와 100억 달러(약 130조 원)의 추가 투자를 진행하면서 양사 간의 파트너십은 더욱 단단해졌습니다. 이 시기에 마이크로소프트는 후속 모델인 GPT-4를 비롯한 지식 재산권 라이선스와 기타 제품 상용화 독점 계약을 얻었습니다. 마이크로소프트는 ChatGPT의 흥행 이후 자사 인터넷 브라우저인 빙(Bing)과 업무용 소프트웨어인 MS 오피스, 그리고 기업들을 위한 보안성이 추가된 비즈니스 솔루션 등에 ChatGPT를 이식하면서 시장 점유율을 높이기 위해 더욱 적극적으로 사업을 펼쳤습니다.

✦ 일론 머스크(Elon Musk)

OpenAI는 샘 알트만과 일론 머스크의 의기 투합만으로도 굉장히 큰 화제가 되었지만, 현재 일론 머스크는 OpenAI를 가장 많이 비난하는 적이기도 합니다. 공동 창업 당시만 해도 두 사람은 인공지능에 대해서 다음과 같은 공통된 관점을 가지고 있었습니다.

- 인공지능이 인류 지능을 넘어서는 것은 필연적이다.
- 책임감 있고 윤리적인 방식으로 인공지능 개발이 필요하다.

하지만 개발 속도나 세부적인 방법에 대해서는 서로 의견이 달랐습니다.

	개발 기법	의견
일론 머스크	관리형 개발 기법	• "인공지능이 인류 지능을 넘는 순간 인간은 전멸할 수 있다. (인공지능은 핵무기보다 강하고 위험하다.)" • "끊임없는 규제와 경계가 필요하다." • "악의적 개발자들이 학습할 수 없도록 최대한 조심스럽게 발전해야 한다."
샘 알트만	린 스타트업(Lean Startup) 개발 기법	• "빠른 학습과 반복을 통해 올바른 방향을 설립해야 한다." • "인류와 공존을 위해 개발 단계에서부터 사회에 배포해야 한다." • "다양한 문제에 부딪혀야 문제가 무엇인지 파악할 수 있다. 이를 통해 인공지능 부작용을 최소화해야 한다(선제적 조치 가능)."

다양한 분야의 기업을 창업하고 병렬적으로 운영 및 관리하는 일론 머스크는 '돌다리도 두들겨보고 건넌다'는 방식을 선택했습니다. 특히 그는 인간이 통제하면서 발전하는 기존 산업과 인공지능은 별개로 바라보았던 것이죠. 실제로 구글의 알파고가 이세돌과의 대국에서 두었던 다양한 수나 딥러닝 결과물에 대해 인간이 해석하지 못하는 부분이 많다고 합니다. 하지만 인간의 이해를 넘어서는 관리 외 요소들이 기하급수적으로 늘어나서 이것이 무분별하게 기존 산업군에 침투한다면 무서운 일이 일어날 수 있으므로 연구 과정부터 제도적 접근까지 단계별로 진행해야 한다고 강조했습니다. 그래서 민관 모두 협의해서 인공지능 개발을 6개월 정도 멈추고 개발 절차나 규제 및 제도 보완에 대해 논의하자는 의견을 내기도 했어요. 그러나 한편으로는 급하게 xAI라는 인공지능 개발 기업을 창업한 일론 머스크의 저의에 대해 의심하는 사람들도 많습니다.

반면 샘 알트만은 스타트업을 육성하는 와이콤비네이터 출신답게 인공지능 개발을 '린 스타트업 방법론'에 입각해 진행하는 것으로 보입니다. 린 스타트업(Lean Startup)은 아이디어를 빠르게 시제품으로 제조한 후 시장의 반응을 통해 즉시 개선해 나아가는 방법으로, 실리콘밸리에서 굉장히 큰 인기를 끌었어요. 이것은 물리적 제품이나 디지털 서비스를 막론하고 소비자의 피드백을 반영한 '제조' → '측정' → '학습'의 과정을 끊임없이 반복하되, 완성품을 만들어나가는 과정을 의미하는데, 완성품을 시장에 출시해야 한다는 논리를 뒤집었던 획기적인 방법으로 주목받았습니다. 따라서 인공지능을 활용한 기술이나 제품 또는 서비스를 시장에 던진 후 소비자들이 긍정적으로 활용할 수 있는 부분은 더욱 촉진하고 불법적이거나 비윤리적으로 사용하면 즉각적으로 대응하는 등 시장 논리에 맡기려는 경향을 보입니다.

하지만 샘 알트만을 해임했던 OpenAI 이사회나 일론 머스크와 같은 인사들은 기존의 제품 서비스와 인공지능의 결이 다르다는 점을 강조하면서 이 방식으로 연구 개발을 진행하는 샘 알트만을 비판했습니다. 실제로 샘 알트만이 해임되기 전에 열린 OpenAI DevDay(OpenAI의 개발자 콘퍼런스)에서는 GPT-Turbo, GPTs, Assistant API 등의 새로운 서비스가 충분한 준비나 보호 장치 없이 공개되었는데, 보안에 대한 안전 장치 없이 상업적인 이슈를 만든 것에 대해 반대파들이 크게 우려하면서 샘 알트만의 해임 결정으로까지 이어졌다는 의견도 있었습니다.

✦ 기본 소득제

샘 알트만은 X(구 트위터)에 다음과 같은 트윗을 올렸습니다.

"AI는 많은 것을 바꿀 것입니다. 세계는 엄청나게 부유해질 것입니다. 앞으로 일어날 일에 대해 우리의 경제 시스템이 어떻게 변화할지 글을 썼으니 봐주세요."

▲ 샘 알트만의 트윗(자료 출처: twitter.com/sama/status/1371893157814669312?lang=ko)

샘 알트만은 AI의 발전을 무어의 법칙에 비유하여 글을 썼습니다. 무어의 법칙(Moore's law)은 인텔의 창립자 고든 무어(Gorden Moore)가 마이크로칩 기술의 발전 속도에 관한 연구 내용을 알린 것으로, '마이크로칩의 성능이 2년마다 두 배로 증가한다는 경험적 예측'을 의미합니다. 간단하게 말해서 기술이 굉장히 빠르게 발전하고 어떤 역할을 대체한다는 것인데, 샘 알트만의 글에서도 인공지능이 10년 내 인간 노동력을 대체할 정도로 급속히 발전할 것임을 시사하고 있습니다.

대부분의 사람도 이 사실을 알고는 있습니다. 우리는 영화나 소설과 같은 작품이나 스마트폰과 같은 서비스를 통해서 간접적으로나마 인공지능 기술이 우리 삶에 큰 영향을 줄 것임을 인지하고 있었습니다. 하지만 ChatGPT가 등장하기 전까지는 이것을 직접적으로 체감할 수 없었으므로 당장 우리의 이야기가 아니라 다음 세대에 일어날 일이라고 여겼습니다. 또한 인공지능이 도입되면 단순한 업무를 하던 사람들부터 기계로 대체되고 창의적인 직업은 오래 살아남을 것이라고 예측했습니다. 그러나 미드저니(Midjourney)는 미술 작가, 일러스트레이터, 콘텐츠 제작자들까지, ChatGPT는 기자, 소설가, 번역가, 연구가 등의 전문화된 직업까지 위협하고 있습니다.

샘 알트만은 이러한 인공지능의 역습이 두렵지만 두려워할 것이 아니라고 이야기합니다. 결과적으로 그는 인공지능이 고도화될수록 사회적 비용이 절감될 것이라고 보았어요. 결국 이것은 물가의 하락을 의미합니다. 특히 AI가 인간 노동력을 대체할 정도로 빠르게 발전할 것이고 절감된 사회적 비용 때문에 인간은 단순 노동에서 벗어나 창의적인 활동을 하는 등의 '영원한 부'를 창출할 수 있다고 낙관했습니다.

이러한 그의 경제적 구상은 '기본 소득제'로 귀결되었습니다. 결국 인류는 노동에서 자유를 얻게 되고 삶을 영위하기 위한 최소한의 소득을 공통적으로 배분받는다는 것입니다. 샘 알트만은 기본 소득제가 성공적으로 안착하려면 모든 사회 구성원에게 '적절한 분배가 전제되어야 한다'고 강조합니다. 그리고 분배 정책에 대해서는 '인공지능 기업'과 '개인 토지'에 세금을 부

샘 알트만이 구상한 기본 소득제

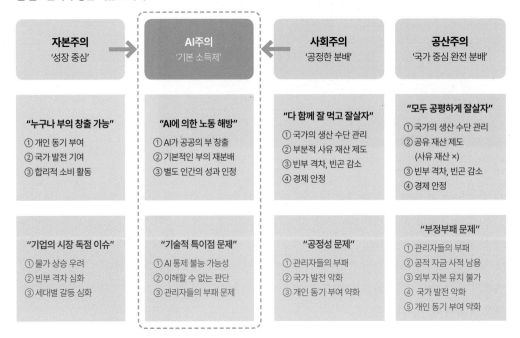

과한다는 구체적인 방안도 제시했어요. 이처럼 그는 AI 혁명이 가져오는 부의 증진에 대해 지금부터 어떻게 배분할 것인지 고민하면서 국가적으로 공동 펀드를 만들고 적립해 나가는 등의 정책을 수립해야 한다고 주장하고 있습니다.

그런데 기본 소득제는 샘 알트만 혼자만의 생각이 아니었습니다. 기본 소득제에 대한 논의는 경제학계에서 시작해 국가 단위로 확장되고 있었습니다. 특히 과거에는 후진국이나 개발도상국을 중심으로 기본 소득제를 논의했지만, 2016년부터는 선진국들도 관련 연구에 참여하고 있습니다. 예를 들어 2016년 스위스에서 실행된 국민투표의 주제는 기본 소득제 실현 여부에 대한 것이었습니다. 같은 해에 이탈리아에서도 기본 소득제 실험을 진행되었고 2017년에는 핀란드, 네덜란드, 캐나다 등이 시범 사업을 통해 기본 소득제를 실험하기도 했어요. 2018년에는 샘 알트만도 와이콤비네이터에서 기본 소득제 사회 실험을 예고했습니다.

기본 소득제 사회 실험 설계(안)

1. **목적**: 인공지능과 로봇이 인간의 직업을 대체하는 가운데 기본 소득에 대해 많이 논의중이지만, 관련 데이터가 부족해 실험을 통해 다양한 데이터를 수집하는 것(기존 사회 안전망의 대안을 찾아보는 것)
   - **경제적 건전성**: 인간의 기본 욕구를 채우는 데 필요한 최소 재원은 얼마일까?
   - **웰빙**: 기본 소득이 인간의 행복이나 재정 안정성에 얼마나 큰 영향을 미칠까?
   - **시간 활용**: 기본 소득이 보장되는 인간은 여가 시간을 어떻게 보낼까?
   - **건강**: 사람들의 신체적·정신적 건강 변화나 음식 소비 패턴은 어떻게 달라질까?
2. **장소**: 캘리포니아주 오클랜드
3. **기간**: 2018년부터 약 3~5년 간. 약 6~12개월 동안 파일럿 프로그램을 거친 후 확대 계획
4. **대상**: 21~40세 성인 약 3,000여 명
   - **A-1그룹(900명)**: 1,000달러(매달/3년)
   - **A-2그룹(100명)**: 1,000달러(매달/5년)
   - **B-1그룹(1,800명)**: 50달러(매달/3년)
   - **B-2그룹(200명)**: 50달러(매달/5년)

이러한 국가별 사회 실험의 결과는 기본적으로 선정된 표본에 대한 객관성 등 실험 과정의 신뢰성이 높지 않아 대체적으로 결과가 좋지 않습니다. 또한 일부 국가에서는 실질적으로 노동시장에 미치는 효과가 미미하다고 분석하기도 했습니다. 하지만 새로운 기술이 등장하면서 부를 창출하는 방식이 빠르게 변화되었고 일의 속성도 근본적으로 바뀌고 있습니다. 그리고 이 과정에서 발생하는 노동시장의 불확실성 때문에 일반 국민들의 불평등과 불안정성은 더욱 커지고 있어요. 각 국가와 기업들은 이런 현실적인 문제를 해결하기 위한 다양한 방안 중 하나로 기본 소득제를 실험중입니다. 미래의 사회는 어떤 모습으로 바뀔지 우리도 시장을 객관적으로 바라보면서 변화에 대응하는 것이 중요합니다.

✦ 월드코인(암호화폐)

샘 알트만이 인공지능에 대해 낙관적인 견해를 가지고 있었지만, 비관적인 부분을 무시하고 있는 것은 아니었어요. 그도 인공지능이 인류에 위협을 줄 수 있는 다양한 경우를 상상하며 대응하고 있습니다. 특히 그가 경계하는 것은 디지털 세상에서 일어날 수 있는 인공지능의 무분별한 활동입니다. 예를 들어 인공지능 봇이 온라인에서 활동하면서 인간과 구별할 수 없게 된다면 어떻게 될까요? 미래의 세계 경제는 오히려 자동화 때문에 혼란에 빠질 수도 있을 것입니다.

이런 혼란에 대처하고 문제를 해결하려면 인간임을 인증하는 작업이 필요합니다. 즉 생체 인증을 통해 온라인에서 내가 인간인지, 인공지능 봇인지를 구분해야 한다는 주장이에요. 샘 알트만은 이런 문제를 해결하기 위해 모든 성인의 홍채를 스캔해서 인간 인증을 진행하고 이를 통해 전통적인 수입을 대체할 수 있는 암호화 토큰을 활용해서 보상해야 한다고 주장합니다. 이 논리는 '기본 소득제'와 맞물리면서 공정하게 분배된 암호화폐를 기반으로 보편적인 기본 소득을 제공한다는 이야기입니다.

이렇게 해서 암호화폐 월드코인(Worldcoin)이 탄생했어요. 월드코인은 툴즈포휴머니티(Tools for Humanity)가 개발하고 비영리 법인인 월드코인재단에서 커뮤니티를 관리하는 프로젝트로, 2023년 7월 24일에 공식 런칭했으며 바이낸스(Binance Holdings Ltd.)를 비롯한 주요 암호화폐 거래소에 상장되어 있습니다. 월드코인의 티커는 WLD이고 총공급량은 100억 개, 2024년 4월 20일 기준으로 시가 총액은 1조 3천억 원입니다.

▲ 월드코인 정보(자료 출처: 코인마켓캡)

현재 월드코인은 거래소에서 손쉽게 사고팔 수 있습니다. 그러나 월드코인의 기능을 이용하려면 오프라인에서 홍채 스캐너 장비인 오브(Orb)에 눈을 스캔해야 합니다.

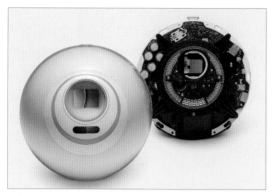

▲ 월드코인 홍채 인식기 오브(Orb, 자료 출처: www.worldcoin.org/press)

생체 인증을 받을 수 있는 장소는 전 세계적으로 조금씩 늘어나고 있으며 월드코인 홈페이지 (www.worldcoin.org)에서 국가와 장소를 확인할 수 있습니다. 고유 ID를 발급받은 사용자는 앱과 정보를 연동해서 디지털 자산에 접근할 수 있어요. 월드코인은 금융 인프라가 구축된 선진국뿐만 아니라 인프라가 구축되지 않았지만 스마트 기기를 사용하는 개발도상국 등에서도 인터넷만 연결되어 있으면 손쉽게 이용할 수 있습니다. 이것은 '세계 은행 계좌 발행 기능'으로, 월드코인뿐만 아니라 모든 암호화폐 프로젝트가 기본적으로 가지고 있는 기능입니다. 중앙 집중적인 금융 기관에서 벗어나 탈중앙화 구조를 외치면서 블록체인을 기반으로 하는 암호화폐는 궁극적으로 금융 시장을 쟁탈하기 위해 기술을 개발하고 홍보하고 있습니다.

▲ 오브(Orb)를 등록하고 있는 사람(자료 출처: worldcoin.org/press)

▲ 생체 인증 후 앱에서 승인을 받은 상태(자료 출처: worldcoin.org/world-id)

그러나 월드코인은 비난도 많이 받고 있어요. 우선 참가자 모집 방식에 문제가 있다는 의견입니다. 월드코인팀은 초기에 전 세계 개발도상국에 등장했는데, 본인들의 저의를 숨기고 홍채를 스캔하면 소액의 공짜 돈을 지급하는 방식으로 생체 인증 정보를 수집했다는 것입니다. 월드코인이 만들어가려는 미래가 전 세계 금융의 혁신이라면 오히려 블록체인 시장에 친숙한 집단이나 금융 선진국을 통해 홍보해야 하는데, 기술을 잘 모르는 사람들을 대상으로 깜깜이 마케팅을 했다는 비판이 제기되었습니다. 두 번째는 개인 정보 보호 위반에 관련된 것입니다. 현재와 같은 방식의 참가자 모집과 생체 인증은 유럽연합(EU)의 일반 데이터 보호 규칙인 GDPR(General Data Protection Regulation)과 해당 국가의 개인정보보호법을 위반했을 가능성이 높다는 것입니다. 마지막은 공정성과 관련된 것으로, 암호화폐의 20% 정도가 직원과 투자자들에게 할당되었다는 것입니다.

월드코인은 자신들이 수집한 World ID에 대한 개인 정보는 철저하게 보호하고 있고, 고유 ID에 대한 통제권은 사용자 개인에게 있으며, 본인이 직접 접근해서 제어나 삭제할 수 있다고 주장하고 있어요. 하지만 이것이 사실인지는 계속 감시하고 확인해야 합니다.

✦ 투자 포트폴리오

마지막으로 샘 알트만의 투자 포트폴리오를 살펴볼게요. 샘 알트만은 창업과 엑시트(Exit) 경험이 풍부하고 와이콤비네이터의 수장으로서 수많은 비즈니스 모델과 시장의 변화, 그리고 미래를 바라보는 눈을 가지고 OpenAI를 통해 인류 첨단 산업인 인공지능까지 이끌고 있습니다. 그는 자신의 사업에 투자금을 유치할 뿐만 아니라 개인 사비까지 투자하고 있어서 2010년 이후부터 개인적으로 투자한 스타트업이 무려 125개에 이른다고 합니다. 그렇다면 그는 어떤 사업에 관심을 가지고 있으며 이들 사업은 어떤 관계인지 개인적인 시각에서 살펴보겠습니다.

샘 알트만은 2021년 헬리온에너지(Helion Energy)에 3억 7천만 달러(약 4,900억 원)를 투자하면서 그의 방식이 관심을 받게 되었습니다. 그가 가장 많이 투자했다는 헬리온에너지는 핵융합 발전을 통해서 전기 에너지를 생산하는 스타트업으로, 무한 청정에너지 생산이 목표입니다. 샘 알트만은 MIT 테크놀로지 리뷰에서 "헬리온에너지는 OpenAI의 유동 자산을 모두 가져와서 투자한 곳 중 하나"라고 말하기도 했습니다.

헬리온에너지 못지 않은 금액을 투자한 스타트업은 레트로 바이오사이언스(Retro Bioscience)입니다. 그는 2022년 이 회사에 1억 8천만 달러(약 2,400억 원)를 투자했는데, 이 기업은 손상된 세포를 제거하고 오래된 세포를 치료해 노화를 늦추는 기술을 개발하고 있습니다. 샘 알트만은 늙은 쥐가 어린 쥐의 혈액으로 다시 활성화되는 연구에 대한 논문을 읽은 후 처음으로 건강과 관련된 연구에 관심을 갖게 되었습니다. 이후 생명공학에 대해 관심을 갖고 관련 업체 CEO 들을 만난 후 최종적으로 레트로 바이오 사이언스에 투자했다고 합니다.

지금까지 언급한 에너지와 바이오 기업 외에도 샘 알트만은 AI, 항공, 물류, 자율 주행 등 다양한 분야에 계속 투자하고 있습니다. 다음은 그가 투자한 대표적인 기업들입니다.

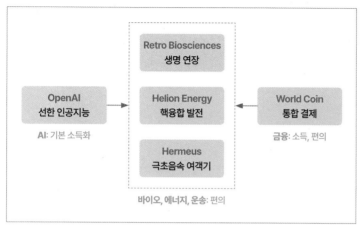

▲ 샘 알트만의 주요 투자 포트폴리오

샘 알트만은 기본적으로 인류의 삶의 질이 개선되고 발전하는 데 관심을 가지고 있습니다. 또한 그가 추구하는 가치와 투자한 기업들을 통해서 인공지능 개발에 매달리는 이유도 추측할 수 있어요. 기술적인 환경이 준비된 가까운 미래의 인간들은 '노동으로부터의 자유'를 경험할 가능성이 크다고 예상했기 때문일 것입니다. 이러한 가설을 실현하기 위해서 인간을 위해 일하는 선한 인공지능과 로봇 개발은 그의 큰 그림에 필수 요소입니다. 이러한 필수 요소들을 통해 사회의 보편적인 생산력을 확보한다면 생산 비용이 감소하고 인간은 기본 소득을 받으면서도 이전보다 더 풍요로운 삶과 더 가치 있는 여가 활동을 할 수 있다는 것입니다.

이러한 그의 구상에서 맨 첫 번째 단추라고 할 수 있는 OpenAI 프로젝트의 성공은 매우 중요한 열쇠입니다. 앞의 그림에서 중간에 있는 바이오, 에너지, 운송 등은 가변적인 사업으로, 인간의 삶의 질을 더욱 풍요롭고 다채롭게 하는 경험과 관련된 사업으로 채워질 것입니다. 다만 바이오와 에너지 사업은 인공지능 시스템을 유지하는 것과 인간의 삶을 연장하는 데 매우 큰 연관이 있어서 무척 중요하게 다룰 것으로 보입니다. 그리고 맨 오른쪽에 있는 월드코인은 샘 알트만이 구축하려는 세상이 무너지지 않게 지탱하는 경제 체제로서의 역할을 할 것입니다. 아울러 투명하게 알고리즘화된 암호화폐 경제 안에서 기본적으로 받게 되는 소득부터 창조적 활동에 따른 부가 수익, 그리고 다양한 소비 활동이 이루어질 것으로 예상됩니다.

이 책을 완독한 독자 여러분에게 어떤 이야기를 하면 좋을지 고민했습니다. 혹시 독자 여러분은 이 책의 내용을 모두 따라 해 보았을까요? 만약 그렇다면 손 한 번 들어주세요! 아마 인공지능 도구에게 저와 똑같은 질문을 했어도 생성형 AI의 답변이 달라서 진행하는 동안 고생했을 겁니다. 그럼에도 불구하고 이 책을 끝까지 따라 했다면 진심으로 존경의 마음을 담아 정말 큰 박수를 보냅니다.

반면 따라 하지는 않았지만 전체적인 내용을 살펴보면서 인공지능 도구에 접근하는 방식과 흐름을 익혔다고요? 이렇게 따라온 독자 여러분에게도 진심을 다해 응원의 박수를 보냅니다. 이 방법도 인공지능을 이해하고 활용하는 데 충분하다고 생각합니다. 이 과정을 통해서 이미 모든 독자 여러분은 인공지능 도구 활용에 대한 백신을 맞은 셈이니까요.

사실 저는 완성된 책을 검토하고 교정하는 과정에서 많이 아쉬웠습니다. 특히 AI 도구들이 워낙 자주 업데이트되다 보니 홈페이지 구성 등이 함께 바뀌면서 이 책의 화면과 달라지는 경우가 있어 독자 여러분이 바로 따라오지 못할까봐 너무 걱정되었어요. 또한 여러 가지 제약으로 새로운 내용을 추가할 수 없는 것이 무척 아쉬웠습니다. 하지만 이것들은 껍데기일 뿐, 본질은 우리가 어떻게 기획하고 방향을 정해 조합하고 실행할 것이냐에 달려 있으므로 너무 걱정하지 않아도 됩니다.

이 책을 마무리하면서 최근 인공지능 분야에서의 몇 가지 흐름과 생각을 함께 나누려고 합니다. 최근 MS의 코파일럿(Copilot), 소라(Sora)와 같은 굉장히 수준 높은 인공지능 도구들이 연이어 출시되고 있습니다. 특히 소라에게 '일본 거리를 걷는 여성의 숏츠 영상을 만들어줘.'라고 명령어만 입력했을 뿐인데, 순식간에 약 1분 30초짜리 고퀄리티 영상을 출력하는 장면은 충격 그 자체였습니다. 그런데 여기서 우리가 착안해야 하는 부분은 영상 자체가 아닙니다. 여기서의 본질은 어떤 작업(업무 또는 결과물)을 만들어 내는 데 드는 '시간'과 '비용'이 엄청나게 절감된다는 것입니다.

아직까지 뉴스로 기사화되는 인공지능과 관련된 내용은 주로 LLM(Large Language Models, 거대 언어 모델)의 근간이 되는 OpenAI나 구글 등 기반 모델(Foundation Model)의 성능 비교가 대부분입니다. 하지만 이것은 거대 자본을 가진 기업들(Big-Tech)만의 리그입니다. 결국 누가 더 큰 비용과 시간을 들여 많이 인공지능을 학습시키느냐의 문제입니다. 기술력의 편차는 점차 줄어들고 있으므로 일반 사용자나 인공지능을 활용하려는 비즈니스 리더들에게는 상황에 따라서 기술력 차이가 중요하지 않은 문제일 수 있습니다.

여기서 우리는 인공지능을 활용하려는 자신만의 본질을 찾아야 합니다. 인공지능의 기반이 되는 모델이나 파생되는 다양한 서비스를 활용해서 개인의 삶이나 업무, 또는 기업 역량을 향상시키는 데 어떻게 적용할 것인지 '개인 또는 비즈니스적 응용'을 고민해야 합니다. 특히 비즈니스적으로 바라볼 때 인공지능은 여러분에게 여러 가지 혁신의 기회를 제공할 것입니다. 기업 내부적으로는 임직원들과 공정에서 업무 효율화를 이룰 수 있고 외적으로는 초개인화를 통해 고객들의 니즈를 맞출 수 있습니다. 각 부서별로 AI를 테스트하면서 개선하고 전문화하다 보면 궁극적으로는 비즈니스 프로세스를 재구성해서 AI 시대에 맞는 기업으로 환골탈태(換骨奪胎)하는 혁신의 기회를 만들어 낼 수 있을 것입니다. 또한 이러한 기업에서의 변화를 개인에게 가져온다면 또 다른 다양한 기회를 만들 수도 있습니다.

아마 수많은 인공지능 서비스가 등장할 것입니다. 하지만 거대 플랫폼 때문에 사라질 수도 있고, 통합되면서 많은 변화가 일어날 수도 있으며, 인공지능 규제로 인해 정체되는 시기도 도래할 것입니다. 이러한 변화의 변곡점에서 아주 살짝 눈과 귀를 열어둔다면 우리에게 더 나은 기회가 다가올 것이라고 생각합니다. 부디 이 책이 접근하기 부담스럽거나 멀리 있는 것처럼 보이는 인공지능을 좀 더 쉽게 이해하고 친근해지는 데 도움이 되기를 바랍니다. 아울러 이 책을 읽고 저보다 뛰어난 전문가들을 찾으면서 여러분만의 차별점을 만들어나가기를 응원하겠습니다. 지금까지 함께 해 주셔서 감사합니다.

조조월드 김규태

생성형 AI 지도
— Gen AI Map —

생성형 AI 툴을 사용 목적에 맞게 분류하여 소개합니다. 여기서는 각 카테고리별로 자주 사용하는 AI 툴 위주로 정리했어요. 더 많은 생성형 AI 툴의 사용 목적과 자세한 정보에 대해 알고 싶다면 스마트폰 카메라로 QR 코드를 찍어보세요. 그리고 표로 정리된 AI 툴을 보면서 내 업무에 맞게 활용해 보세요.

지식 검색

이미지 생성 및 편집
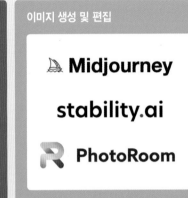

비디오 생성 및 편집

음악 생성

음성 기술

생산성 도구

오픈소스, 커뮤니티

교육

엔터테인먼트

*출처 : sequoiacapital, a16z